U0154258

美的歷史

美的歷史

History of Beauty

安伯托·艾可（Umberto Eco）◎編著

彭淮棟◎譯

美的歷史

2006年5月初版 定價：新臺幣1200元

Printed in Milan.

編著者 Umberto Eco
譯者 彭淮棟
發行人 林載爵

出版者 聯經出版事業股份有限公司
台北市忠孝東路四段555號
台北發行所地址：台北縣汐止市大同路一段367號
電話：(02)26418661
台北忠孝門市地址：台北市忠孝東路四段561號1-2樓
電話：(02)27683708
台北新生門市地址：台北市新生南路三段94號
電話：(02)23620308
台中門市地址：台中市健行路321號
台中分公司電話：(04)22312023
高雄門市地址：高雄市成功一路363號
電話：(07)2412802
郵政劃撥帳戶第0100559-3號
郵撥電話：26418662
印刷者 國外印製

叢書主編 顏艾琳
邱靖絨
校對 彭淮棟
李國維
內頁完稿 陳如琪
封面完稿 翁國鈞

行政院新聞局出版事業登記證局版臺業字第0130號

本書如有缺頁，破損，倒裝請寄回發行所更換。
聯經網址 www.linkingbooks.com.tw
信箱 e-mail:linking@udngroup.com

ISBN 957-08-2967-2（精裝）

STORIA DELLA BELLEZZA

國家圖書館出版品預行編目資料

美的歷史 / Umberto Eco 著 . 彭淮棟譯 .
初版 . 臺北市：聯經；2006 年（民 95）
440 面；17×23.3 公分 .
譯自：History of Beauty
ISBN 957-08-2967-2(精裝)

1.美學-歷史

180.9 95001160

目次

導論		8
比較表	裸體的維納斯	16
	裸體的阿多尼斯	18
	穿上衣服的維納斯	20
	穿上衣服的阿多尼斯	22
	維納斯的臉與髮	24
	阿多尼斯的臉與髮	26
	聖母	28
	耶穌	30
	君主	32
	女王	34
	比例	34
第一章	1. 繆思的合唱	37
古希臘人的審美理想	2. 藝術家的「美」觀	42
	3. 哲學家談美	48
第二章	1. 德爾菲神	53
阿波羅式與戴奧尼索斯式	2. 從希臘人到尼采	57
第三章	1. 數字與音樂	61
美：比例與和諧	2. 建築比例	64
	3. 人體	72
	4. 宇宙與自然	82
	5. 其他藝術	86
	6. 合目的性	88
	7. 比例的歷史演變	90
第四章	1. 光與顏色	99
中世紀的光與顏色	2. 神是光	102
	3. 光、財富、貧窮	105
	4. 裝飾	111
	5. 詩與神秘主義裡的色彩	114
	6. 色彩與日常生活	118
	7. 顏色的象徵意義	121
	8. 神學家與哲學家	125
第五章	1. 以美麗刻畫怪物	131
怪物之美	2. 傳說中的畸怪生物	138
	3. 普遍象徵系統如何處理「醜」	143
	4. 將「醜」視為美的一個條件	148
	5. 醜：天然的好奇心	152

第六章 從田園到天使般的女性	1. 神聖與世俗之愛	154
	2. 淑女與遊唱詩人	161
	3. 淑女與騎士	164
	4. 詩人與難圓的愛	167
第七章 十五至十六世紀間的美	1. 發明與模仿自然之間	176
	2. 擬像	180
	3. 超感官之美	184
	4. 維納斯	188
第八章 淑女與英雄	1. 淑女	193
	2. ……以及英雄	200
	3. 實用之美……	206
	4. ……以及官能之美	209
第九章 從優雅到不安的美	1. 朝向一種主觀、多重的美	214
	2. 風格主義	218
	3. 知識危機	225
	4. 憂鬱	226
	5. 尖銳、機鋒、巧喻……	229
	6. 追求絕對	233
第十章 理性與美	1. 美的辯證	237
	2. 嚴格與解放	241
	3. 王宮與花園	242
	4. 古典主義與新古典主義	244
	5. 英雄、肉體與廢墟	249
	6. 新觀念、新題材	252
	7. 女性與激情	259
	8. 美的自由發揮	264
	9. 殘酷與鬱黯的美	269
第十一章 崇高	1. 新的審美觀	275
	2. 崇高是偉大靈魂的回響	278
	3. 自然裡的崇高	281
	4. 廢墟詩學	285
	5. 文學上的「歌德」風格	288
	6. 柏克	290
	7. 康德的崇高論	294
第十二章 浪漫主義之美	1. 浪漫主義之美	299
	2. 浪漫主義的美與舊傳奇的美	304

	3.「我不知道是什麼」的模糊美	310
	4. 浪漫主義與反叛	313
	5. 真理、神話、反語	315
	6. 陰暗、醜怖、憂鬱	321
	7. 抒情的浪漫主義	325
第十三章 美成為宗教	1. 美學宗教	329
	2. 丹第主義	333
	3. 肉體、死亡、魔鬼	336
	4. 為藝術而藝術	338
	5. 逆理而行	341
	6. 象徵主義	346
	7. 唯美的神秘主義	351
	8. 事物內在的狂喜	353
	9. 印象	356
第十四章 新的對象	1. 殷實的維多利亞式審美	361
	2. 鐵與玻璃：新的美	364
	3. 從新藝術到裝飾藝術	368
	4. 有機美	374
	5. 日用物品、商業化、大量生產	376
第十五章 機器之美	1.「美麗的」機器？	381
	2. 從古代到中世紀	385
	3. 從十五世紀到巴洛克	388
	4. 十八與十九世紀	392
	5. 二十世紀	394
第十六章 從抽象形式到特質的深度	1.「到石頭堆裡尋找他的雕像」	401
	2. 當代對物質材料的重估	402
	3. 現成藝術	406
	4. 從複製到工業材料到物質的深度	407
第十七章 媒體之美	1. 挑激之美？消費之美？	413
	2. 前衛，或挑激之美	415
	3. 消費之美	418
參考書目		431
參考書目作者索引		432
藝術家索引		434

導論

女子胸像，2世紀BC，魯契拉（義大利），菲歐雷里市立博物館

「美麗」——連同「優雅」、「漂亮」，或「崇高」、「奇妙」、「超絕」等措詞——是我們要表示我們喜歡某件事物時經常使用的形容詞。依此意思，美麗的、善的似乎是同一回事，而事實上，在各個歷史時期裡，美與善也密切相連。

不過，根據我們的日常經驗來判斷，我們往往非但將我們喜歡的事物界定為好的善的，也把我們希望擁有的東西界定為好的善的。我們所認為好的事物，其數無限，兩情相悅之愛、誠實獲致的財富、精美的佳餚，皆是，皆為我們所希望擁有。刺激我們的欲望者，謂之善。我們以有德之行為善，而且會有「但願此事出自我手之心」，或者，見一善事，受其激勵而決心做一同樣可嘉之事。有時候，一事符合某種理想原則但苦難及身，我們仍視之為善，如英雄光榮就義、或有人捨身救治痲瘋病，以及父母為救子女而犧牲生命。這些例子，我們認為其事乃善事，但我們出於自私或恐懼，寧可不要置身其境。我們認其為善，卻是他人之善，我們旁觀，帶著某種超脫，雖然也懷著某種情感，而且不無思齊之欲。形容我們寧可敬佩而不親履的有德之行，我們往往說，那是「美事」。

超脫的態度使我們將一件善事界定為美，而不起思齊置身其地之心。細想此點，我們就明白，我們談「美」時，是為一件事物本身之故而享受之，非關我們是否擁有此一事物。我們悅賞烘焙店櫥窗裡一個結婚蛋糕，可能覺得其美麗，即使我們出於健康理由或當時並無食慾而不以其為該買之物。美麗的事物，如果是我們的，會使我們快樂，但

即使屬於他人，也仍然美麗。至於有人見一美麗之物，例如偉大藝術家的畫，出於藉擁有以傲人、或為了能夠日日觀賞之慾，或因其經濟價值巨大，而欲占為私有，當然又是另一回事。這些嗜慾、妒羨、占有慾、貪婪，與「美」的情操了無關涉。

口渴之人見水泉，急趨而飲之，初非賞愛水泉之美。他或她可能靜觀其美，亦是在其解渴之後。美感之異於欲望，關鍵在此。我們見人，對之並無性慾，或者，知道其人絕不可能為我所有，仍能視之為美麗絕倫。若我們對一人生出慾念(其人可能貌醜)但卻無法與之達成為我所欲求的關係，則痛苦隨至。

本書出古入今，第一要義是看看哪些文化、哪些歷史時期認識到，有些事物給人靜觀欣賞之樂，此樂獨立於我們對這些事物可能懷有的慾望。在這層意義上，此書不從任何先入為主的美學出發，而是綜觀數千年來人類視為美的事物。

布隆奇諾，**維納斯與丘比特的寓言**，局部，約1540-1550，倫敦，國家藝廊

我們的另外一項指南是，現代為美與藝術之間打造的關係，並不如我們所想地這般一望可知。有些現代美學理論只承認藝術之美，因而低估自然之美，有些歷史時期則與此相反，認為美是自然界的特質(月光、精美的水果、美麗的顏色)，「藝」之要務，是把東西做好，以所做之物善盡其用——畫家、雕刻家、造船家、木匠、理髮師之作，一皆可以「藝」稱之。到相當後來，為了將繪畫、雕刻及建築區別於工藝，才有現代意義的「藝術」一詞。

不過，美與藝術之間的關係，往往曖昧多層，原因是，自然之美雖獲偏愛，藝術能為自然做美麗的刻畫，亦屬公認之事，即使所刻畫的自然本身危險叵測或令人厭惡。

我們這本書講美的歷史，不是藝術史(或文學史、音樂史)，因此，我們一路看美的歷史，將會隨時提到處理美與藝術之間關係的觀念。

大家一定會問：這本美的歷史為什麼只徵引藝術作品為其史料？理由是：古往今來，是藝術家、詩人、小說家向我們述說他們認為美的事物，而為我們留下美的例子的，也是他們。農夫、石匠、烘焙師、裁縫師也製作他們認為美麗之物，但其中只有非常少數能留存於世(瓶罐、牲口棲身的結構、一些衣服)。最重要的，是他們沒有片言隻字告訴我們，他們何以認為那些東西美麗，或者，向我們解釋自然之美對他們是何意義。藝術家刻畫穀倉、工具或身穿衣飾的人，我們才能藉以猜測他們那個時代，匠人對美可能抱有的理想。然而我還是無法十分確定，有時藝術家畫他們當代的人，其靈感來自聖經時代或荷馬

時代，而刻畫聖經或荷馬筆下的人物之刻，又從當下處身時代的服裝汲取靈感。我們的見解雖有作品可徵，但對這些作品絕難完全確定。不過，我們細心明察之餘，還是可以冒昧推論。思考古代藝術家或匠人之作，當時的文學或哲學文字往往可以藉助。例如，雕刻羅曼尼斯(Romanesque)教堂柱子或柱頭那些怪物的雕刻家是否認為那些怪物美麗，我們說不上來，但我們有聖伯納(St. Bernard)的文字(他本人並不認為那些雕刻好或有用)，可從中得知信徒頗得觀賞之趣(而且，聖伯納雖譴責那些雕刻，言下卻透露他對其吸引力並非毫無感覺)。於是，感謝天意留此不容質疑的證言，我們可以說——根據十二世紀這位聖徒之見——那些怪物雕刻是美的(雖然道德上可以疵議)。

我們說過，本書大部分將從藝術世界取材。不過，我們接近現代之際，也會用到除了純粹娛樂、廣告或滿足情色行動，別無藝術目的的材料，諸如商業電影、電視及廣告傳輸的影像。原則上，偉大的藝術作品與美學價值稀少的作品，對本書價值相同，亦即協助我們了解特定時代的美的理想。

高更，**你妒嫉嗎**，局部，1892，莫斯科，普希金國家藝術博物館

如此說來，本書可能招來相對主義之譏，彷彿我們認為美隨不同的歷史時期與文化而轉移。我們正是此意。蘇格拉底學派哲學家贊諾芬(Xenophanes of Colophon)有一段著名的話，說「假使牛或獅子有手，能如人一般作畫，假使禽獸畫神，則馬畫之神將似馬，牛畫之神將似牛，神之狀貌各如牠們自己。」(Clement, *Stromata*, V, 110)。

美的觀念千彙萬狀，在這些變化之上，可能有某種施諸百世萬族而皆準的規則。本書並不期不計代價地搜尋這些規則。我們不作此意圖，而只期突顯差異。至於是否在差異底下尋找萬流歸宗的統一，唯讀者自便。

本書謀篇命意的原則是，美向來並非絕對、顛撲不破，而是隨歷史時期與國家之異而異，非僅身體之美如此(包括男、女、風景)，神、聖徒、觀念之美亦然。

本書如此命意，對讀者最為尊重。我們將會看到，同一時期，畫家與雕刻家歌頌一種美的模範(人、自然、觀念)，文學家卻歌頌另一種模範。某些希臘詩人吟詠的女性美，在後世某個時代才由畫家與雕刻家實現。另一方面，我們只要想想，下一個千年，火星人驀然碰見一幅畢卡索的作品，以及畢卡索同時代的愛情故事裡描寫的美女，這位火星人將會何其詫異。他不會明白這兩種美的觀念有何關係。所以，我們必須花些工夫，看看不同的美的模型如何並存於同一時期，以及其

他模型如何穿越不同的時期彼此呼應。

本書一開始就將全書的編排與靈感和盤托出，讓讀者嘗一臠而知鼎味。全書起始，排列出一系列對照圖表可見，不同時代裡，有時彼此相距遙遠的哲學家、作家、藝術家如何重拾並發展(或許加以變化)紛繁多樣的美的觀念，在此圖表可一目瞭然。

艾倫瓊斯與菲利普凱索，**畢雷里月曆**，局部，1973

1萬3千年BC.

威倫道夫的「維納斯」
維也納
自然歷史博物館

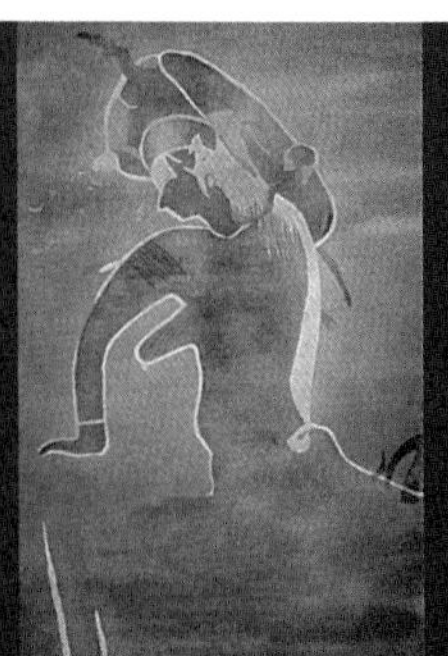

4千年BC

安提尼
雅巴倫，塔西里，
阿爾及利亞

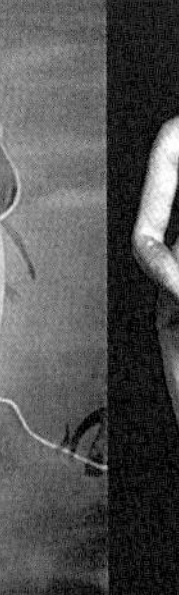

4世紀BC

普拉克西提勒斯
克尼迪亞的阿芙蘿黛媞
羅馬仿希臘原作。
羅馬，
羅馬國家博物館

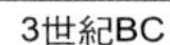

3世紀BC

跪姿的阿芙蘿黛媞
羅馬仿希臘原作。
巴黎，羅浮宮

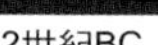

2世紀BC

米羅的維納斯
巴黎，羅浮宮

2至1世紀BC

拉克希米女神
象牙小雕像，
南亞，
龐培出土。
拿坡里，
國家考古博物館

約1482

波堤切里
維納斯的誕生
佛羅倫斯，
烏菲茲美術館

約1531

卡拉納
維納斯與偷蜜的丘比特
羅馬，波格斯畫廊

1509

吉歐吉歐尼
睡眠的維納斯
德勒斯登，國家畫廊

1797-1800

哥雅
裸體的維納斯
馬德里，
普拉多博物館

1804-1808

卡諾瓦
寶琳波拿巴
羅馬，
波格斯畫廊

1世紀
戰神與維納斯
龐培的戰神與維納斯屋。
拿坡里，
國家考古博物館

4至5世紀
維納斯自海中升起
開羅，科普提克博物館

約1360
聖馬丁師傅
維納斯受七個傳奇情人崇拜
佛羅倫斯盤子。
巴黎，羅浮宮

14世紀
大妓女攬鏡，
啓示錄織錦
局部
昂熱，
安如的雷尼王城堡

1470-1480
低萊茵地區
不知名畫家，
愛的魔力
萊比錫，
造形藝術博物館

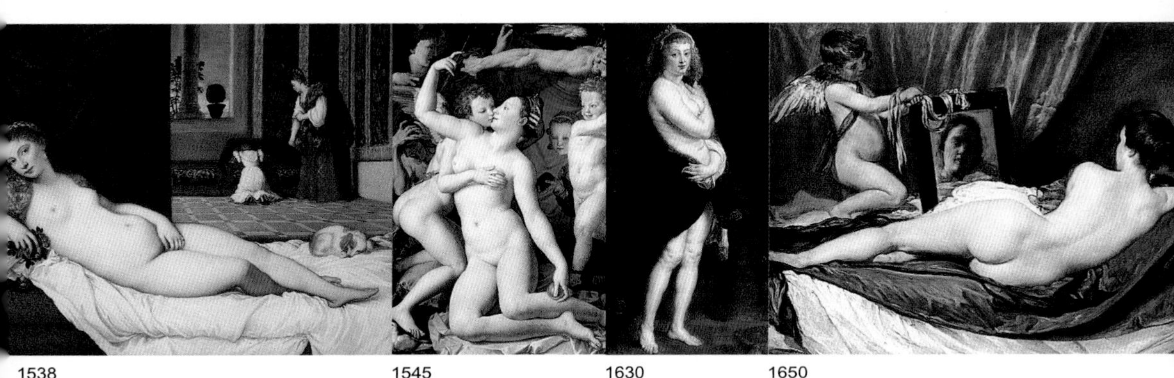

1538
提香
烏比諾的維納斯
佛羅倫斯，
烏菲茲美術館

1545
布隆奇諾
維納斯與丘比特的寓言
倫敦，國家藝廊

1630
魯本斯
毛皮(海倫娜佛爾蒙扮維納斯)
維也納，
藝術史博物館

1650
維拉斯奎茲
維納斯照鏡子
倫敦，
國家藝廊

1814
安格爾
大宮女
巴黎，
羅浮宮

1833
海耶茲
懺悔的抹大拉
米蘭，
市立現代藝術館

1863
馬內
奧林匹亞
巴黎，
奧塞美術館

1892

高更
你妒嫉嗎？
莫斯科，
普希金國家藝術博物館

1908

畢卡索
森林女神
聖彼得堡，
國立赫米塔吉博物館

1909

克林姆特
莎樂美，局部
威尼斯，畢沙羅
國際現代藝術館

約1920

約瑟芬貝克

約1950

瑪麗蓮夢露

6世紀BC

青年雕像
雅典，
國家考古博物館

460-450 BC

米倫
擲鐵餅者
羅馬仿希臘原作
羅馬，
羅馬國家博物館

470-400 BC

奧林匹亞匠師（？）
里亞斯村出土青銅像
雷吉歐卡拉布利亞市
國家考古博物館

450-440 BC

波里克利特斯
持矛者
羅馬仿作
拿坡里，
國家考古博物館

4世紀BC

貝爾維德的阿波羅
2世紀羅馬仿
4世紀BC希臘原作
梵蒂岡，
梵蒂岡博物館

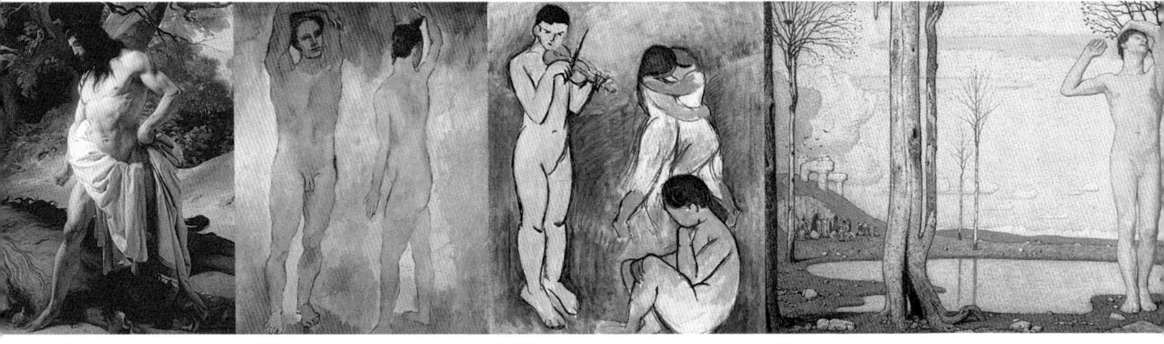

1842

海耶茲
參遜
佛羅倫斯，
皮提宮現代藝廊

1906

畢卡索
少年
巴黎，
奧倫治博物館

1906

馬諦斯
「音樂」素描
紐約，
現代博物館

1923

羅賓森
青年
私人收藏

約1965 | 1997

碧姬芭杜

莫妮卡貝魯奇

约1190
亞當
巴黎，
聖母院

1747
麥西拿的安東尼洛
聖塞巴斯提安
德勒斯登，
國家畫廊

1602
卡拉瓦喬
施洗者聖約翰
羅馬，
皮納克提美術館

1615-1630
雷尼
亞特蘭塔與希坡米尼斯
拿坡里，
卡波迪蒙特宮國家博物館

1793
吉洛德特利里森
安迪米安的睡眠
巴黎，
羅浮宮

1932
強尼魏斯穆勒
泰山

1952
馬龍白蘭度
飾演馬克安東尼
凱撒大帝

1985
阿諾史瓦辛格
魔鬼司令

7世紀BC

歐瑟爾女像
米諾亞／邁西尼
巴黎，
羅浮宮

一世紀

花神
斯塔比亞的
平里亞德尼別墅
拿坡里，
國家考古博物館

6世紀BC

女像
雅典，
國家考古博物館

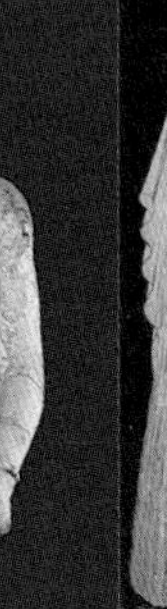

470BC

莎佛與阿爾克斯
希臘紅色人像
手工雙耳瓶
慕尼黑，
古代美術品收藏館

約1340

圍巾遊戲
金銀絲線錢包，
織於巴黎
漢堡，
藝術與手工藝博物館

約1540

提香
美女
佛羅倫斯，
帕拉丁畫廊，
皮提宮

1606-1607

魯本斯
朵莉亞
卡爾斯魯爾，
國家藝術廳

1650

賈提尼
塞維尼夫人
《法國著名女性畫像集》
(巴黎，1827)

1740

里歐塔德
戴土耳其頭飾的法國女士
日內瓦，
藝術與歷史博物館

1756

布徹
龐巴度夫人
慕尼黑，
皮納克提美術館

1899

高更
瑪麗之月
聖彼得堡，
國立赫米塔吉博物館

1902

克林姆特
貝多芬壁畫
天使唱詩班局部
維也納，
奧地利貝爾維德藝廊

1910

賀德勒
行走的女人
托馬斯施密德尼收藏

1917

席爾
彎膝而坐的女人
布拉格，
國家藝廊

約1920

柯蕾特

約1456
烏奇洛，
聖喬治屠龍，局部
倫敦，
國家藝廊

1469
柯薩
四月的寓言，局部
月份廳
費拉拉，西法諾亞宮

1503-1506
達文西
蒙娜麗莎
巴黎，羅浮宮

約1514
拉斐爾
戴頭紗的女子
佛羅倫斯，
帕拉丁納畫廊，
皮提宮

1530-1535
帕米吉亞尼諾
安提亞
拿坡里，
卡波狄蒙特博物館

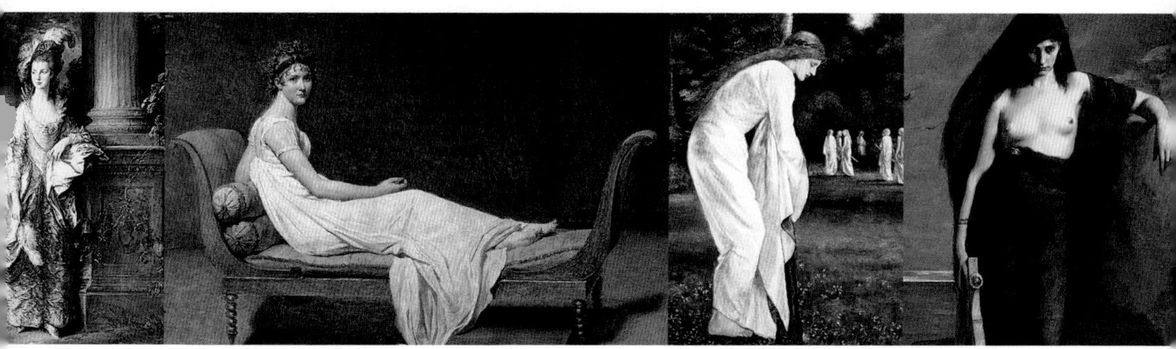

1760
甘斯柏洛
尊貴的葛蘭姆夫人
愛丁堡，
蘇格蘭國家畫廊

1800
大衛
雷卡米爾夫人
巴黎，
羅浮宮

1866
柏恩瓊斯
被鍊子鎖在樹幹的女子
紐約，
原富比世收藏

1877
曼金，
莎佛
曼徹斯特，
曼徹斯特藝廊

1927
可可香奈兒，
模特兒

1946
麗塔海華絲

1960
安妮塔艾柏格
甜蜜生活

2000 BC	1300 BC	470-450 BC	1世紀	4世紀
男子小銀像 艾雷坡， 國家博物館	塞內金姆王，局部 埃及， 帝王谷陵墓	尼爾比德畫家 **希臘人戰亞馬遜族**(局部) 拿坡里， 國家考古博物館	羅馬雕像， 拿坡里， 國家考古博物館	安如宮廷 **音樂與樂師** 波修斯， 《數學與音樂》 拿坡里 國家圖書館

1593-1594	1609-1610	1634	約1660	約1668
卡拉瓦喬 **持水果籃的男孩** 羅馬， 波格斯畫廊	魯本斯 **自畫像，與伊莎貝爾布蘭特** 局部 慕尼黑， 舊皮納克提美術館	林布蘭特 **蘇爾曼斯畫像** 巴黎， 私人收藏	科席耶 **算命** 聖彼得堡， 國立赫米塔吉博物館	維梅爾 **地理學家** 法蘭克福， 藝術美術館

1844	1897	1901	約1947	1954
戴洛伊 **波特萊爾畫像** 凡爾賽宮 凡爾賽堡國家博物館	波狄尼 **孟德斯鳩斐仁沙克伯爵** 巴黎， 奧塞美術館	畢爾茲利 **我也在阿加底亞** 《薩伏依》季刊(*Savoy*)，第8期	亨佛利鮑嘉	馬龍白蘭度 **岸上風雲**

約1360

阿爾波
武裝天使行列
帕度亞，
市立博物館

1411-1416

林柏格兄弟
四月，
《貝里公爵的富貴》
香提邑，
坎德博物館

1433

凡艾克
紅頭巾男子
倫敦，
國家藝廊

1500

杜勒
穿毛皮的自畫像，
局部
慕尼黑，
舊皮納克提美術館

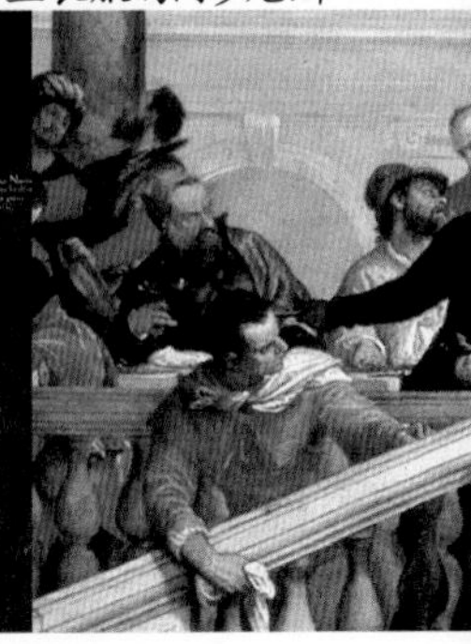

1573

維洛尼斯
李維家的饗宴，局部
威尼斯，
學院畫廊

1720

賈加里歐
紳士畫像
米蘭，
布雷拉美術館

1787

提希班
歌德在羅馬平原
法蘭克福，
藝術美術館

1800

大衛
拿破崙跨越聖伯納山口
局部
巴黎，
國家馬美松堡博物館

1818

塞文
雪萊在卡拉卡拉浴場
羅馬，
濟慈／雪萊之家

1954

詹姆士狄恩

1975

大衛鮑依

1989

米克傑格

2002

貝克漢

2002

喬治克魯尼

2700-2300 BC
女頭
席克拉德文明，
奇洛斯島
巴黎，
羅浮宮

2500 BC
女頭
埃及，
查法吉神廟
堪薩斯，
尼爾森艾金斯藝術博物館

1391-1353 BC
土亞王后，
埃及
新王國時代
巴黎，羅浮宮

5世紀BC
女頭瓦檐飾
艾特魯斯肯
巴黎，
羅浮宮

2世紀
女子畫像
（安提諾？）
羅馬時代的埃及
巴黎，
羅浮宮

1世紀
弗拉維王朝髮式女子胸像
羅馬帝國
拿坡里，
國家考古博物館

約1540
布隆奇諾
潘綺亞蒂奇
佛羅倫斯，
烏菲茲美術館

約1530-1535
提香
懺悔的抹大拉
佛羅倫斯，
皮提宮帕拉提納藝廊

1703
拉吉里耶
斯特拉斯堡美女
斯特拉斯堡，
藝術博物館

1780
雷諾茲
瓦德格雷夫仕女，
局部
愛丁堡，
蘇格蘭國家藝廊

約1782
洛姆尼
扮女妖色絲的哈米爾頓女士
倫敦，
泰特不列顛藝廊

1927
露易絲布魯克斯

1929
藍姆皮卡
聖摩里茲，
局部
奧爾良，
藝術博物館

1931
葛麗泰嘉寶

1931
《瑪塔哈莉》中的
葛麗泰嘉寶

約1949
麗塔海華絲

1世紀BC
女詩人畫像
（莎佛？）
龐培出土
拿坡里，
國家考古博物館

6世紀
提奧多拉的頭
米蘭，
史佛薩堡市立古代藝術館

約1300年
詩人阿茲提登，局部
《獵者與被獵者》
海德堡大學圖書館

15世紀
貝倫切里畫像師傅
馬利亞邦奇亞尼畫像
法蘭德斯畫派。
佛羅倫斯，
烏菲茲美術館

1480
柯西摩
西蒙塔維斯普奇，局部
香提邑，
坎德博物館

約1490
達文西
抱銀鼠的女子
科拉考，
札科利斯基親王博物館

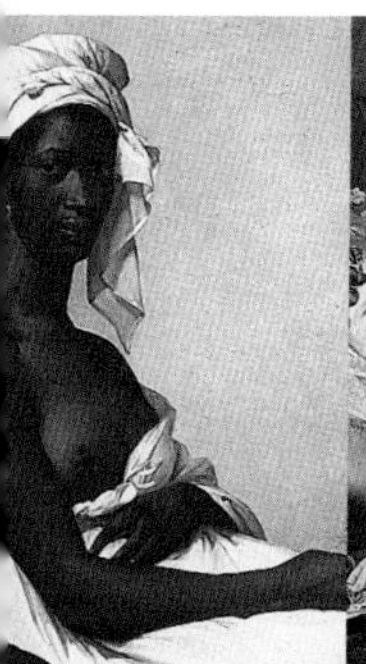

1800
貝諾伊斯
黑人女子畫像
巴黎，
羅浮宮

1829
托明茲
摩斯肯家族，局部
流布雅納，
國家畫廊

約1864
納達爾
莎拉柏恩哈特

1867
羅塞蒂
莉莉絲，局部
紐約，
大都會藝術博物館

1922
里果洛
梅莎琳娜

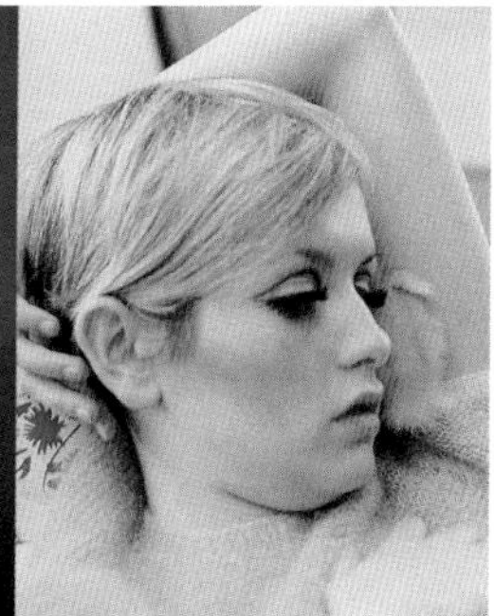

1954
奧黛麗赫本

約1960
碧姬芭杜

約1970
崔姬

2500-2000 BC

阿卡德的薩爾岡王頭像
失傳；原藏巴格達，伊拉克國家博物館

7世紀BC

統治者頭像
古代泰爾巴西普總督宮壁畫。
亞述，阿雷坡國家博物館

6世紀BC

黃金象牙雕頭像
傳為**阿波羅**
德爾菲，
考古博物館

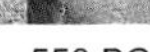

550 BC

法國外交官藍班所購
騎士頭像
巴黎，
羅浮宮

5世紀BC

運動員頭像
拿坡里，
國家考古博物館

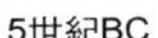

約1635-1640

凡艾克的風格
兩位英格蘭青年的畫像
倫敦，國家藝廊

約1740

賈加里歐
君士坦丁修會騎士畫像
米蘭，
培佐利博物館

約1815

托馬斯勞倫斯
拜倫像
米蘭，
私人收藏

約1923

魯道夫范倫鐵諾

1932

約翰巴利摩爾
《瑪塔哈莉》中的

1975

約翰屈伏塔
《周末的狂熱》

約1998

丹尼斯羅德曼

5世紀BC
安提努斯
拿坡里，
國家考古博物館

約1245-1250
瑙恩堡師傅
赫曼
瑙恩堡大教堂

14世紀
拿坡里泥金抄本作者
安如宮廷的騎士
佛羅倫斯，
國家圖書館

1498
杜勒
戴手套的自畫像
馬德里，
普拉多博物館

約1512
維尼托
紳士畫像，局部
羅馬，國家古代藝廊

約1935
泰倫鮑爾

1951
馬龍白蘭度

約1954
詹姆士狄恩

約1968
吉姆莫里森

1968
吉米亨德利克斯

1132-1140

基督誕生
帕勒摩，
帕拉丁納禮拜堂

12世紀

祈禱的處女
拜占庭像
麥西拿，
地區博物館

12世紀

處女與二天使
拱窗
佛爾米斯，
聖安哲羅教堂

12世紀

佛羅倫斯畫派
處女與孩子
佛羅倫斯，
烏菲茲美術館

1285

杜奇歐
魯奇拉耶的聖母
佛羅倫斯，
烏菲茲美術館

1439-1447

里皮
處女加冕
佛羅倫斯，
烏菲茲美術館

1452以後

佛格
處女與孩子
《梅倫聖母院聯畫》
安特衛普，
皇家藝術博物館

約1450

貝里尼
處女與孩子
佛羅倫斯，
烏菲茲美術館

約1470

曼姆林
聖母攜子登極，局部
佛羅倫斯，
烏菲茲美術館

1509

梅契斯
聖安妮三聯畫，局部
布魯塞爾，
皇家藝術博物館

1519-1526

提香
培沙羅聖母，局部
威尼斯
聖馬利亞教堂

約1526

杜勒
持梨子的聖母與孩子，
局部
佛羅倫斯，
烏菲茲美術館

1534-1540

帕米吉亞尼諾
長脖子聖母
佛羅倫斯，
烏菲茲美術館

約1310

喬托
萬聖節聖母
佛羅倫斯，
烏菲茲美術館

1333

馬提尼
天使報喜，局部
佛羅倫斯，
烏菲茲美術館

1411-1416

林柏格兄弟
聖母訪親
取自《貝里公爵的富貴》
香提邑，
坎德博物館

約1425-1430

馬索里納
謙卑的聖母
佛羅倫斯，
烏菲茲美術館

約1478

胡斯
波蒂納里祭壇畫
佛羅倫斯，
烏菲茲美術館

1487

波堤切里
石榴聖母
佛羅倫斯，
烏菲茲美術館

約1505-1507

米開朗基羅
聖家庭與聖約翰
佛羅倫斯，
烏菲茲美術館

約1506

拉斐爾
金翅的聖母
佛羅倫斯，
烏菲茲美術館

約1604

卡拉瓦喬
聖母與朝聖者，局部
羅馬，
聖阿格諾斯提諾教堂

約1686

吉歐達諾
天幕聖母，局部
拿坡里，
卡波迪蒙特宮國家博物館

1859

羅塞蒂
天使報喜
倫敦，泰特不列顛美術館

1894-1895

孟克
聖母
奧斯陸，
國家畫廊

1991

瑪丹娜

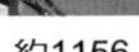

約1173-1182

莊嚴的耶穌
見《阿方索主教福音書》
封面，局部
卡普亞，
教堂寶藏

約1145-1150

莊嚴的耶穌
夏特，
聖母教堂

約1156

釘十字架
取自《佛洛雷夫聖經》
倫敦，大英博物館

1180-1194

基督受洗
馬賽克
蒙里爾(西西里)，
聖馬利亞阿森塔教堂

1475

安東尼洛
釘十字架，局部
安特衛普，
皇家藝術博物館

1475

安東尼洛
救世主
倫敦，
國家藝廊

約1492

曼姆林
基督降架
三聯畫，左聯
格蘭納達，
皇家禮拜堂

1490-1500

曼提納
哀基督之死
米蘭，布雷拉美術館

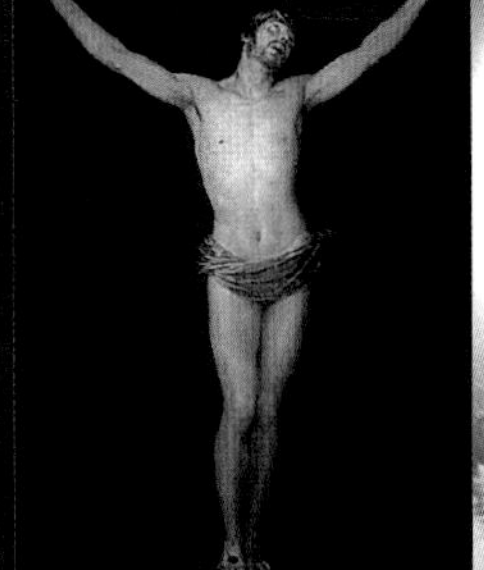
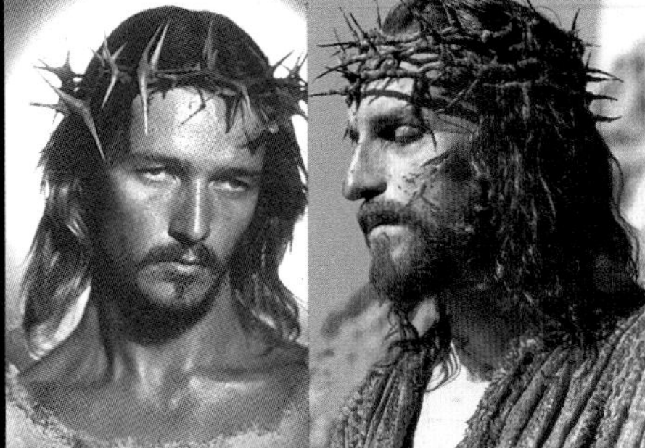

1550

布隆奇諾
基督降架
佛羅倫斯，
烏菲茲美術館

1625

卡拉奇歐洛
鞭笞
拿坡里，
卡波迪蒙特國家博物館

1780

哥雅
十字架上的基督
馬德里，
普拉多博物館

1973

音樂劇**《萬世巨星》**
中的泰德尼里

2004

《受難記》中的
詹姆斯卡維塞爾

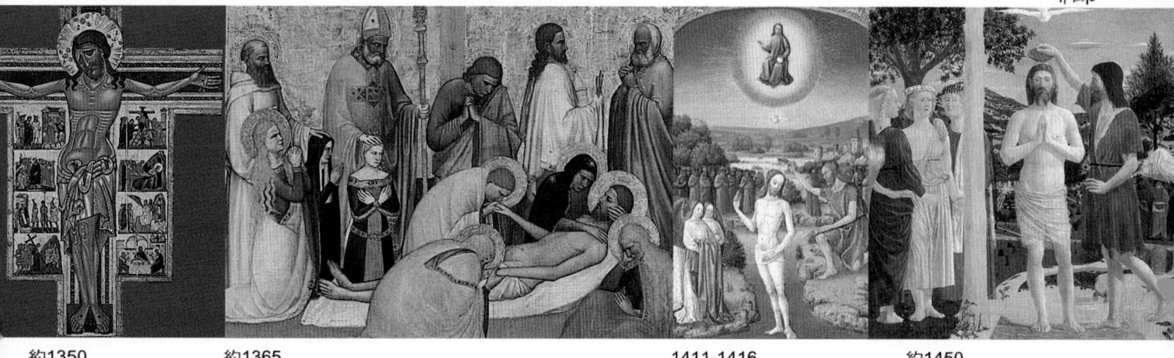

約1350

魯卡畫派
十字架受難場面
佛羅倫斯，
烏菲茲美術館

約1365

喬提諾
聖母哀子，局部
佛羅倫斯，
烏菲茲美術館

1411-1416

林柏格兄弟
基督受洗
取自《貝里公爵之富貴》
香提邑，
坎德博物館

約1450

富蘭契斯卡
基督受洗，局部
倫敦，國家藝廊

約1500

梅尼里
頂十字架的基督
佛羅倫斯，
烏菲茲美術館

約1508

洛托
聖母哀子
聯畫
雷卡納提，
市立博物館

約1510

奇馬
戴荊冠的基督
倫敦，國家藝廊

約1517

拉斐爾
變容，局部
羅馬，
梵蒂岡美術館

14世紀BC

卡肯納騰巨型
半身像
新王國時代
開羅，
埃及博物館

3-2世紀BC

亞歷山大大帝
馬賽克，局部
拿坡里，
國家考古博物館

約547

查士丁尼皇帝與廷臣
拉文納，
聖維塔爾教堂

約1000

教宗奧圖三世及世俗顯貴
取自《奧圖三世福音書》
慕尼黑，
巴伐利亞邦圖書館

1317

馬提尼
土魯斯的聖路易
拿坡里，
卡波迪蒙特國家博物館

1540

小霍爾班
亨利八世，局部
羅馬，
國家古代藝廊

1542

道西
阿芳索
摩德納，
艾斯登斯畫廊

約1637

凡艾克
查爾斯一世騎馬
局部
倫敦，國家藝廊

約1635

凡艾克
查爾斯一世打獵
巴黎，
羅浮宮

約1845

奧良的路易菲利普
凡爾賽宮

1938

義大利國王艾曼紐爾
與兒子安柏托、姪子
維托利歐

1961

約翰甘迺迪
美國第35任總統

1974

安尼里
飛雅特公司總裁

1373

波隆納的尼可洛
帷幄裡的凱撒
米蘭，
特里夫奇亞納圖書館

1519

杜勒
皇帝麥西米蘭一世
維也納，
藝術史博物館

約1530

克洛埃
法蘭西斯一世，局部
巴黎，
羅浮宮

約1547

提香
在穆爾堡的查爾斯五世
馬德里，
普拉多博物館

1641

凡艾克
瑪麗公主與威廉王子
阿姆斯特丹，
國家博物館

約1670

米格納
路易十四被名譽女神加冕
杜林，
薩包達畫廊

約1780

英王喬治三世
凡爾賽宮

1806

安格爾
拿破崙一世登上皇帝寶座
巴黎，
國立傷兵院
軍事博物館

1841-1845

藍西爾
現代溫莎堡
溫莎堡，
王室收藏

約1340 BC

尼菲提提王后
新王國時代
柏林，
埃及博物館

約500-548

提奧多拉女皇與宮廷，
局部
拉文納，
聖維塔教堂

約1245-1250

瑙恩堡師傅
尤塔
瑙恩堡教堂
唱詩班席

1503-1504

米樹席陶
亞拉岡的凱撒琳
維也納，
藝術史博物館

1536

小霍爾班工作室
珍西摩爾
海牙，
摩里茲博物館

約1500

貝里尼
塞浦路斯王后
凱撒琳科娜洛
布達佩斯，
藝術博物館

約1955

葛麗絲凱莉

1963

《埃及艷后》中的
伊麗莎白泰勒

1990

黛安娜王妃

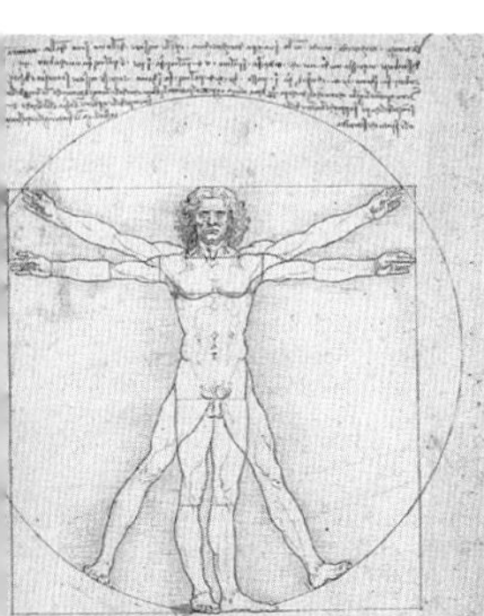

約1485-1490

達文西
人體比例研究
威尼斯，
學院畫廊

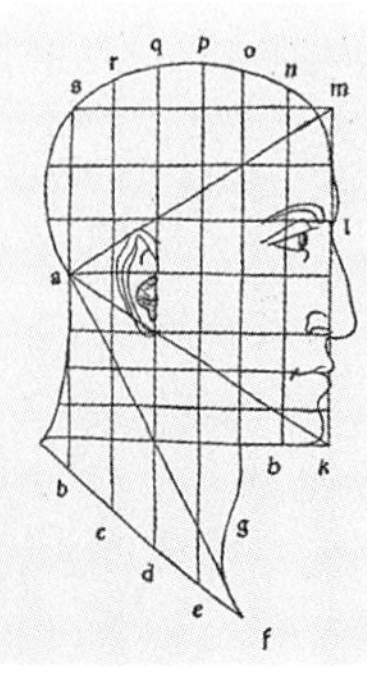

1509

帕奇歐里
幾何柵欄之人頭，
取自《神聖的比例》
威尼斯

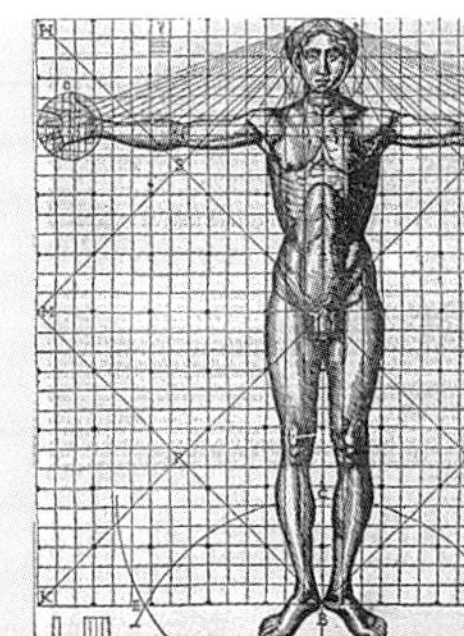

1521

塞沙里亞諾
維特魯維斯的人形
取自《波里歐尼：建築》
米蘭，
布雷登斯國家圖書館

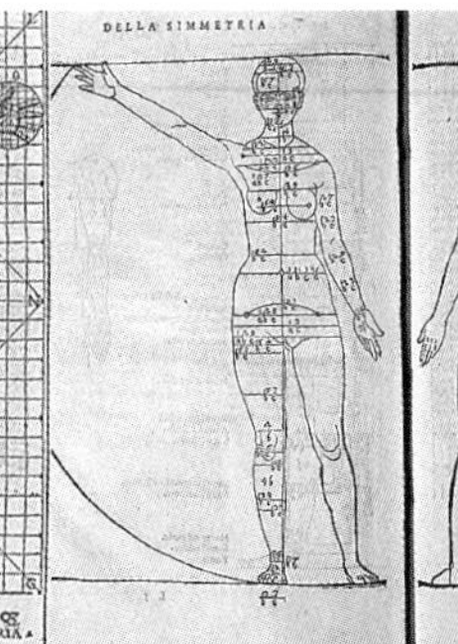

1528

杜勒
幾何人體測量
取自《人體比例四書》

女王

約1583

小梅契斯
英格蘭的伊莉莎白一世
西耶納，
國家美術館

1571

克洛埃
奧地利的伊莉莎白
巴黎，
羅浮宮

1633

凡艾克
亨莉耶塔馬利亞王后與哈德遜爵士
華盛頓，
國家藝廊

約1650

梅伊
安提歐克斯與史特拉多妮絲
西耶納，
蒙代帕希收藏

比例

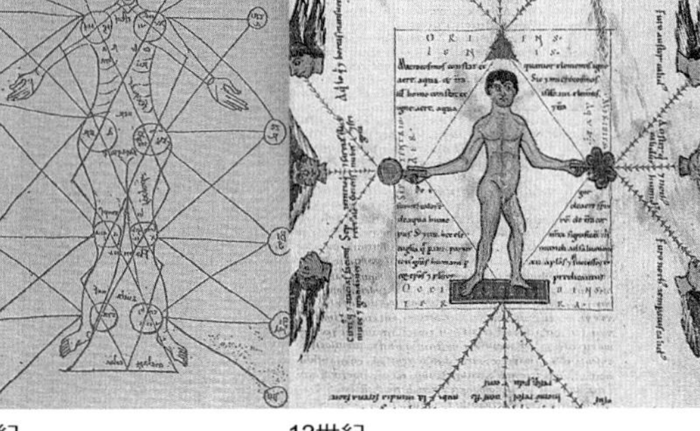

4世紀BC

波里克利特斯
拳擊選手
羅馬仿希臘原作
羅馬，
私人收藏

440 BC

波里克利特斯
持矛者
羅馬仿希臘原作
拿坡里，
國家考古博物館

11世紀

人的體液與基質和黃道12宮
西班牙，
歐斯瑪市

12世紀

風、元素、體液
巴伐利亞
取自《占星學手稿》

1411-1416

林柏格兄弟
人與黃道12宮
取自《貝里公爵的富貴》
香提邑，
坎德博物館

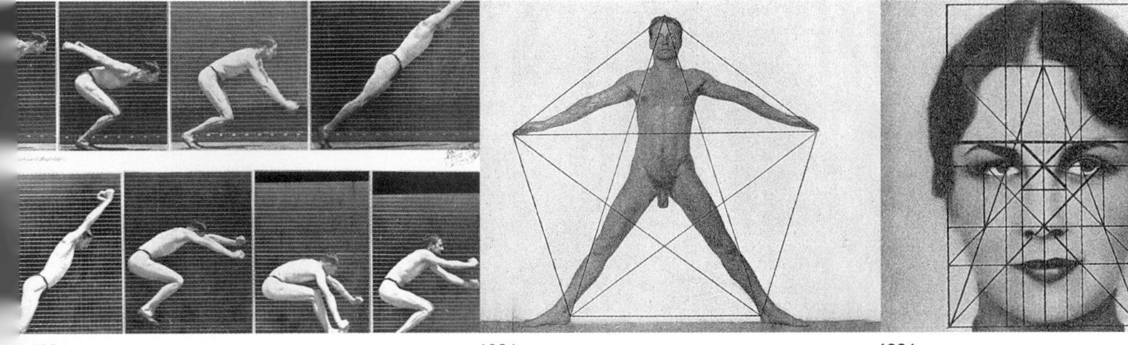

1901

麥布里吉
人體運動

1931

吉卡
小宇宙
取自《黃金比例》

1931

吉卡
一張臉的和諧分析
取自《黃金比例》

第 1 章

古希臘人的審美理想

1. 繆思的合唱

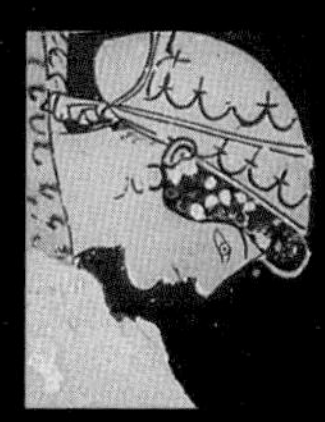

根據赫西奧德之說，卡德莫斯(Cadmus)與哈默妮(Harmony)在底比斯結婚，繆思唱詩讚美新娘和新郎，其中有個疊句，眾神很快就朗朗上口：「唯有美的才受人愛，不美的，沒有人愛。」這些熟如謠諺的詩句頻見於後來詩人的作品裡，包括提奧格尼斯(Theognis)與尤里皮底斯(Euripides)，在某種程度上表達了古希臘流行的美感見解。其實，美在古希臘並沒有獨立地位：我們還可以說，至少一直到培里克利斯(Pericles)時代，希臘人缺乏真正的美學與美的理論。

美幾乎無時無刻不與其他特質彼此連帶，絕非偶然。例如，德爾菲神諭回答美的欣賞判準是什麼，如此說道：「最美的，也是最正義的。」就是在希臘藝術的黃金時代，美也時時與其他價值並提，諸如「適中」、「和諧」及「平衡」。此外，希臘人對詩隱懷不信任，這不信任至柏拉圖而直言不諱：藝術與詩(因此，連同美)容或悅目賞心，卻與真理沒有直接關聯。美這個主題經常與特洛伊戰爭相連，亦非巧合。

荷馬作品裡找不到美的定義，但《伊利亞圍城記》(*Iliad*)這位作者為特洛伊戰爭提出了一項含蓄的理由，遙啟後來辯士戈吉亞斯(Gorgias)那篇《海倫頌》(*Encomium of Helen*)：海倫令人無法抗拒的美免除了她是生靈塗炭禍因之罪。特洛伊陷落，希臘大軍進城，米尼勞斯(Menelaos)撲向他的出牆妻，就要取她性命，但眼睛餘光落在她裸袒的胸脯上，舉劍的手廢然下垂。

青年雕像，6世紀BC，雅典，國家考古博物館

海倫之美

荷馬(8至7世紀BC)

《伊利亞圍城記》第三章

「難怪特洛伊人和亞該人這麼受苦：看她一眼，你就知道她像一個不朽的女神！不過，她雖然美麗，還是讓他們用船把她帶走吧，以免她為我們和我們的子女帶來大禍。」大家這麼說。普利安召見海倫。「孩子，」他說，「過來坐在我身邊，這樣妳就可以看見妳前夫，妳的親人朋友。這事當然錯不在妳，該怪諸神。使我們和亞該人發生這場可怕的戰爭的，是他們……」

藝術與真理

柏拉圖(5至4世紀BC)

《理想國》卷十

這麼看來，模仿者隔真理很遠。他能是一個畫家、鞋匠、木匠或別的任何工匠，但他對他們的技術一無所知。他能做種種模仿，只因為他只碰觸那些事物的一小部分，也就是是表相。他如果是不錯的藝術家，他將他的畫隔著一段距離給小孩子或單純的人看，可能騙得過他們，他們會以為他們看到的是一個真的木匠。這也就是我想提出的結論。繪畫或素描，以及一般的模仿，做其當行本色之事，是離真相很遠的，我們和他們發生關係的心理作用也和理性相隔甚遠，沒有健康的或合乎真理的目標。模仿藝術家有如劣等人娶劣等人，生出劣等的後代。

古典主義

文克曼

《希臘繪畫與雕刻裡的模仿》，1755

如同人類，藝術有其青春時代，這些藝術的早年類似一切藝術家的早期階段，一切藝術家初期都只懂得欣賞宏壯奇妙。最早的希臘畫家畫畫，或許猶如希臘最早的偉大悲劇詩人的風格。人做一切事情，最初都衝動且不精確；均衡與精確隨後方至，而且人需要時間來學習欣賞均衡和精確。唯有大師具備這些特質，尚在學習者則利於強烈的激情。最好的希臘著作，亦即蘇格拉底一派的作品，其真正與眾不同的特徵，就是希臘雕像那種高貴的單純與靜穆的宏偉。構成拉斐爾之偉大者，也就是這些特質，而他是由模仿古人而造達這些特質。他又唯其有那樣美麗的身體和特質、那樣的美麗靈魂，才成為近代意識到並發現古人真質的第一人，而且，他在一個庸俗、不完美的靈魂對真正的偉大都仍然毫無感覺的時代造此境界，堪稱福氣。

卡平托林山的維納斯，
羅馬人仿希臘原作，300BC，羅馬，卡平托山博物館

不過，即使此處及他處提到男女身體之美，我們還是不能說荷馬史詩對美具有意識上的理解。後起的抒情詩人亦然，除了莎佛(Sappho)這個重要的例子之外，美在其他作品中似乎並非攸關宏旨的主題。但是，我們如果以現代眼光看美，仍無法充分了解早期希臘人對美的觀點。就如歷代都有人認為某種「古典的」美是原味，是真貌，實則他們將現代觀點投射於過去，大有未當，文克曼(Winckelmann)標舉的古典主義就是一例。

希臘字Kalon勉強可以譯為「美麗的」，根據此字，我們要注意，一切令人愉快，引起悅慕或吸引眼睛的人事物，皆謂之美。一個對象美

悅目即美

提奧格尼斯(6至5世紀BC)
《輓歌》，I, vv. 17-18

繆思與美之神，宙斯的女兒，
妳們在卡德莫斯的婚禮上唱這些美麗的詞：
「美麗的事物為人所愛，
不美的無人愛。」

美麗的事物永遠可親

尤里皮底斯(5世紀AD)
《巴克哀》，III, vv. 880-884

一隻手擱在臣服的敵人頭上，
有什麼智慧，有什麼神的賞賜
比這更美？
美永遠可親。

黑色人形雙耳瓶，阿奇力士與阿艾克斯擲骰子，540BC，梵蒂岡市博物館

左頁：亞地加，紅色人形杯，女神艾抱其子曼農屍體，490-480BC，巴黎，羅浮宮博物館

麗，意指這個對象的外形令感官愉快，尤其視覺與聽覺。但是，表現這個對象之美的因素不是只有那些能用感官感覺的層面：以人體為例，靈魂與人格也扮演重要角色，而這些特質主要需以「心」眼而非肉眼去感覺。

根據這些提示，我們可以說，早期希臘人對美是有了解的，只是他們所了解的美與傳達美的各種藝術結合，使美本身並無獨立地位：在頌神歌裡，美是宇宙的和諧；在詩，美是使人歡悅的魅力；在雕刻，美是作品成分的適當配置與平衡；在修辭，美是確當的音聲節奏。

眼神

柏拉圖

《饗宴》，211e

如果人能看見真正的美呢？我是說，神聖的美，純粹、清明、不摻雜質，沒有被道德和人類生活的所有顏色與虛榮所污染。如果他能看見真正的美，與之說話。記住，只有在那樣的相契裡，以心靈的眼睛看著美，他產生的才不是美的表相，而是真實(因為他掌握到真實)，產生並滋育真正的美德，成為神的朋友而不朽。如果人能不朽，這會是不高貴的人生嗎？

費德洛斯和在座諸位，這是狄奧提瑪對我說的話，我信服。我自己信服，也希望讓別人相信，要臻至這個目的，人性不容易找到比愛更好的幫手。

2. 藝術家的「美」觀

雅典興起為軍事、經濟、文化強權之際，一種比較清晰的審美觀逐漸成形。培里克利斯時代在多次擊敗波斯的戰爭中達於極盛之時，也是藝術出現重大發展之刻，尤以繪畫與雕刻為最。藝術出現這場重大發展的原因，與希臘人重建被波斯人毀壞的神廟、展示雅典之盛勢，以及培里克利斯優遇藝術家有關。

除了外在原因，還必須加上古希臘人在人物、具象藝術方面的技術性發展。相較於埃及藝術，希臘雕刻與繪畫進步甚大，在某種程度上，這進步得助於藝術與常識的結合。

在建築與繪畫裡，埃及人不考慮透視法。透視法有其抽象而嚴格的規則，而希臘人重視的是一種主觀的透視法，希臘畫家發明前縮法(foreshortening)，不理會美的客觀精準：盾牌本來有其完美的圓形，

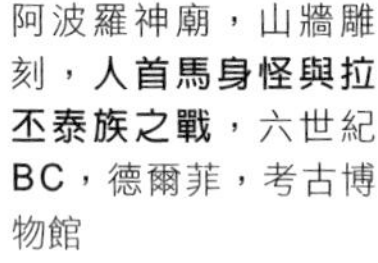

阿波羅神廟，山牆雕刻，**人首馬身怪與拉丕泰族之戰**，六世紀BC，德爾菲，考古博物館

右頁：**戰車御者**，五世紀BC，德爾菲，考古博物館

左：米倫，**擲鉛球者**，羅馬人仿希臘原作，460-450BC，羅馬國家博物館

而觀看者看東西是平透視，這圓形就可以隨觀看者的視點而調整。

同理，雕刻的目的在活生生的人體美，當然也有經驗基礎。菲底亞斯(Phidias，他的許多作品今日只能由後代的模型得知)與米倫(Myron)那個世代，以及隨後的普拉克西提勒斯(Praxiteles)世代，在於以寫實手法再現美——尤其人體，因為他們偏好有機形體之美，不喜無機對象之美，並與執守規範之間創造了一種平衡，類似音樂作曲規則。

論者認為希臘人將抽象的人體理想化，實則不然，希臘人將千姿萬態的活生生人體綜合，從中尋找一種理想的美，肉體與靈魂圓諧的美。易言之，形態之美與靈魂之善合一是最高理想，希臘文稱之為Kalokagathia，其最高貴的表達可見於莎佛的詩，與普拉克西提勒斯的雕刻。

最能表現這種美的，是靜態形式，在此形式裡，動作或運動的一個片斷顯出執行與沈靜。表現此一狀態，較繁紋縟飾更適合。不過，希臘雕刻裡一件極重要的作品還是在根本上打破這條規則，勞孔(Laocoon，希臘時代之作)充滿戲劇動態的描寫，殊非以單純取勝。此作1506年發現，見者莫不驚異神迷。

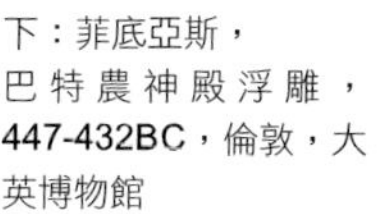

下：菲底亞斯，巴特農神殿浮雕，447-432BC，倫敦，大英博物館

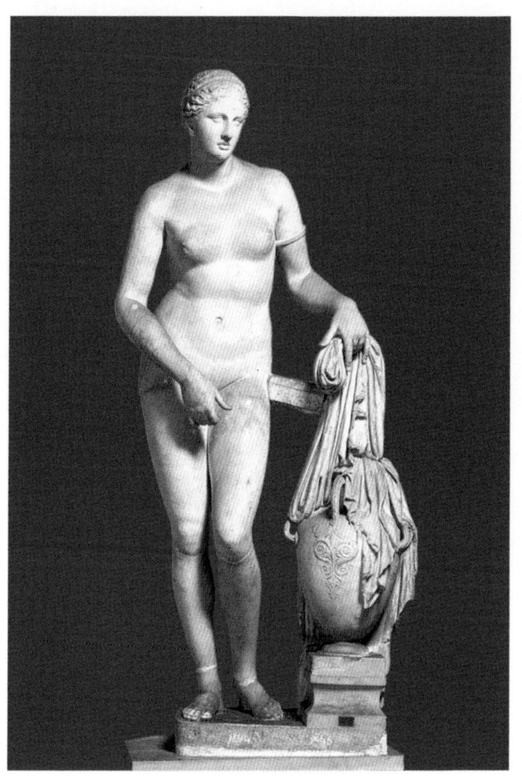

上左：普拉克西提勒斯，**維納斯**，羅馬人仿作，375-330BC，羅馬國家博物館

上右：普拉克西提勒斯，**赫米斯與年幼的戴奧尼索斯**，羅馬人仿作，375-330BC，羅馬國家博物館

左頁：勞孔，一世紀BC，梵蒂岡博物館

心身至善

莎佛(7至6世紀BC)

對某些人，世上最美的東西是一支騎兵隊，有人說是步兵大軍，也有人說是艦隊，我則認為，你愛的就是美的。這容易解釋。天下最美的海倫選擇那個使特洛伊生靈塗炭的男人，不顧女兒與雙親，遠走高飛，為了愛他……美麗者站在我們眼前的時候是美麗的，美而善者則眼前好，永遠好。

文克曼

《古代藝術史》，I, 1767

最後，希臘傑作的主要特徵是高貴的單純與靜穆的偉大，姿勢、神情皆然。猶如海面無論何其波濤洶湧，海水深處依然平靜，希臘人像無論內心如何激情動盪，都永遠流露一種偉大而均衡的精神。

這樣的精神，在最殘忍的折磨之下，不只躍然於勞孔臉上而已。他的痛苦顯現於他身體的每一塊肌肉，每一條筋腱，而且不必費心考慮他的臉或其他部分，單看那扭曲緊縮的肚子即可見得，使我們感同身受。這痛苦，我說，完全不是靠臉上之憤，也不是靠姿勢之痛來傳達。

這個勞孔沒有像維吉爾詩裡那樣懼怖狂叫：他的嘴形無法那樣叫法；如薩多里托所說，從那裡浮現出來的，只有痛楚而欲發出力的太息。肉體的痛苦與精神的偉大均勻分布於整個身體，似乎在維持彼此的平衡。勞孔在受苦，不過，是像索福克里斯筆下的費洛提特斯那樣受苦：他所受的折磨點燃我們的心，我們但願自己也能像這個崇高的人這樣承受痛苦。

3. 哲學家談美

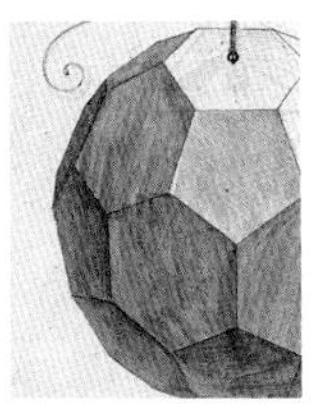

蘇格拉底與柏拉圖進一步探討美的問題。我們從贊諾芬(Xenophon)的回憶錄(Memorabilia)得知(其真實性目前有人持疑，因為作者明顯黨同伐異)，

蘇格拉底點出至少三個審美範疇，有意從思想觀念層次建立藝術實踐的正當性。三個範疇是：理想美，將自然之局部混融而再現自然；精神美，透過眼睛表現靈魂(普拉克西提勒斯的雕刻，眼睛著色以增加寫實感，是為一例)；以及有用的或功能的美。

柏拉圖的立場比較複雜，而且導出歷代不斷發展的兩個最重要觀念：美是細部之間的和諧和比例(此說衍自畢達哥拉斯)，以及美是光輝壯麗，後面這一點見於《費多篇》(*Phaedrus*)對話錄，後來並影響新柏

回憶錄

贊諾芬(5至4世紀BC)

《追思錄》，III

阿里斯提伯斯再問他(蘇格拉底)是不是知道哪些東西美麗。

「很多，」他答道。

「那些東西是不是都彼此相似呢？」

「沒有。相反，往往有些彼此非常不像。」

「一件東西和美麗的東西不相像，怎麼可能是美的？」

「真是！」蘇格拉底答道，「一個很美的賽跑選手，和一個很美的摔跤選手可能非常不相像，一張防身用的美麗的盾，和一枝可以快速又有力擲出的標槍也完全不相像。」

「這個回答和前一個回答沒有什麼不同，」阿里斯提伯斯說，「就是我剛才問你的，你是不是知道哪些東西是善的。」

「你以為一個是善，一個是美嗎？你難道不曉得嗎？對同樣的事情來說，一切東西都是既美又善的。

「這麼說來，連一隻裝垃圾的籃子也是美的？」

「當然。一張金盾可能是醜的，如果籃子適合而金盾不適合它們各自的目的。」

「你是說，同樣的事情可能既美又醜？」

「這當然就是我的意思，」蘇格拉底答道，「而且可能既好又不好：例如，對饑餓好的東西，對發燒的人可能不好，對摔角選手好的東西，對賽跑者往往不好。所以，一件東西如果適合其目的，就此而言它就是既美又善的，反之，它就是既壞又醜。」

〔……〕

蘇格拉底如果碰巧和工作中的藝術家談起來，他會想法子對他們有用。有一次，他去看畫家帕哈修斯，兩人聊起來，他問：

「帕哈修斯，繪畫可不是再現我們所見的東西嗎？換句話說，你們畫家以色彩為媒介，再現高的矮的身體，使用光影，硬的軟的，粗的細的表面，青春的如花盛綻和老年的皺紋，可不是嗎？」

「正是，」帕哈修斯說，「我們就是這麼做。」

「由於很難找到一個全無缺陷的人，你們刻畫理想的美的類型的時候，你們從許多模型取用各個模型最美的特徵，從而使你們畫的人看來完全美麗，是不是呢？」

「對，我們就是這麼個做法。」

「真的？你認為可不可能也畫出心靈，它的氣氛，魅力，甜美，可親，愉悅和吸引力？還是說，這些都是畫不出來的？」

可是蘇格拉底，」帕哈修斯答道，「我們怎麼有辦法模仿既沒有線條比例，也沒有顏色，沒有你剛才舉出的性質，而且根本看不到的東西？」

「不過，」蘇格拉底說，「我們看一個人，是不是可能帶著好惡？」

「我想可能，」帕哈修斯說。

「這些不是都能透過眼神來表現？」

「毫無疑問。」

「心中惦念朋友福禍遭遇的人，神情會不會和不關心朋友的人一樣？」

「萬萬不會。關心的人，朋友安好，他們神色就愉快，朋友不幸，他們就憂形於色。」

「所以說，這些神色是可以刻畫的吧？」

「的確可以。」

「莊嚴，大方，慘苦，不高貴，節制，謹慎，倨傲和庸俗，高貴和自由不是明顯可見於人的臉上和行為上嗎，無論他們是動是靜的時候？」

「沒錯。」

「那麼，這些也是可以刻畫的？」

「的確可以。」

「一張五官透露美麗、善良、可親的性情的看起來順眼，還是一張顯出醜惡、邪惡、恨意的臉？」

「哦蘇格拉底，兩者千差萬別。」

又有一次，蘇格拉底拜訪雕刻家克雷伊頓，說：

「我看你的跑者，摔角選手，拳手和角鬥選手都好美。這美我看了就知道。不過，你是怎麼給你所創造這些東西生命的？你賦予他們的生命如何讓觀賞者的眼光感覺到呢？」

克雷伊頓有點困惑，沒有馬上回答，蘇格拉底就說：

「你這些雕像所以給人有生命的感覺，不是因為你模仿活生生的人的形式嗎？」

「這一點沒有疑問。」

「你是不是經由精確刻畫各種不同的身體姿勢，例如肢體抬高或壓低，拉長或伸展，緊繃或放鬆，而使你這些雕像栩栩如生，充滿吸引力？」

「當然。」

「忠實再現運動中的身體，可不是會讓觀者產生特殊的快感？」

「這是很自然的道理。」

「我們是不是也該刻畫戰士猛厲的眼神，我們是不是也該模仿征服者功成事遂的滿面紅光？」

「是應該。」

「這樣的話，雕刻家就是能夠透過外在形式來描畫靈魂的動態了。」

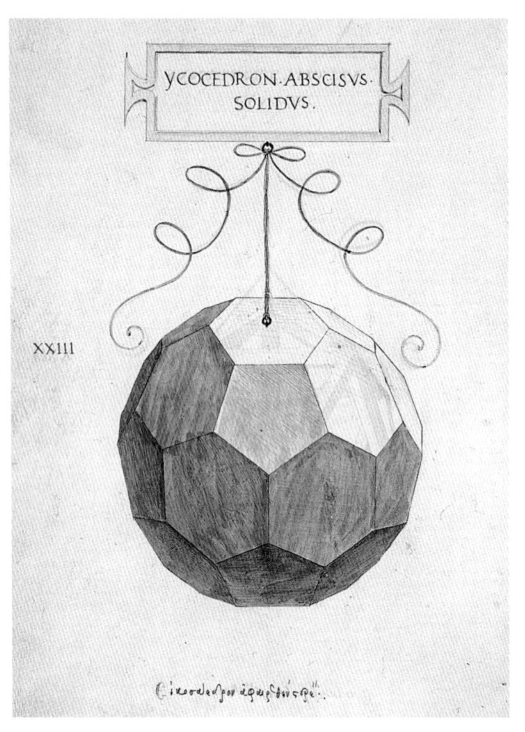

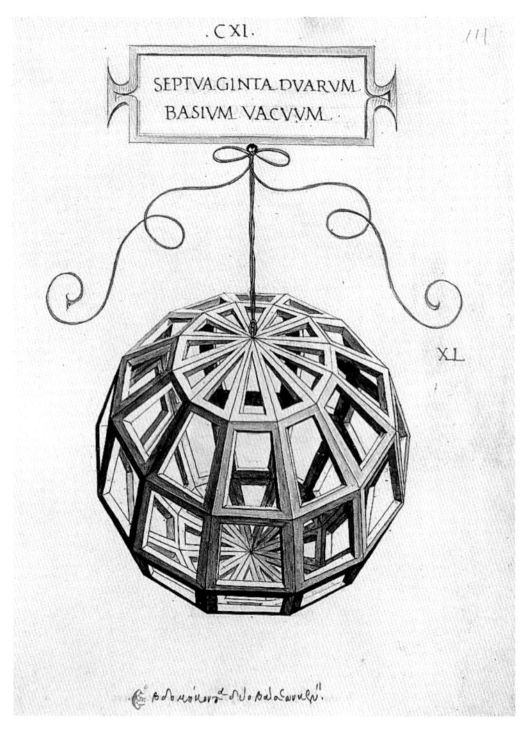

達文西，截稜12面體與空心70面體，柏拉圖立體，取自帕奇歐里，《神聖的比例》，1509，米蘭，安布洛西亞納圖書館

拉圖主義思想。柏拉圖認為美有其自主的存在，獨立於表現它的物質媒介，因而不繫於任何感官對象，而是處處發光。

美與眼睛所見不相對應(蘇格拉底貌醜出名，但人說他煥耀著內在美的光華)。柏拉圖說，肉體是囚禁靈魂的暗窟，因此感官之見必須以思想所見來克服，思想欲有所見，須知辯證之術，易言之，須知哲學。藝術是真美的謬妄摹仿，道德對青少年有害，因此最好從學校禁絕，代之以幾何形式之美。幾何形式以比例及數學的宇宙觀念為根據。

和諧與比例

柏拉圖(5至4世紀BC)

《蒂邁歐篇》，V

神有意把世界做得像最美好、最完美的智慧生命，塑造了一個有形的動物，這動物含攝了所有性質相近的其他動物……

其中最美的紐帶，是使它自己和它所結合的事物形成最完全融合的那個紐帶；最適於產生如此結合的，就是比例。

光輝

柏拉圖(5至4世紀BC)

《費多篇》XXX

正義、智慧及靈魂所珍惜的一切，在其塵世仿品裡都黯然無光，塵世它們都模模糊糊，只有少數人在其影像裡看見真實，而且充滿困難才看見。過去有個時代，他們看見美的光明燦爛，那時候，我們哲學家跟著宙斯的隊伍，其他人跟著其他的神，看到那至福的景象，被引入一種神秘的儀式，一種真正的福境，我們在我們的純真中禮讚那境界。那時我們尚未經驗到後來出現的種種邪惡，我們純真、單純、安詳、幸福，我們看那景象純淨發光，我們自己也純淨，尚未葬身我們帶著走的這具活墳墓，還沒有像蠔被囚禁在他的殼裡一般，囚禁在這肉體裡。

幾何形式之美

柏拉圖(5至4世紀BC)

《蒂邁歐篇》55e-56c

不過，暫時放下這項探討，接下來讓我們來看看，四元素在理型基本形式裡的分配。

我們把立體指派給土吧，因為土是四元素裡最不可動，又是所有形體中最可塑的，而基礎最穩定的東西必然有此性質。好，在我們開始時的三角形裡，有兩條等邊者，其基礎天然就比不具等邊者穩定；在以不同三角形構成的複合圖形中，就整體與部分而論，等邊四邊形必然又比等邊三角形穩定。在其餘形狀裡，我們又把最不活動者派給水，把最容易動的派給火，活動性介於中間者則派給氣。

我們也必須設想，所有這些形體都非常小，單獨拿任何一種元素的微粒，我們都看不見，許多微粒聚集起來，才看得見。至於各種元素所占比例，它們的運動，以及其他屬性，在必然性允許或同意的範圍內，神都已按照精確的比例使其完美或和諧。

阿波羅式與戴奧尼索斯式

1. 德爾菲神

根據神話，宙斯規定萬物有其適當的尺度與公正的分限：人間的治道因此而有一種能夠量度的和諧，而這和諧表現於德爾菲神廟牆上四則圭臬之中：「至美即至公」、「遵守分限」、「毋驕傲」，及「毋過度」。希臘人的審美意識即建立於此四條規則之上。依照赫希奧德(Hesiod)之說，世界從混沌(Chaos)腹中躍生後，混沌時時張著大嘴，伺機噬人。上述四條規則所代表的世界觀，正是認為秩序與和諧使混沌有其分限。**阿波羅**是這個觀念的守護神，德爾菲神廟西面牆上畫有繆思群像，阿波羅即在其中。但是，與此相反的一面，即德爾菲神廟西側，畫戴奧尼索斯像，戴奧尼索斯是不受羈勒、破壞一切規則的混沌之神。

左頁：**阿波羅**
羅馬公元二世紀，仿四世紀BC雕像，梵蒂岡博物館

右：黑色人像瓶，阿波羅與繆思，500BC，聖彼得堡，赫米塔吉博物館

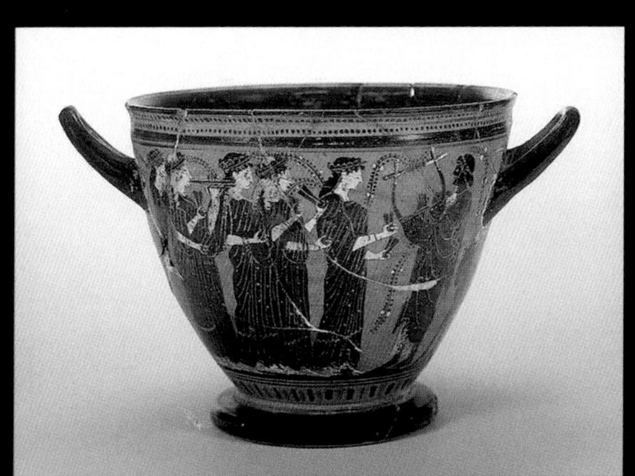

左頁：利西波斯，獵人亞歷山大，300-250BC，羅馬，國家博物館

兩個相反的神同時並在，並非巧合，雖然這一點到現代才由尼采拈出而成為論題。大體而言，這表示混沌擾亂和諧之美的可能性永遠都在，而且定期必至。明確一點而論，則可以說這一點表示希臘人的審美觀念有些始終未曾解決的重要內在對立，也由於這些內在對立，希臘人的審美觀念遠比古典傳統偏重的那種簡化要更複雜，更具問題意識。

第一組對立，是美與感官感覺之間的對立。美當然是可得而感覺的，但並非完全如此，因為美並不盡現於感官形式，表相與美尚隔一間：此一間隔，藝術家致力彌合無間，但哲學家赫拉克利特斯(Heraclitus)

阿波羅

尼采

《悲劇的誕生》，I, 1872

在某一層次上，我們可以借叔本華談那個裹馬雅面紗的男子的話(《意志與表象的世界》，1, 頁416)，應用於阿波羅：「就像暴風雨的海上，四面八方奔騰鼎沸，如山巨浪狂嘯起落，一個水手坐在船中，信賴他孤弱的船：在充滿憂苦的世界上，一個人靜靜坐著，信賴他以個體存在的原則。」

右：克萊奧弗拉德斯畫家，紅色人像雙耳陶瓶，戴奧尼索斯，500-495BC，慕尼黑，古代美術品收藏館

睡眠中的半神人，羅馬人仿220BC希臘原作，慕尼黑，古代藝術品收藏館

認為這間隔之大，無以復加，他說，世界的和諧之美其實是一種漫無秩序的流動。

第二組對立是聲音與視像之見的對立。希臘人偏愛這兩種感覺形式(或許因為兩者有異於嗅、味二覺，能以度量與數字次序表現)：希臘人承認音樂在表達靈魂上有其一日之長，但他們對美(*kalón*)的定義(「賞心悅目」)只納入可見的形式。混沌與音樂於是構成阿波羅式之美的黑暗面，阿波羅式和諧且有形可見，混沌與音樂遂歸戴奧尼索斯領域。

此中差異，我們如果想到希臘人認為雕像必須代表一個「理念」(引申之下，即代表寧穆的靜觀)，音樂則撩撥激情，即不難理解。

有形的形式

尼采

《悲劇的誕生》，I, 1872

其實，我們可以這麼說阿波羅：對這個體原則的信心，以及抱此原則者的鎮定操持，在他身上獲得最崇高的表現；我們也可以將阿波羅視為個體原則的光榮神聖意象，他的姿勢和神情向我們述說者「幻象」的喜悅和智慧，以及它的美。

2. 從希臘人到尼采

阿波羅與戴奧尼索斯的對立，另外一面是遠／近。希臘和西方藝術有別於某些東方做法，大體喜歡與作品保持一些距離，不與作品直接接觸：對照之下，日本的雕刻意在引人觸摸，西藏的沙子曼荼羅需要人與之互動。古希臘人則認為，表現美的是視與聽，而非觸、味、嗅，視覺與聽覺使對象與觀者之間能保持距離。不過，能夠聽的形式，例如音樂，又因其在聆聽者心中喚起的反應，而惹嫌疑。音樂的節奏影射事物常變不居的流動，了無分界，徒滋不諧。

尼采分析阿波羅與戴奧尼索斯模式之對立，其說實質要義在此；尼采之說有其年輕人的天真(他自己也承認)，也有冒險的揣測，語言學家

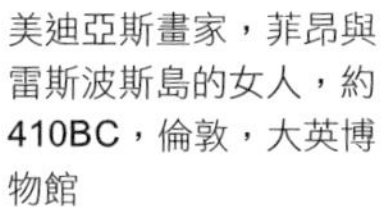

美迪亞斯畫家，菲昂與雷斯波斯島的女人，約410BC，倫敦，大英博物館

已有中肯的批評，此處不論。靜穆的和諧——在古希臘作「秩序與節制」解——是一種美，尼采稱之為阿波羅式的美。

但這種美也是一道障幕，用以掩蓋一種破壞寧靜的戴奥尼索斯式的美。此美並無明顯形式，而是超越表相。這是一種歡喜而危險的美，為理性之反，每每以著魔與瘋狂見於描述：這是晴和的雅典天空的夜暗面，其中活動的是神秘的啟蒙儀式與晦暗的犧牲儀式，如伊勒西斯的神秘儀式(Eleusinian Mysteries)與戴奥尼索斯儀式。這擾亂和諧的美一直隱而未彰，到現代(請比較第八章)方始浮現，成為當代人頻頻汲用的一個幽密又重要的美源，一申久受古典世界和諧之美屈抑之怨。

右頁：**塞倫納斯與半人獸神**，戴奧尼索斯神秘儀式壁畫，一世紀BC，龐培，神秘儀式別墅

阿波羅式的美

尼采

《悲劇的誕生》，III，1872

荷馬式的「天真」，只能理解為阿波羅幻覺的全面勝利：這個幻覺類似大自然經常運用來達成其目的的那種幻覺。真正的目標遮掩於幻景之中：我們伸手捕捉幻景的時候，大自然用你的幻覺達成它的目標。在希臘人，「意志」希望在天才的變化與藝術的世界裡靜觀自己；為了榮耀它們自己，意志的造物必須覺得自己配得上榮耀；它們必須在一個更高層次上看自己，不用這個完美的靜觀世界來指揮或指責。美的層次就是如此，在這層次裡，希臘人看見自己被映照出來的形象，即奧林匹亞諸神。希臘人以如此反映出來的美，來對抗痛苦，以及那隨藝術而來的受苦智慧。荷馬，這位天真的藝術家，就是這勝利的標誌。

戴奥尼索斯式的美

尼采

《悲劇的誕生》，XVI，1872

「我們相信生命永恆，」悲劇疾呼；音樂即是這永恆生命的直接表現。造型藝術的目標則完全不同：這裡，阿波羅以燦爛榮頌現象的永恆來克服個體的痛苦：這裡，美克服生命內在本有的痛苦；痛苦被謊言從自然的五官中抹除。在戴奥尼索斯藝術及其悲劇象徵裡，這個自然以發自真誠的聲音向我們呼喊：「要像我這樣！在沒有止息的現象之流裡，我是永恆創造力的原母，永遠推向存在，永遠在現象的變動不居裡尋得滿足！」

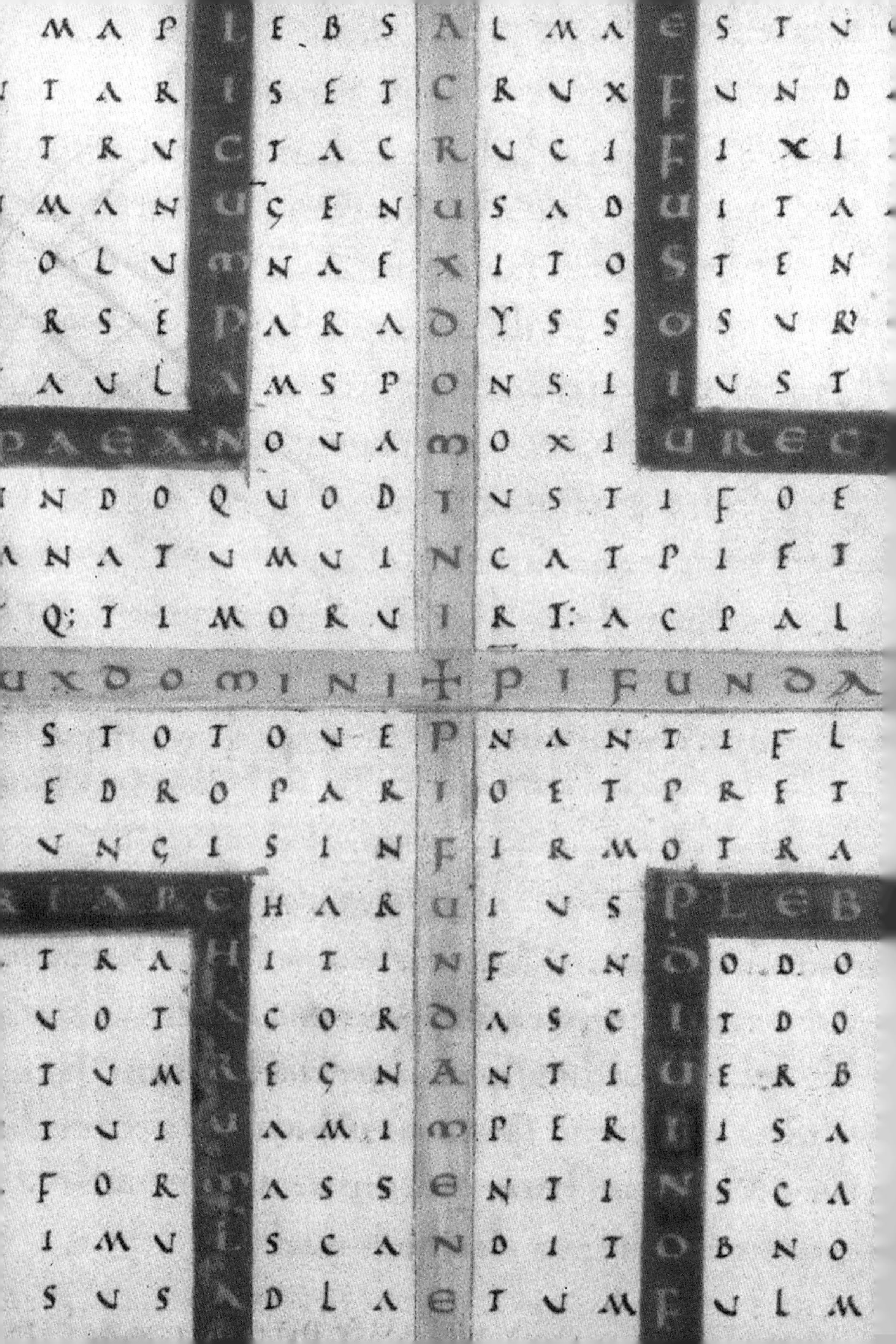
M A P L E B S A L M A E S T V
T A R I S E T C R V X F V N D
T R V C T A C R V C I F I X I
M A N V Ç E N V S A D V I T A
O L V M N A E X I T O S T E N
R S E P A R A D Y S S O S V R
A V L A M S P O N S I I V S T
D A E A N O V A M O X I V R E C
N D O Q V O D T V S T I F O E
N A T V M V I N C A T P I E T
Q; T I M O R V I R T: A C P A L
V X D O M I N I † P I F V N D A
S T O T O V E P N A N T I F L
E D R O P A R I O E T P R E T
V N Ç I S I N F I R M O T R A
I A P E H A R V I V S P L E B
T R A H I T I N F V N O O D O
V O T I C O R D A S C I T D O
T V M R E Ç N A N T I V E R B
T V I V A M I M P E R I I S A
F O R M A S S E N T I N S C A
I M V L S C A N D I T O B N O
S V S A D L A E T V M F V L M

第 3 章

美：比例與和諧

1. 數字與音樂

我們根據常識，判斷一件比例精當之物乃屬美麗。我們因此能夠解釋，何以自古以來美即等同於比例，雖然我們還必須記住，在古希臘與古羅馬，美的定義也包含比例必須與顏色（與光）悅目相配的概念。蘇格拉底以前的古希臘哲學——如公元前第七至第六世紀的泰利斯（Thales）、阿納克西曼德（Anaximander）及阿納克西米尼斯（Anaximenes）——討論萬物起源（他們認為實在界起源於水、無限、空氣），討論目標是將世界定義為一個由單單一條法則主宰的有秩序整體。這定義的另外一個意思是，他們將世界想成一個形式。希臘人明顯體會形式與美是彼此相應的。將宇宙論、數學、自然科學及美學捉置一處而清楚陳明這些要點者，是畢達哥拉斯及其始於公元前第六世紀的學派。

毛魯斯，四元素，四季，世界四區，世界四方位……排成十字形，並且而神聖。取自《讚美神聖的十字》，手稿223F，局部，九世紀，法國，阿米安市圖書館

畢達哥拉斯（他多處遊歷，可能接觸過埃及人的數學思考）首倡萬物源源於**數字**。畢達哥拉斯畏無限，畏不能化約至一個極限之物，因而往數學中尋找能限制現實、賦現實以秩序、使現實可解的規則。畢達哥拉斯標誌著一種美學／數學宇宙觀的誕生：萬物因其**秩序**而存在，因其為數學定律之實現而有秩序。數學定律既是存在的條件，也是美的條件。

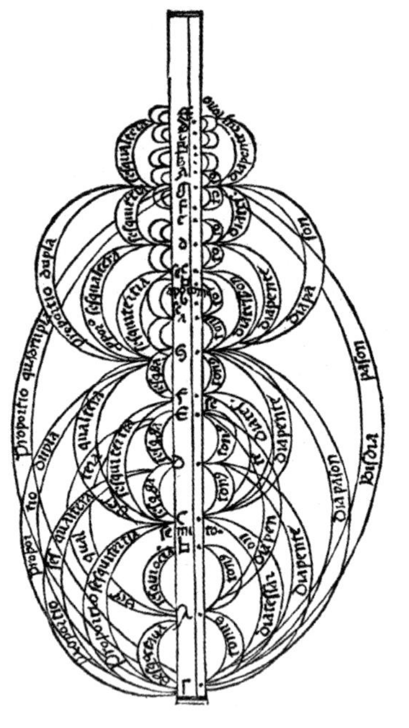

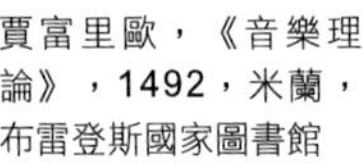

賈富里歐，《音樂理論》，1492，米蘭，布雷登斯國家圖書館

數字

費洛勞斯(5世紀BC)

《前蘇格拉底時代斷簡》，D44B4

一切已知事物都有一個數字：沒有數字，就不可能知道或思考任何事物。

秩序

畢達哥拉斯(5至4世紀BC)

萊爾修斯，《哲學家傳》

美德是和諧、健康、一切美好的事，以及神性。因此，一切事物都是依照和諧而形成。

數學比例

斯麥瑪的提昂(公元1至2世紀)

《前蘇格拉底時代斷簡》，D47A19a

尤多瑟斯和阿奇塔斯相信，構成和絃的比例可用數字表達：他們認為，這些比例寓於運動之中。因此，快速運動發出音高偏高的聲音，有如一個東西不斷並快速擊打空氣；緩慢的運動則發出音高較低的聲音，就如一個速度較慢的東西一樣。

音樂的聲音

斯麥瑪的提昂(公元1至2世紀)

《前蘇格拉底時代斷簡》，D18A13

據說，赫米奧尼的拉蘇斯，以及美他龐頓的希帕修斯，利用運動的快慢，也就是構成和絃的那種快慢……拉蘇斯將這些數字比例轉用到陶瓶上。取兩個大小與形狀的陶瓶，一個全空，一個裝水半滿，同時敲兩瓶，就產生一個八度音程。再來，一瓶全空，另一瓶裝四分之一水，同敲兩瓶，就得到四度音程；一瓶裝三分之一水，得到五度音程，因為在八度音程裡，空(空間)的比例是二比一，五度音程是三比二，四度音程是四比三。

比例

波納文圖(1217-1274)

《心靈升向上帝之路》，II，7

由於一切事物都是美的，而且在某種程度上是悅目的；由於無比例即無美與樂趣，而比例基本上在數字之中：因此，一切事物必定有數字上的比例。所以，「數字是造物者心中的主要模範」，數字因此也是引導萬物朝向智慧的軌跡。這軌跡人人明見，而且最接近上帝，它使我們在一切具體與可以感覺的事物裡知道上帝；我們既知凡物皆有數字比例，我們就由此數字比例得到樂趣，並依照主宰這數字比例的法則，對事物作無可反駁的判斷。

音樂模式

波修斯(約480-526)

《論音樂》，I，1

人性之宜，莫過於聞甜美的音樂模式而忘我，聞不美的音樂而懊煩，不只特定年紀或氣質之人如此，而是人莫不如此：幼童、青少年、老者都自然、自發受音樂模式影響，因此我們可以說，沒有任何年齡的人會厭惡甜美旋律的樂趣。也因此，我們知道柏拉圖之說甚當，亦即世界的靈魂是以音樂的和諧構成的。所以，由於我們內在的和諧，我們感覺到聲音的和諧結構，而且從中獲得樂趣，因為我們明白我們和那些結構相似。職是之故，相似是可悅的，不相似則可厭。

首先研究**音樂聲音**之法則者，亦為畢達哥拉斯。聲音的比例成為音程的基礎，以及一根弦與一個音高的關係的基礎。音樂上的**比例**觀念，與如何產生美的所有規則密切相連。比例的觀念貫穿古代，透過波修斯(Boethius)寫於公元第四、第五世紀之間的著作，下傳至中世紀。波修斯說一故事：某日早晨，畢達哥拉斯觀察一位鐵匠的鐵錘敲在鐵砧上產生不同的聲音，由此悟知音階諸音之間的關係與鐵錘重量成正比。波修斯還提出，畢達哥拉斯主義者知道不同的**音樂模式**對個人心理有不同的影響，他們談到強烈與溫和的節奏適合教育青少年，談到嫻雅、淫靡的節奏。據說畢達哥拉斯叫一個酗酒少年聽希坡弗里吉亞(Hypophrygia)音樂，恢復了他的自制，因為弗里吉亞(Phrygia)音樂令他過度興奮。

賈富里歐，**畢達哥拉斯就聲音關係所做實驗**，取自《音樂理論》，1492，米蘭，布雷登斯國家圖書館

2. 建築比例

希臘神廟的柱子之間、正面各部之間的比例，與音程之間的比例相互呼應。從算數上的數字觀念進至空間幾何上各點之間的比例觀念，其實也出自畢達哥拉斯。

四元體(Tetraktys)是畢達哥拉拉斯主義者用以發誓的符號圖形，代表「數字化約成空間、算術化約為幾何」的完美範例。其三角形各邊由四點形成，中央一點，亦即統一，其他一切數字由此產生。「四」於是成為力量、正義、固實的同義詞。三組四個數字形成的三角形是完美平等的象徵。形成三角形的點的數目是十，由此第一個十，可以表達所有可能的數字。若謂數字乃宇宙之本質，則四元體(或十)代表一切宇宙智慧、一切數字、一切可能的數學運算的濃縮。以此圖形為模型，由此三角形推而廣之，會出現偶數與奇數交替的數字行進，偶數象徵無限，因為形成線的點之間不可能找到任何平分兩段的點，奇數象徵有限，因為線永遠有個中點可以將線一分為二，兩段點數相等。算術上的這些和諧也與幾何上的和諧彼此對應，眼睛可以持續將這些點連起來，形成無限系列的相連等邊三角形。這種以數學構思世界的觀念，後來出現於柏拉圖之作，尤其《蒂邁歐篇》(*Timaeus*)對話錄。

右下：畢達哥拉斯四面體之建構。中心點到形成四面體的等邊三角形的各點等距。從各點延伸，會形成潛在無限的架構，出現無限系列的等邊三角形。

人文主義運動至文藝復興之間，新柏拉圖主義復起，達文西研究並稱頌柏拉圖著作，譬之為理想模範。富蘭契斯卡(Piero della Francesca)

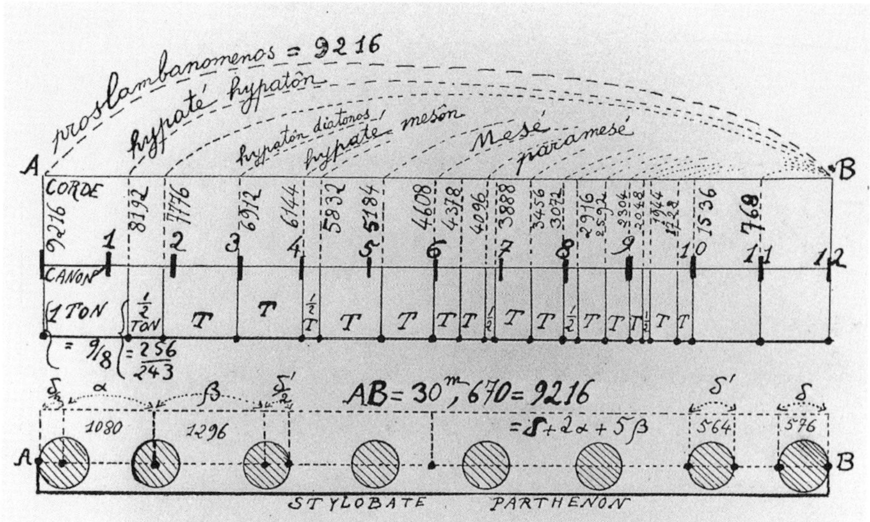

上：齊卡，**畢達哥拉斯值域與希臘神廟（巴特農）柱子間隔的關係**，取自《黃金分割》，巴黎，1931

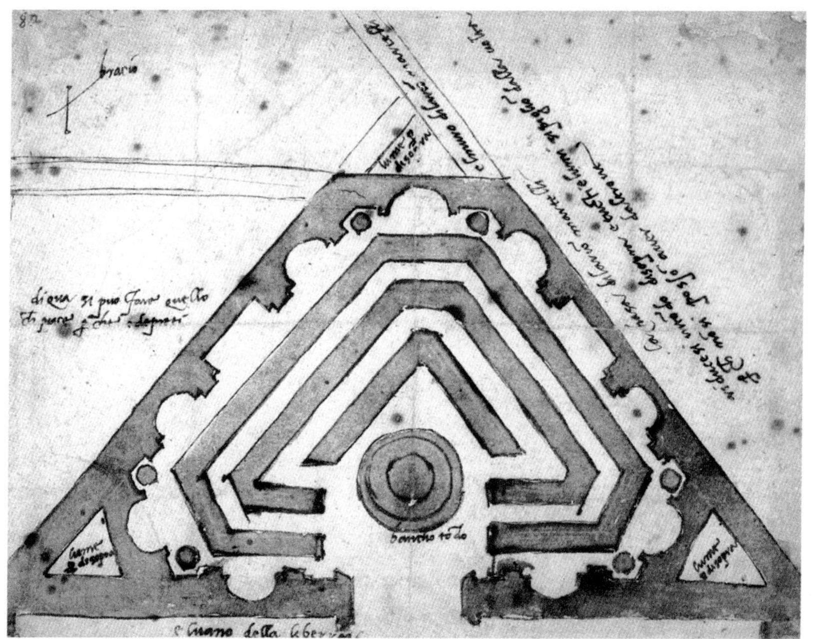

下：米開朗基羅，**佛羅倫斯羅倫佐圖書館善本室設計圖**，約1516。佛羅倫斯，米開朗基羅博物館

狄巴巴里，**帕奇歐里修士與不知名青年的畫像**，約1495。拿坡里，卡波迪蒙泰宮國家博物館

作《繪畫透視法》(*De perspectiva pingendi*)，帕奇歐里(Luca Pacioli)著《神聖的比例》(*De divina proporzione*)，杜勒(Dürer)寫《論人體之對稱》(*On the Symmetry of Human Bodies*)，莫不祖述柏拉圖。帕奇歐里討論的神聖比例稱為黃金分割，即AB之中——取定一個分界點——AB與AC之比，等於AC與CB之比。

維特魯維斯(Vitruvius，公元前一世紀)的《建築學》(*De architectura*)討論最理想的建築比例，其學播及於中世紀與文藝復興時代。印刷術發明，此書以各種版本問世，所附圖解與示例日益精確。

維特魯維斯的著作啟發文藝復興時代的建築理論，自亞伯提(Leon Battista Alberti)之《建築研究》(*De re aedificatoria*)至富蘭契斯卡，從

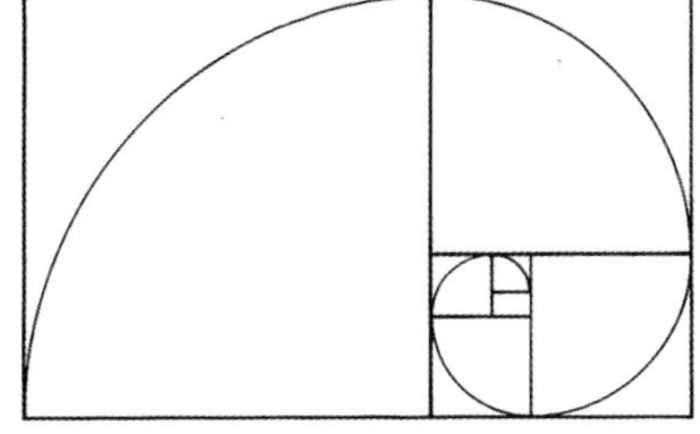

上：「黃金分割」，調和長方形原理。其中的關係也是一些生物成長的原理，並且成為許多建築與藝術結構的基礎。黃金分割由於潛在上可能無限複製，因此被視為「完美」。

數學概念

柏拉圖(5至4世紀BC)

《蒂邁歐篇》，XX

其次，我們必須確定四種最美，彼此不同，但在某些情況下能夠彼此參化相生的物體是哪些。發現箇中道理，我們就會知道土、火以及有比例的中間元素的真正來源。我們將會不願意承認可見的物體裡有比這些更美的。因此，我們必須努力構造這四種最美的物體，從而確定我們有權利說，我們充分理解它們的性質。好，在兩種三角形中，等邊三角形只有一種形態，等腰或不等邊三角形則有無限多的形態。我們如果按照適當的秩序進行的話，就必須從這無限多的三角形形態裡選出其最美者，要是有誰能指出一個比我們所選的形態構成更美，就拿走棕櫚枝，不是以敵人身分拿走，而是以朋友身分。好，我們主張，所有三角形中最美的——其他可以不必再談——是同樣的兩個三角形相合可以構成一個等邊三角形的那種三角形。〔……〕

其次，讓我們選兩種三角形，就是構成火和其他元素的兩種三角形，一是等邊三角形，另一種三角形，其長邊的平方等於短邊平方的三倍。〔……〕

現在，我必須談談幾種構成，說明它們各個需要多少基本三角形來生成。第一種是最簡單，也最小的構成，其構成成分是斜邊之長為較短一邊之兩倍的三角形。兩個這樣的三角形，沿斜邊彼此鄰接，重複三次，並且諸斜邊與短邊以同一點為中心，則這六個三角形就產生一個等邊三角形。將四個等邊三角形以平面角相交於一點的方式擺在一起，則形成一個立體角，隨最鈍的平面角出現。四個這樣的立體角結合，就生出第一種立體，這個立體將整個圓圈分成相等且相似的幾個部分。第二種立體由同樣的三角形構成，就是結合八個等邊三角形而來，從四個平面形成一個立體角。從六個立體角，又完成第二種立體。第三種立體是由120個基本三角形相鄰接而成，形成12個立體角，各個立體角都被五個等邊三角形的平面包含，共有20個基底，每個基底都是一個等邊三角形。現在，兩種基本三角形裡的一種，也就是斜邊為較短邊兩倍的那種，在形成三種立體之後不再產生新的立體，但等腰直角三角形產生第四種立體，這第四種立體由四個等腰直角三角形複合而成，四個等腰直角三角形的直角交會成一個中心，形成等邊四邊形。六個等邊四邊形結合，形成八個立體角，各個立體角由三個直角平面合成。這樣構成的立體是一個正方體，有六個等邊四邊形底面。另外還有第五種結合，是神用來描畫宇宙的動物形體。

下：達文西，柏拉圖立體，取自帕奇歐里，《神聖的比例》，1509。米蘭，安布洛西亞納圖書館

左頁：富蘭契斯卡，**蒙提費特洛祭壇畫**，1472-1474，米蘭，布雷拉美術館

右：帕拉底歐，羅東達別墅，約1550，維琴納(Vicenza)

頁70：巴黎聖母院，南面，約1163-1197

頁71：巴黎聖母院，北面玫瑰窗，**聖經《舊約》故事**。約1163-1197

帕奇歐里到帕拉底歐的《建築四書》(*Quattro libri dell'architettura*)，皆是。

在建築實踐上，比例原則也以象徵與神秘形式出現。歌德藝術喜用五角形，尤其教堂窗戶上的玫瑰紋飾。石匠的記號亦當作如是解，建築教堂者每每在教堂結構中最重要的石塊上銘刻其個人密碼，拱心石即常見此類獨門記號，這些記號大多是以固定圖形或格紋為基礎的幾何樣式。

3. 人體

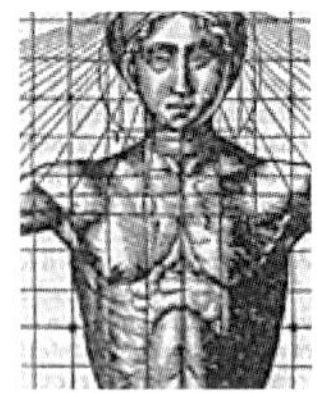

早期的畢達哥拉斯主義者認為和諧存在於奇數與偶數的對立之中，也存在於有限與無限、一與多、右與左、男與女、直與曲的對立之中，不過，畢達哥拉斯及其嫡傳弟子似乎認為，兩個對立事物之中，只有一個代表完美：奇數、直線與正方形既善且美，與之對立者代表錯誤、邪惡、不諧。

赫拉克利特斯提出一個不同的解決之道：如果宇宙包含彼此似乎不能相容的對立事物，如一與多、愛與恨、和平與戰爭、靜與動，則實現和諧之方並非消滅對立事物中的一個，而是讓兩者在一種持續不斷的緊張中並存。**和諧**不是沒有對立，而是對立物之間的平衡。

後來的畢達哥拉斯主義者，如公元第五至第四世紀間的菲洛勞斯(Philolaus)與阿契塔斯(Architas)，接受赫拉克利特斯之見，將之納入自家學理之中。

兩個對立實體彼此平衡的觀念由此誕生，對立實體相互中和，兩個層面彼此矛盾，互成對極，唯其對立，遂成和諧。這些特質轉移於視覺關係，就是對稱。職是之故，畢達哥拉斯的思考表達了一種對稱的需求。對稱向為希臘藝術要素，而且成為古典希臘藝術的至高審美原則之一。

和諧

菲洛拉奧斯(5世紀)

《前蘇格拉底時代斷簡》，D44B6

關於自然與和諧，其理如下。事物的實質是永恆的，這點，以及自然本身，需要的是神的知識，而不是人的知識，才能了解，除了一點：如果不是事物——有限與無限的事物——的實質構成宇宙，則實有的事物和我們所知的事物都不可能產生。

由於原理彼此並不相等，也不同類，如果不加入和諧，它們不可能形成宇宙，無論這和諧是怎麼加上去的。如果原理彼此相似而且同類，就不需要和諧了：然而那些元素，構成宇宙的那些事物的實質是彼此相似且不同類的，必須包覆於和諧之中，和諧能夠將它們堅定維繫於宇宙內部。

宙斯與狄米特之女，6世紀BC，雅典，國家考古博物館

我們不妨看看公元前六世紀藝術家的一尊少婦雕像。阿納克雷昂(Anacreon)與莎佛之所愛，是否即此型女子？二人盛稱其笑靨、目光、步態、髮辮之美的女子，是否即在此中？使畢達哥拉斯主義者解說少女美在何處，必曰其美源於體液平衡，體液平衡產生悅目的面容，以及四肢關係之安排正確和諧，而其關係之法則即行星距離之法則。公元前六世紀那位藝術家創造了詩人頌讚的無從衡量之美，那是藝術家自己某個春日早晨端詳他所愛之人的容顏時所見之美，但他必須以石頭創造其所見，將其形象固著於一個形式。好的形式，所需要件之一正是正確的比例與對稱。此所以藝術家使女子雙目對稱，均等配置髮鬈，胸脯、雙臂、雙腿比例相等。同時，衣服褶紋均等且對

自左而右

波里克利特斯，**持矛者**，希臘原作之羅馬仿品，450-440BC，拿坡里，國家考古博物館

波里克利特斯，**綁帶子的人**，希臘原作之羅馬仿品，430BC，雅典，國家考古博物館

稱，嘴角亦復對等，兩邊嘴角往上牽，綻出此類雕像典型之似無還有的笑意。

單說**對稱**，不足以解釋那絲笑意的魅力，其餘比例之談也相當僵硬。又過兩世紀，至公元前四世紀，波里克利特斯(Polyclitus)完成一尊雕像，體現所有**局部**正確**比例**的規則，而有**正典**(Canon)之稱；然此《正典》之基礎要素已不在於兩個對等成分彼此均衡。一具身體的所有部分必須依照幾何上的比例，彼此照應：A之於B，如B之於C。維特魯維斯後來以分數寫出正確的身體比例：臉是身長的10分之1，頭是身長的8分之1，軀幹是4分之1，等等。

希臘的比例正典有別於埃及。埃及人使用格柵，柵中格子是相同大小的正方形，以此形成固定的量化尺度。例如，人形之高若為18個單位，足部即為三固單位，手臂為五個單位，以此類推。

波里克利特斯的《正典》，特色就不在頭之於身體，猶身體之於腿等固定單位。他的標準是有機的，身體各部位的比例決定於身體的運動、視角的變化，以及身形隨觀賞者的位置而調整。

柏拉圖《辯士篇》對話錄使我們了解，雕刻家並非以數學方式計算比例，而是隨視覺之需要，隨觀看者之立足點而調整。維特魯維斯區分比例與**身體韻律學**(eurhythmy)，比例是在技術上應用對稱原理，韻律學是隨視覺條件而調整比例，如《辯士篇》所言。

中世紀看來不以數學比例來欣賞或複製人體。我們可能認為，這有一部分是由於偏向精神之美而貶低肉體使然。以人體為造物之極範的觀念，中世紀高峰期的世界並非全不認識，讀阿奎那(Thomas Aquinas)

對稱

維特魯維斯(1世紀)

《建築學》，III，1

對稱是作品本身諸部分之間的適當協調，以及諸部分與整體之間的尺寸對應。對稱源於希臘人說的類比：如果不類比於人體的正確比例，任何建築都不可能獲得令人滿意的秩序安排。

正典

老普利尼(1世紀)

《自然歷史》，XXXIV，55

波里克利特斯，也就是阿格拉德斯的學生，做出了《綁帶子的人》，是個帶有女性氣質的青年雕像，那個青年以精通百藝出名。他還做了《持矛者》，是一座雄糾糾的青年雕像。這位波里克利特斯另有一件人像，藝術家稱之為《正典》，並奉之為藝術圭臬來參考，就像我們遇事而參考法律。要說有誰做過一件成為藝術化身的作品，公認只有他。

比例

蓋倫(2世紀)

《希坡克拉底斯與柏拉圖》，V，3

克里西波斯說，美不在於個別元素，而在部分之間的和諧比例，在於一隻手指和其他手指的比例，所有手指和整隻手的比例，手與腕的比例，腕與前臂的比例，前臂與整隻胳臂的比例，所有部分與所有其他部分的比例，如波里克利特斯的《正典》所示。

美好的韻律

柏拉圖(5至4世紀BC)

《辯士篇》，XXIII

客人：有一種技藝是製造相同的東西。一般來說，製造相同的東西，是依照原物的比例來做，長、寬、高一樣，並且著上相合的顏色。

泰提特斯：一切模仿不都以此為目標嗎？

客人：不盡然；雕刻和繪畫，不管什麼尺寸，就有某種程度的欺騙。藝術家如果想依照真正的比例來做，那麼作品的上部由於距離觀看者比較遠，看起來會和底下部分失掉比例，因為底下部分離觀看者比較近，因此他們放棄真相，不照原物的真實比例，而是只挑看起來美麗的比例。〔……〕

這樣的模仿藝術，可不是像我方才說的，可以稱為製造相同東西的技藝？〔……〕至於貌似美麗之作，其所以美麗，是觀看者所站的位置使然，一個人如果有能力得到正確的視點，這些作品根本就不像它們聲稱模仿之物。我們不是可以把這些作品稱為「表相」嗎？因為它們只是表面上看起來像原物，其實卻不像。〔……〕繪畫和一切模仿之作有很多這種情形。〔……〕我們可以公平地稱這種藝術為幻相，不是嗎？

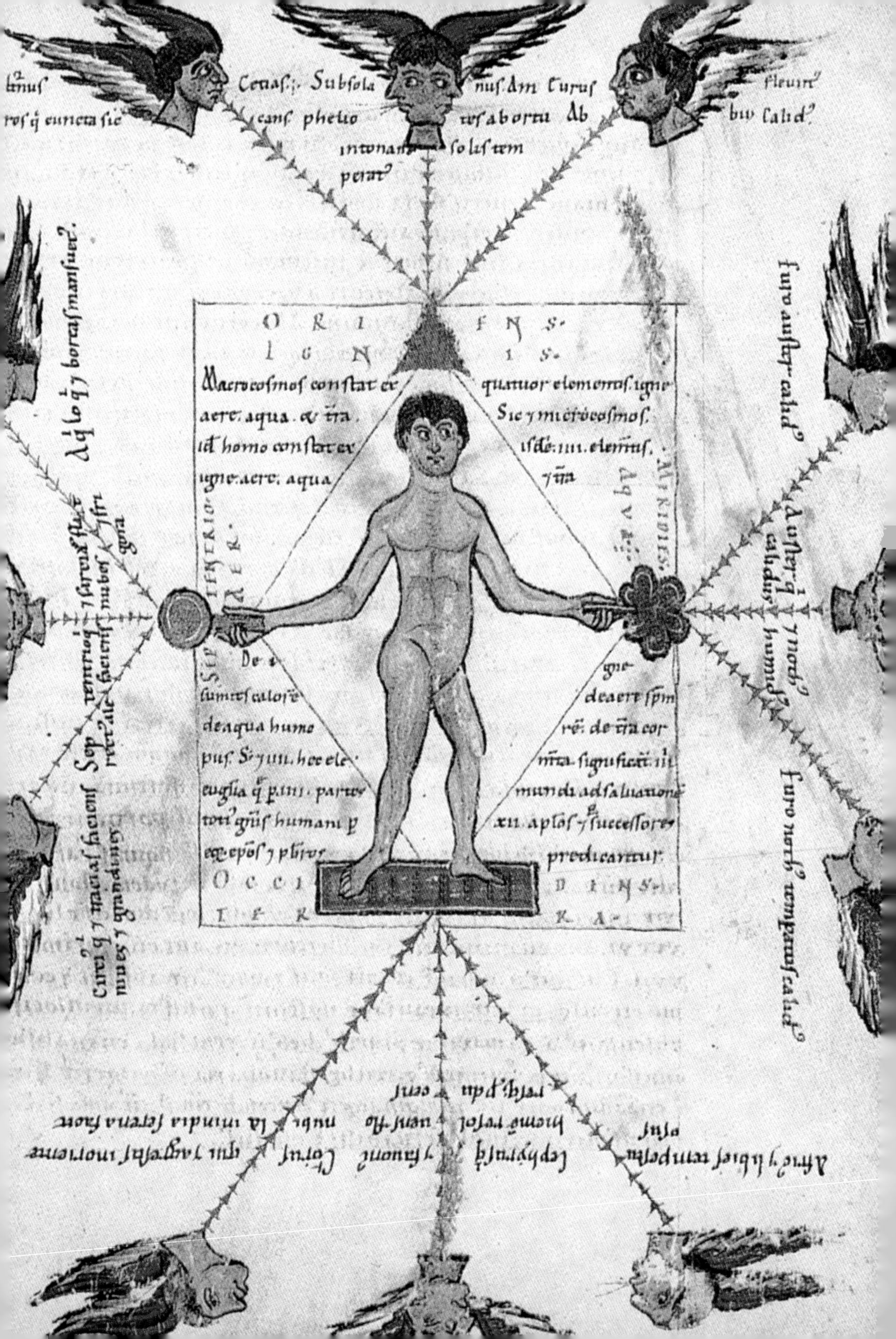

Cecias; Subsola nus. Am Eurus
caus phelio tis ab ortu Ab
intonans solis tem
perat

O R I E N S.
I G N I S.

Macrocosmos constat ex quatuor elementis. igne
aere. aqua. et terra. Sic et microcosmos.
id est homo constat ex isdem. IIII. elementis.
igne. aere. aqua terra

SEPTENTRIO. AER.

MERIDIES. AQUA.

De igne
sumit calorem de aere spiritum
de aqua humorem. de terra corpus. Si autem hec ele
menta significant IIII
euangelia que per IIII. partes
mundi ad salvationem
totius generis humani per
XII. apostolos et successores
eorum episcopos et presbiteros
predicantur.

O C C I D E N S.
T E R R A.

風、**元素**、**體液**，取自一份占星學手稿，巴伐利亞，12世紀

可知。不過，以大多數例子而論，他們以畢拉哥拉斯／比例的標準來界定道德之美，如人體方圓幾何圖（*homo quadratus*）的象徵意義所示。

中世紀文化發軔於柏拉圖主義的理念（柏拉圖主義當時也在猶太教的神秘傳統內部發展），視世界為一巨大動物，亦即視世界如人，人如世界：換句話說，宇宙是人的放大，人是小宇宙。這是人體方圓幾何圖理論誕生之始，在此理論中，數字——宇宙的原理——含有象徵意義，其象徵意義之基礎來自一系列數字對應，而數字上的對應也就是審美上的對應。

古代人這樣推理：自然如此，藝術必定亦然。不過，在很多情形裡，自然被分成四部分。**「四」這個數字**成為與一切相生相成的關鍵數字。四是基數，主要的風向，月自盈而虛的階段數，**季節**的數目；四是《蒂邁歐篇》裡火的四面體的組成數，亞當之名（Adam）由四個字母構成。四，如維特魯維斯所言，是人的數字，因為人的雙手往身體兩側伸直，寬度與身高相符，一個理想正方形的底與高於焉具備。

四是道德完美的數字，正猶某些語言裡，「四角形」象徵道德堅定之人。不過，人體方圓幾何圖後來也變成「五角形的人」，因為五也是一個充滿玄奧符應的數字，五是個象徵神秘至善與美學至境的實體。五是個循環數字，相乘之下，不斷回歸本身（5×5＝25×5＝125×5＝625，以此類推）。五是事物的本質，是物種之數（鳥、魚、植物、動物、人），五是上帝的本體，見於聖經（摩西五書，五個聖傷），最重要的是，「五」體現於人，肚臍為圓心，以直線連接四肢頂點則成五

「四」這個數字

不知名的卡杜西會士（12世紀）
《論音樂》

古代人如此推理：自然如此，藝術亦然：但是，在很多情況裡，自然分成四部分。世界四區，四元素，四基質，四風，四個物理構成，靈魂之官有四，等等。

季節

波修斯（480-526）
《算術》

原始自然所曾構成之一切，似乎都依照數字比例形成。在造物者的靈魂裡，這其實就是主要模型，由此生出四元素，季節之循環，星辰之運動，以及天體的旋轉。

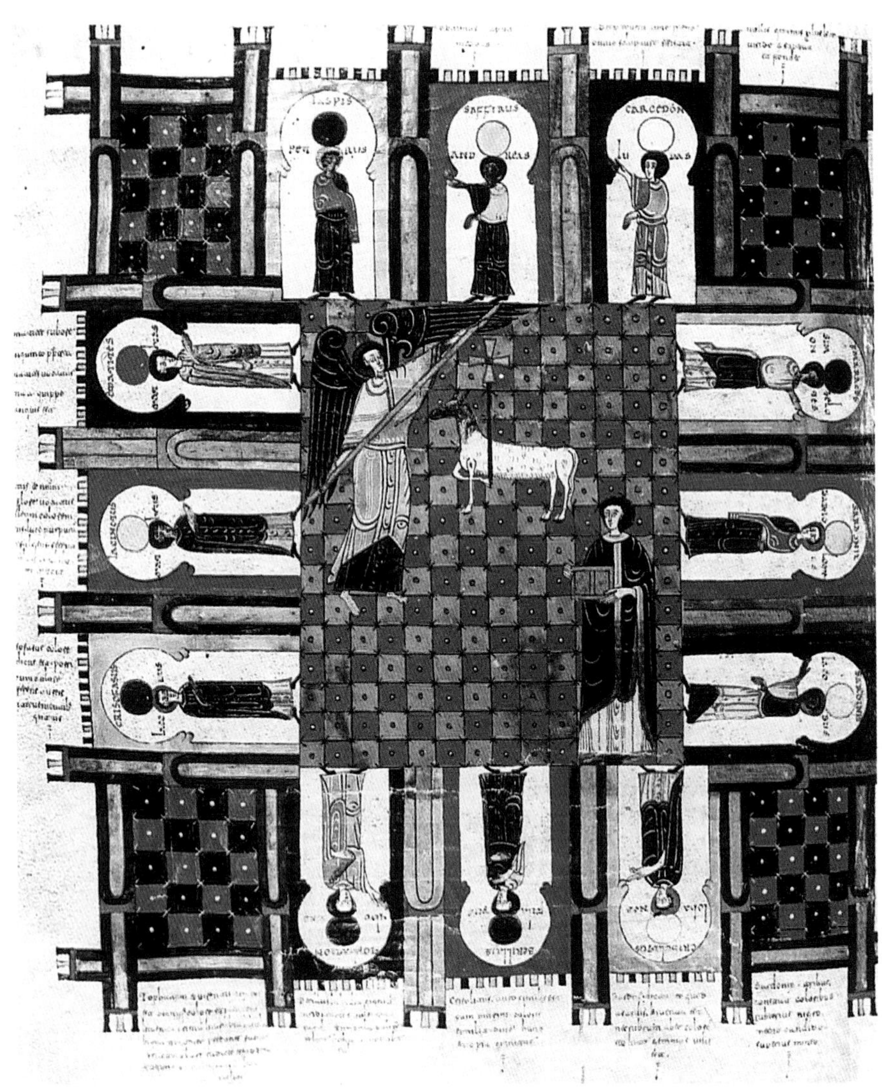

以色列十二族的領袖，
取自《啟示錄注釋》，斐迪南一世與桑加王后，MS.Vit.14-2，11世紀，馬德里國家圖書館

毛魯斯，**讚美神聖的十字**，MS.Reg.lat.124，9世紀，梵蒂岡，梵蒂岡使徒圖書館

毛魯斯，**讚美神聖的十字**，MS.652.f.33v，公元9世紀，維也納，奧地利國家圖書館

角形。聖希德嘉德(St. Hildegard)有共鳴靈魂(anima symphonizans)之說，其神秘主義即根據五面體之比例與神秘魅力而來。第十二世紀，聖維克多的修伊(Hugh of Saint Victor)說，肉體與靈魂反映神之美的至境，肉體以偶數為本，不完美且不穩定，靈魂以奇數為本，確定而完美。

我們只要取中世紀藝術家維拉・德・霍能寇特(Villard de Honnecourt)的人體研究，與達文西及杜勒相較，即可見得人文主義與文藝復興較為成熟的數學思考何其重要。杜勒筆下的人體比例以嚴謹的數學規格為根據。霍能冠特與杜勒時代之人都討論比例，但後者計算明顯更為精確，文藝復興藝術家的理想模範明顯不是中世紀從哲學角度出發的那種比例概念，而是波里克利特斯的《正典》所體現的概念。

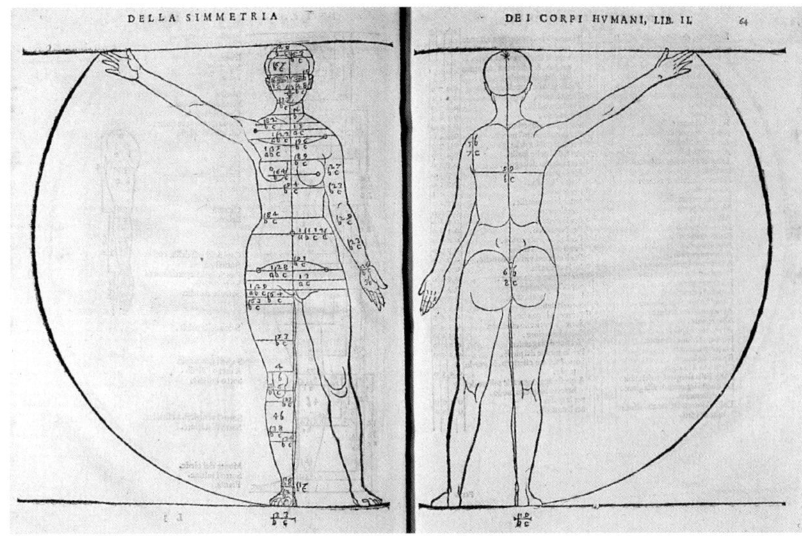

上：杜勒，**人體測量圖**，取自《人體比例四書》，1528

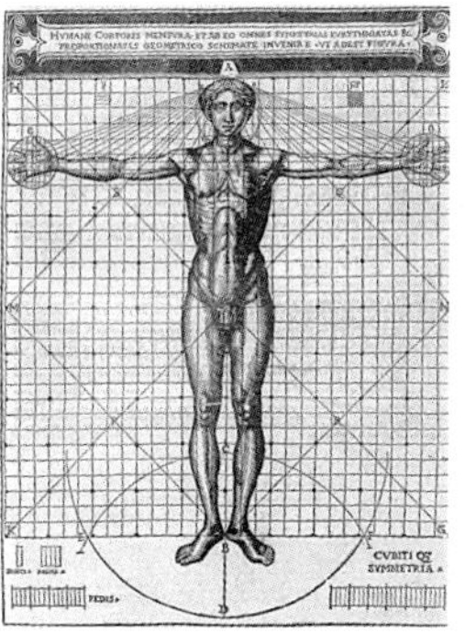

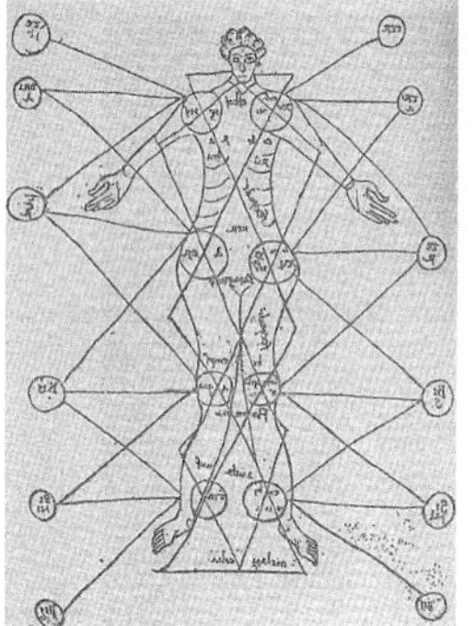

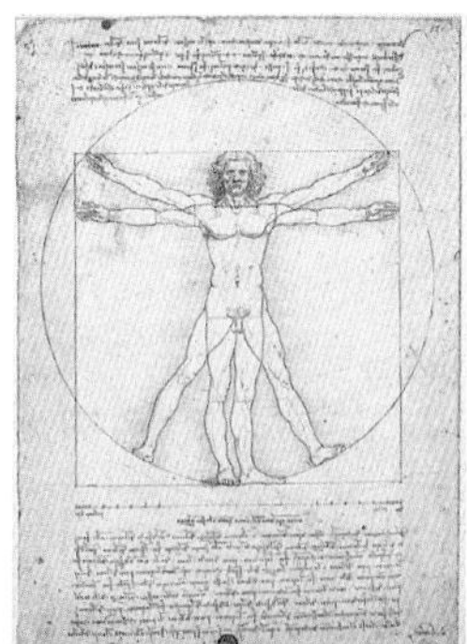

下：自左至右

塞沙里亞諾，**維特魯維斯的人形**，《建築十書：建築學》，1521，米蘭，布雷登斯國家圖書館

人的體液與基質和黃道十二宮的關係，11世紀，西班牙，歐斯瑪市

達文西，**人體比例圖**，約1485-1490。威尼斯，學院畫廊

4. 宇宙與自然

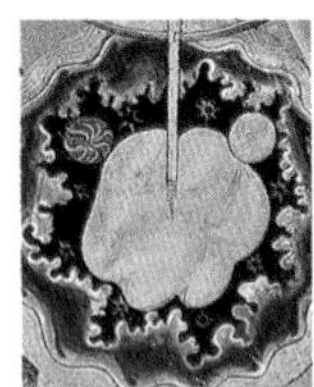

依照畢達哥拉斯傳統(其觀念由波修斯傳到中世紀)，主宰人的靈魂與肉體的法則，與主宰音樂者相同，且其比例可見於宇宙的和諧，故而小宇宙與大宇宙(我們生活的宇宙與整個宇宙)由單單一條規則約束，這條規則是數學規則兼為美學規則。體現此一規則者即天體音樂(the music of the spheres)：畢達哥拉斯說，這是行星產生的音階，各個行星環繞不動的世界運轉之際，產生一個聲音，這聲音音高取決於各行星與地球之距離，因此也取決於各該行星運行之速度。這套系統發出的是最甜美的音樂，惜乎吾人官能魯鈍，無福聽聞。

世界產生的這個音樂之美，是中世紀人不厭變奏的一個主題。第九世紀，約翰・斯高特斯・伊魯格納(John Scotus Erigena)提出創造之美(Beauty of Creation)，說是「同」與「異」同時演奏而產生的一種和

宇宙的和諧

普魯塔克(1至2世紀)

《神諭之結束》，XXII

培特倫說，183個世界排列成一個等邊三角形，這三角形每邊有60個世界。其餘三個世界分別位於三個頂點，但接觸到那些依次沿各邊排列的世界，不規則繞行，有如舞蹈。此由世界的數目可以證明，這數字不源於埃及，不源於印度，而源於多利斯，透過希美拉城一個名叫培特倫的人傳下來。我沒有讀過他那本小書，也不知道此書是否仍然在世，但伊雷索斯的法尼亞斯援引雷吉姆的希丕斯說，這是培特倫的見解與信條，亦即183個世界「彼此接觸於一點」，但他沒有解釋「彼此接觸於一點」意何所指，也沒有舉證支持其說。

秩序與尺度

波納文圖(13世紀)

《名言集四篇注釋》，I, 43, 1

由於上帝只能造依其本性而成秩序的東西，由於秩序的前提是數字，數字的前提是測量，又由於有數字的東西才有秩序，而有限的東西才有數字，因此上帝必定是依照數字、重量和尺度來造萬物。

宇宙

康克斯的威廉(12世紀)

《柏拉圖注釋》

世界之美在於一切以其單一元素出現，如天空的星辰、空中的鳥、海裡的魚、地上的人。

宇宙

塞維爾的伊西多爾(公元560-636)

《字源》，XIII

其實，希臘人以裝飾來為世界命名，著眼則是元素之紛繁與星辰之美。事實上，它們稱呼世界為*Kósmos*，意思就是裝飾。因為肉眼所見之物，其美無過於世界者。

諧，「同」或「異」分而聽之，了無意義，合奏齊作則產生一種天然的甜美。在其《十二問解疑》(*Liber duodecim quaestionum*)裡，安敦的霍諾流斯(Honorius of Autun)專闢一章，解釋宇宙之結構組織如何形同一張希臘古琴，琴上之弦各有類型，齊撥共作則音聲諧美。

十二世紀，夏特學派(School of Chartres)的作者，如康克斯的威廉(William of Conches)、夏特的提里(Thierry of Chartres)、伯納德・席維斯特(Bernard Silvestre)、里爾的艾倫(Alain of Lille)，重新檢視柏拉圖《蒂邁歐篇》中的理念，以及奧古斯丁(Augustine)所持，上帝以秩序與尺度安排萬物的觀念(聖經起源論)。他們認為，宇宙是某種連貫的統一，由萬物彼此協同構成，由一個神聖原理維繫，神聖原理即靈魂、神意、命運。上帝所造，其實就是*kósmos*，亦即萬物之秩序，與太初之混沌對立。為上帝之造物擔任中介者，是自然。「自然」是萬物內在固有的力量，使相似之物產生相似之物，如康克斯的威廉在其《自然哲學對話》(*Dragmaticon*)裡所說。世界之裝飾，即「美」，則是世界創生之時，自然透過各種本因之間的有機綜結關係所產生的圓諧。

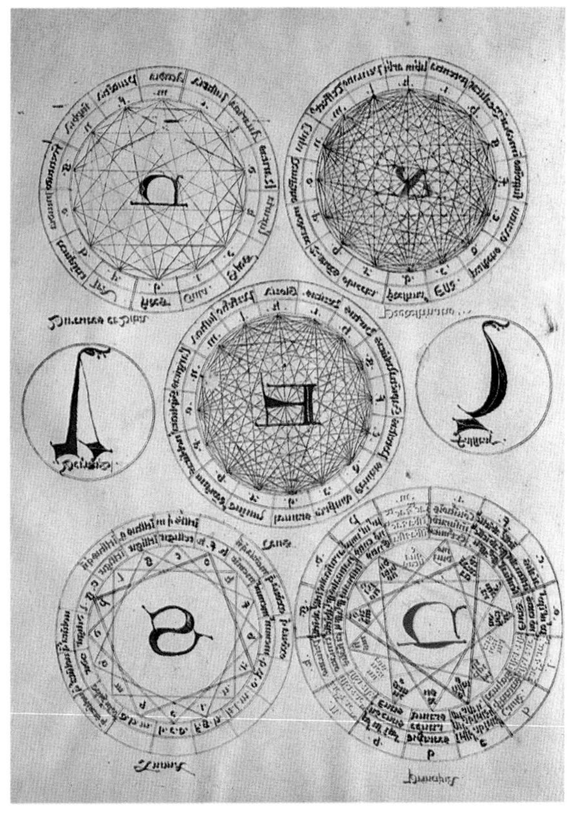

以幾何表現的上帝、靈魂、美德與惡行概念，
取自《圖說技術》，13世紀，貝加莫，市立圖書館，「安傑洛梅」

美開始出現於物質分化成各種重量與數目，各具輪廓，各見形狀與顏色之際。易言之，美的基礎，寓於事物在創造過程中出現之形。查特學派說的，不是數學、不動的秩序，而是一種有機的過程，一種永遠可以回溯於其始發者而出現新詮的發展。世界之本不是數，而是自然。

由於比例與對比之故，醜物也是世界和諧的一部分。美(這一點是所有中世紀哲學的共同信念)也起源於**對立物的對比**，因此，在創世觀念中，怪物亦有其存在理由與尊嚴；同理，秩序內部之惡成為善、美，因為惡源生於善，只是兩者並立時，善之光華突出(請參考本書第五章)。

左頁：**上帝以圓規測量世界**，取自一本道德插圖聖經，約1250年，維也納，奧地利國家圖書館

右：**以撒犧牲柱**，11-12世紀，蘇雅克，聖馬利教堂

事物相反相成

伊魯格納(9世紀)

《自然的分類》，V

任何整體的一部分，作為部分來看如果是畸形，它在全體裡就成為美的，因為它在裡面有其秩序安排。不僅如此，一般而言，它也是美的一個成因：智慧與愚蠢相形而顯，知識與無知(只是不完美、有所欠缺)相較，生與死、光與影相反，價值由無價值反襯；簡而言之，一切美德不但與德行相較而獲稱讚，而且如果無此比較，美德不值得讚美。真正的理性會說，一切作為宇宙之局部時顯得邪惡、不誠實、可恥、惡劣，而被看不見全體者視為罪行的事物，從普遍觀點來看，既非罪行，也不可恥、不邪惡。一幅美麗的畫也是此理。凡是依照神意的設計來安排而成的事物，都是善的、美麗的、正義的。相反的事物相形相較，使我們能讚美宇宙和造物主。

5. 其他藝術

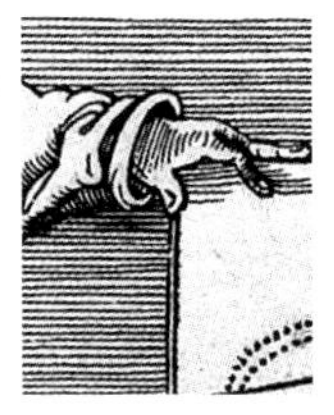

比例美學出現各色各樣形態，日益複雜，在繪畫亦然。所有具象藝術論，從艾索山(Mt.Athos)修道僧所寫的拜占庭時期作品，到第十五世紀塞尼尼(Cennini)的《畫論》(*Tractatus*)，都透露造型藝術有志達到音樂裡的數學水準。在這層意義上，我們應該看看德・霍能寇特(十三世紀)的《畫像書》(*Livre de portraiture*)：書中一切人形物狀都由幾何係數決定。

霍能寇特
素描：頭、人、馬，等等。取自《畫像書》，13世紀

杜勒，**光學透視圖示**，1525

數學研究至文藝復興的透視理論與實踐而臻於精準的極致。以其本身而論，透視再現法有其技術上的難題，不過，令人感興趣的是，文藝復興藝術家認為，高明的透視再現不但正確、寫實，而且美而悅目。文藝復興的透視理論與實踐，影響莫大，其他文化或其他世紀的再現之作被視為不遵守透視規則，原始、不足以稱藝術，甚至根本醜陋。

6. 合目的性

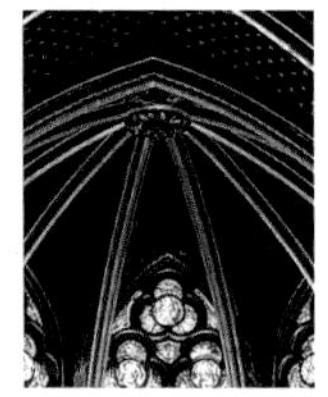

在中世紀思想發展到最完足的階段，阿奎那說，美要存在的話，不但必須**比例**恰當，還必須完整(換句話說，一切事物必須具備屬於它們才對的部分，殘缺的身體因此是醜的)，還要有**光華**——顏色清晰之物才是美的。不過，依阿奎那之見，比例非僅關乎內容之正確配置而已，內容還必須配合**形式**，因此，一具合乎人性理想條件的人體是合比例的。阿奎那視比例為一種倫理價值，亦即有德(或道德之惡)的行動會依照理性法則產生比例正確的言語與行事，所以，我們又有**道德之美**(或道德之惡)。

這項原則的意思是，事物之產生有其目的，故事物必須**適合其目的**，阿奎那見一水晶錘，必定毫無猶豫，以「醜」稱之，因為做成此錘之材料雖然有其膚淺的美，此物卻不適合其應有的功能。美是事物之間**彼此協調合作**，石塊彼此互支互抵而為一座建築提供堅實的基礎，可以界定為「美」。美是人智與人智所理解的對象之間的正確關係。換句話說，比例成為一項解釋宇宙本身何以統一的形上原理。

比例

阿奎那(13世紀)

《神學總論》，I, 5, 4

美寓於比例，因為人的感官樂見比例良好的事物。

光輝

阿奎那(13世紀)

《神學總論》，I, 39, 8

美需要三個特質：首先是完整或完足：因為不完全的東西就是畸形的。其次是部分之間的比例或和諧。最後是清明或光輝：事實上，我們也以「美麗」形容顏色清晰、燦爛之物。

形式

阿奎那(13世紀)

《駁異教》，II, 81

物質與形式必然互成比例，彼此配合。

上左：拉昂，聖母教堂，12世紀

上右：巴黎，聖禮拜堂，13世紀

道德之美

阿奎那(13世紀)

《神學大全》，II-II，145, 2

精神之美，是一個人的操持與行為依照理性之光而比例良好。

適合目的

工匠都希望將最好的秩序賦予其作品，不是絕對的最好秩序，而是依照作品所要用的目的而論，那是最佳秩序。

相輔相成

就如石頭彼此相適而產生房子，同理，美不但要求一切事物維持其自身，而且所有東西擺在一起時，要各依其本身特性建立互惠互輔的合作關係。

7. 比例的歷史演變

看看中世紀藝術的許多表現，取之與希臘藝術的模範相較，我們起初會很難認為，這些在文藝復興以後被視為野蠻、不合比例的雕像或建築結構，也會成為體現比例標準之作。

其實，比例理論向來與一派帶著柏拉圖特色的哲學思想彼此連帶，這派哲學認為，現實的原型是理念，現實事物只是對理念的蒼白、不完美模仿。希臘文明似乎竭盡其力，要在雕像或繪畫裡體現理念之完美，雖然我們很難說，柏拉圖考慮人的理念之時，是不是心存波里克利特斯的人體或之前的具象藝術。柏拉圖認為，藝術是對自然的不完美模仿，自然本身又是對理想世界的不完美模仿。反正，文藝復興時期的藝術家都力圖使藝術再現符合柏拉圖的美的理念。但是，有些時期，理想與現實世界之間的分裂相當明顯。

以波修斯為例，他感興趣的，似乎不是應該體現比例的具體音樂，而是與具體現實完全分開的原型規則。波修斯認為，作曲家知道聲音世界的規則，音樂家是沒有任何理論知識的奴隸，靠本能行事，對只有理論能夠透露的不可言喻之美懵然不知。波修斯幾乎恭維畢達哥拉斯研究音樂而不談聽覺判斷。對具體的聲音世界與「耳朵的判斷」興趣

蒙德里安，**黃、紅、黑、藍、灰的構成**，1920，阿姆斯特丹，市立美術館

波堤切里，**維納斯的誕生**，約1482年，佛羅倫斯，烏菲茲美術館

缺缺，在天體音樂說中已可見得。各個行星產生音階裡的一個音，則眾星齊作，產生的其實會是相當不悅耳的不諧和音。但中世紀的理論家醉心於數學對應之美，不慭此事。

執著純屬理想的和聲概念，是一個飽經危機的時代的典型做法。中世紀初期就是這麼一個時代。當時的人求庇於某種穩定、永恆的價值，對任何與肉體、感官、物質相連的事物，都持疑以對。中世紀人基於道德主義的原因，頗感於塵世之美何其短暫，外在之美 則如波修斯在《哲學之慰藉》(*The Consolations of Philosophy*)所說，其「倏忽而逝，速於春芳之消歇」。

不過，我們切勿因此以為，這些理論家對具體聲音之悅耳，對具體形式之悅目，皆麻木無感，或者說，在宇宙的抽象之美，與實際世界之美的品味之間，他們無力調和。多位作者對光與色彩之美的熱愛(請比較本書第四章)，就是證據。不過，中世紀在比例的理想，與再現藝術或建築藝術上的比例之間，看來的確有其明顯的懸隔。

但是，有此懸隔，非獨中世紀為然。取文藝復興諸家之數學比例論觀之，理論與現實關係圓滿的領域，只有建築與透視法。

我們想透過繪畫來了解文藝復興人體美的理想，就會發現，理論的完

上：帕爾瑪，**風景裡的山林女神**，1518-1520，德勒斯登，畫廊

右頁：卡拉納，**維納斯與偷蜜的丘比特**，約1531，羅馬，波格斯畫廊

美與品味的多變，確有差距。不同的藝術家所認為美的男女之間，有何共同的比例標準？波堤切里(Botticelli)與卡拉納(Cranach)、吉歐吉歐尼(Giorgione)的維納斯之間，我們能不能找到同樣的比例規則？

刻畫有名男女的藝術家，比較有興趣呈現的可能是他們強健的體格，以及臉部表情流露的精神力量與權力意志，而不是留心自己下筆是否符合比例正典。其中許多男女代表了一種相貌的理想，我們在這些相貌的理想之間，實在看不出有何共同的比例標準。

所以，歷世以還，比例美之談不絕於書，算術與幾何原理在各時代也居於主導地位，但比例的意義變動不居。認定手指中指長度與手的長度之間、手指與手以及身體其餘部分之間必須有正確比例，是一回事，如何確定正確的比例，卻是與時而變的品味問題。

歷世以來，產生過許多不同的比例理想。初期希臘雕刻家理解的比例，有別於波里克利特斯的比例；畢達哥拉斯所艷稱之音樂比例，又異於中世紀所言之音樂比例，因為中世紀人所認為悅耳的音樂已經有異。公元一千年之末，作曲家必須調整一個文本的音節來配合一種稱為歡慶阿雷路亞(Alleluia jubilus)的擬聲唱法時，就面臨一個有關文字與旋律比例的難題。第九世紀，自由複音(diaphony)的兩個聲部放棄一致，各自發展旋律線，但不失去整體的協調，這時又必須尋新的比例規則。從自由複音轉到分枝旋律(discant)，從分枝旋律走向十二世紀的

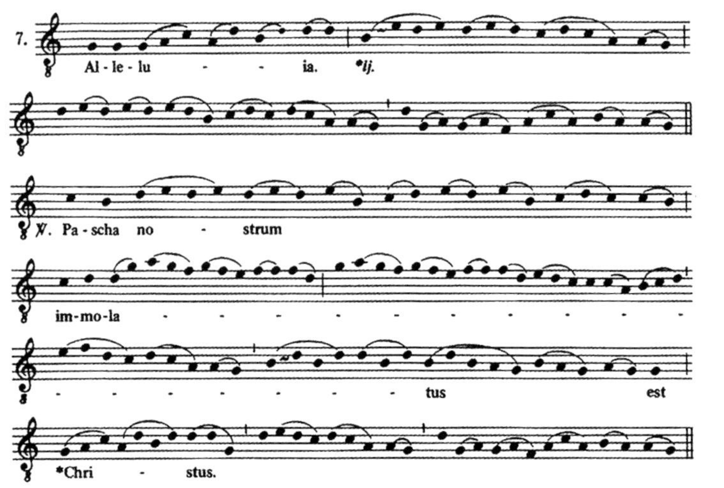

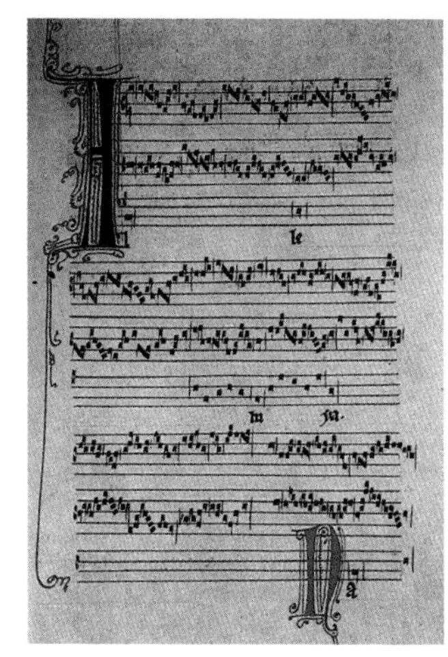

左：哈利路亞，音樂手稿，9-10世紀

右：永恆之父，約公元900年

複音音樂時，問題又更複雜。

以培洛丹(Pérotin)的《奧甘農》(*organum*)而論，在一個音符背景上升起一個道地哥德式複雜大膽對位的運動，在同一個持續音上，三到四個聲部產生六十個協調音節，眾聲並作，聳拔而上如大教堂之尖頂：音樂家轉向傳統文本，使波修斯所說的柏拉圖抽象觀念有了真正具體的意義。音樂史就這樣逐漸展開。第九世紀，五度音階(C到G)仍然被視為不完美的和諧，但到第十二世紀已獲承認。

文學上，貝德(Bede)的《聲律藝術》(*De arte metrica*)(第八世紀)在音步與韻律、拉丁文的音質音步與後來取代它的音節音步間，提出區分，提示兩者各具比例類型。德文叟夫(Geoffroy de Vinsauf)在其《新詩藝》(Poetria nova)裡說，比例即切當，於是黃金可用fulvum，牛奶可用nitidum，玫瑰可用praerubicunda，蜂蜜可用dulcfluum等形容詞修飾。到此地步，比例明顯已不是一種數學上的量，而是一種品質。字序、描寫與議論的協調，以及敘事的組構，皆同此理。

建築教堂者亦自有其不同於帕拉底歐的比例標準。不過，當代許多學者都極力說明，理想比例的原理，包括黃金分割之實現，可見於古往今來的作品之中，即使藝術家自已對與那些原理相應的數學規則並無所知。比例如果是一條嚴格的規則，它就不在於自然之中，於是而有十七世紀柏克(Edmind Burke)的立場：他否認比例是美的標準。

在文藝復興的黃昏時期，一個重要觀念逐漸得勢：美與其說來自平衡的比例，不如說是來自一種扭力，亦即不斷努力，要超越主宰物理世界的數學規則。於是，繼文藝復興主均衡之後，有矯揉主義之主激動。不過，藝術(以及自然美的觀念)有此一變，條件是不再將世界看成那麼秩序嚴格，那麼明顯具備幾何結構。托勒密(Ptolemy)的宇宙模型以圓形之完美為基礎，似乎是古典比例理想的體現。甚至伽利略的模型將地球挪出宇宙中心，使之環繞太陽運行，也不足以撼動這個最古老的天體完美論。但是，喀卜勒(Kepler)提出地球沿循一個以太陽為中心的橢圓軌道運行，天體完美的意象就陷入危機。原因不是喀卜勒的宇宙模型不遵循數學定型，而是——在視覺意義上——這個模型不再近似「畢達哥拉斯式」同心天體的完美系統。

此外，十六世紀末，布魯諾(Giordano Bruno)開始設想宇宙無限以及世界有許多個，這時，宇宙和諧的整個觀念明顯必須改弦易轍。

夏特，聖母教堂，12世紀中葉

帕拉底歐，**救世主教堂**，取自斯卡莫齊編，《建築四書》，約1615

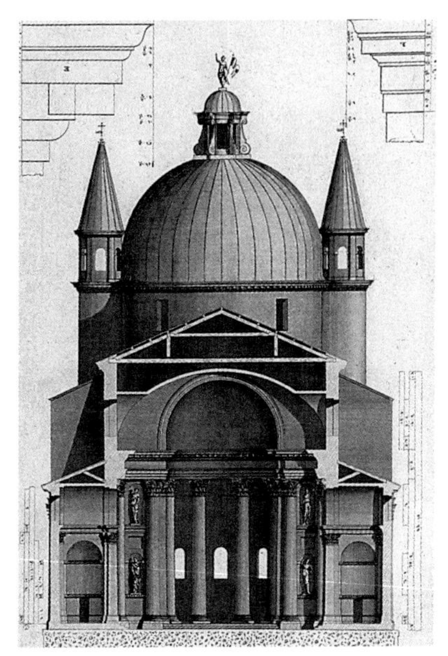

塞拉流斯，**宇宙和諧圖**，阿姆斯特丹，1660

反駁比例

柏克

《對吾人之崇高與美麗觀念起源的哲學探討》，III，4, 1756

我好幾次非常細心檢視那些比例，發現那些比例在很多事物上近乎或完全相像，不僅彼此非常不同的事物如此，一個非常美，另一個非常醜的東西，也是如此。至於那些有人認為頗具比例的部分，它們往往在情況、性質與作用方面都相距極遠，我看不出它們如何可以比較，因此也看不出從其間的比例能夠得出什麼結果。有人說，美麗的身體，其頸部應該以小腿衡量，而且頸子的周長應該是手腕周長的兩倍。但是，小腿與頸部有何關係，小腿與頸部和手腕又有何關係？這些比例一定可以在俊美的身體上找到，也一定可以在難看的身體上找到，任何人不怕麻煩找找看，就會知道。而且，在最美的身體上，這些可能是最不完美的。你可以將你喜歡的任何比例派給人體每個部分，我擔保，一位

塞拉流斯，**宇宙和諧圖**，阿姆斯特丹，1660

畫家懷著宗教般的心情遵守全部那些比例，但他如果高興，也會畫出一具非常醜的身體來。這位畫家大幅偏離這些比例，也會產生一個非常美的形體。的確，從古代與現代雕像傑作也可以看到，其中有些作品，比例與其他傑作大有差別；它們離我們在活生生的人身上看到的比例也一樣遠。說穿了，主張比例美的人，他們自己之間對人體比例又如何眾議咸同呢？有的說身長要等於七個頭，有的說八個頭，有人說七個，還有人加長到十個。區區幾個畫分法，就有這麼大的差異！然而所有俊美的男人，這些比例是不是一模一樣呢？或者，美麗的女人，其比例是不是全都如此？沒有人會這麼說；但兩性都可以美麗，女性尤然。我相信，女性之美，很難歸因於她們的比例優人一等。

UBI MONS MAGNS ARDENS

MISSUS EST IN MARE

第 4 章

中世紀的光與顏色

1. 光與顏色

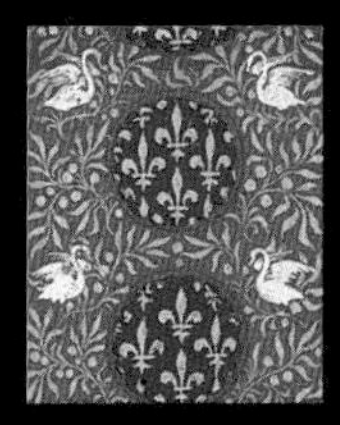

時至今日，許多人仍為中世紀是「黑暗時代」之說所惑，以為中世紀是個沈黯的時代，即使談到顏色亦然。那些年頭，夜幕降臨，人生活於燈光寒傖的環境之中：在最多只有爐火照明的茅屋裡，在高燃火把的巨大城堡房間裡，以及燈籠光線微弱的修道院，村落與城市則街巷冥暗，凶險莫測。然而這些也是文藝復興、巴洛克時代，以及接下來發現電的時代的特色。

然而中世紀人自認(至少在詩與繪畫中如此自我刻畫)生活於極為燦爛的環境之中。中世紀泥金手抄本或許完成於只靠一窗採光的晦黯環境之中，卻洋溢著光明，帶著種種純色交錯所產生的那種特殊輝麗：紅、青、白、綠，沒有細致的層次暗示或明暗對比。

左頁：**無底坑打開，蝗蟲升起**，局部。取自《聖黎巴納的啟示錄注釋》，斐迪南一世夫妻泥金抄本，MS.Vit.14-2，11世紀，馬德里國家圖書館

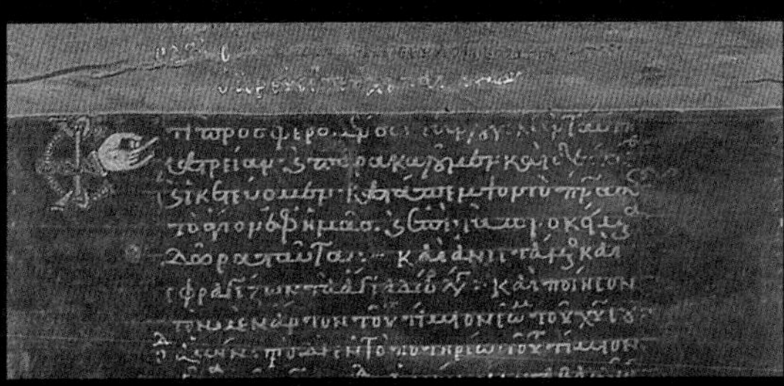

聖約翰克里索斯頓祈禱書抄本，局部，12世紀，梵蒂岡，梵蒂岡使徒圖書館

中世紀的藝術以運用原色見長，色區明確，不興暗示，諸色錯落，以整體的協調發光，不將顏色包藏於明暗對照之中，也不讓顏色溢出人物形體輪廓。

巴洛克繪畫裡，物體的光是外鑠的，有明暗區塊，卡拉瓦喬(Caravaggio)或喬治・德・拉・突爾(Georges de la Tour)作品裡的光即是例子。中世紀的泥金手抄本裡，光似乎從物體散放而出，物體本身含光。

不僅法蘭德斯與勃根第極盛期的泥金手抄本明顯如此，《貝里公爵的富貴》(*Très riches heures du Duc de Berry*)可為著例，中世紀晚期亦然，莫札拉比(Mozarabic)的泥金手抄本喜用黃、紅、藍色強烈對比，是為例子，奧圖時代(Ottonian)的泥金手抄本以冷而明晰的色調如淡紫、藍綠、沙黃或摻藍的白帶出金色的光輝，亦復同然。

中世紀晚期，阿奎那重述在他之前已廣泛流行的觀念，說美需要三件事：比例、完整及清晰，亦即明與亮。

林柏格兄弟，**聖母訪親**，取自《貝里公爵的富貴》，1411-1416，香提邑，坎德博物館

喬治・德・拉・突爾，**懺悔的抹大拉**，1630-1635，華盛頓，國家畫廊

清明

阿奎那(13世紀)

《神學總論》，II-II, 145, 2

從戴奧尼索斯之言可知，美寓於光輝與適當的比例：事實上，他說，上帝作為「光輝之因與萬物和諧之因」，是美的。因此，身體之美寓於比例良好的肢體，加上合宜顏色的明亮。

吹第五支號角的天使，取自《聖黎巴納的啟示錄注釋》，斐迪南一世夫婦泥金抄本，局部，MS.Vit 14-2，11世紀，馬德里國家圖書館

2. 神是光

清晰審美觀念的一個來源，當然是許多文化都把上帝等同於光：閃族的神巴爾(Baal)、埃及的神「拉」(Ra)，以及波斯神阿互拉馬之達(Ahura Mazda)，都是太陽或光的人格化。這些人格化進入柏拉圖思想，自然而然就成為善是理念的太陽之說。這些形象又透過新柏拉圖主義，進入基督教傳統。

普洛泰納(Plotinus)從希臘傳統繼承比例為美之第一要義的觀念。希臘傳統認為美不僅是對稱，也是顏色。普洛泰納尋思，我們今天界定屬於「質」的美，一種能以單純的色感顯現的美，從何而來。在《九章集》(*Enneads*)(I,6)裡，普洛泰納思考，我們何以認為顏色、太陽光或星輝是美的，顏色、太陽光或星輝很單純，其美並不來自其組成部分之對稱。他得到的答案是「一種顏色的單純之美來自由一種支配物質之黑暗的形式所賦予，是由一種不具形體的光所賦予，此光無他，即是理性與理念」。火之美亦同此理，火之發光，類如理念。但這項觀察置於新柏拉圖主義哲學架構內始有意義。依新柏拉圖主義之見，至高之「一」散發，這散發逐級下降，物質是這下降的最終(退化)階段。照在物質上的光只可能是這「一」的反射。在這裡，上帝是一種瀰滿全宇宙的光流的光輝。

這些觀念為來歷不明，托名戰神山信徒的戴奧尼修斯(Dionysius the Pseudo-Aeropagite)所取用。此人大概活躍於公元第五世紀，中世紀傳統認為他就是聖保羅在雅典的戰神山所收信徒戴奧尼修斯。在其《天國階級》(*The Heavenly Hierarchy*)與《神名論》(*On Divine Names*)中，他說神是「光」、「火」及「光之源泉」。中世紀新柏拉圖主義最偉大的闡述者伊魯格納(John Scotus Eriugena)也使用這些意象。後來整個經院哲學都受阿拉伯的哲學與詩所影響，阿拉伯的詩與哲學認為物質為光所充滿，成其輝耀之美，第九世紀的哲人金帝(al-Kindi)則引進一套以星輝為基礎的複雜宇宙論圖式。

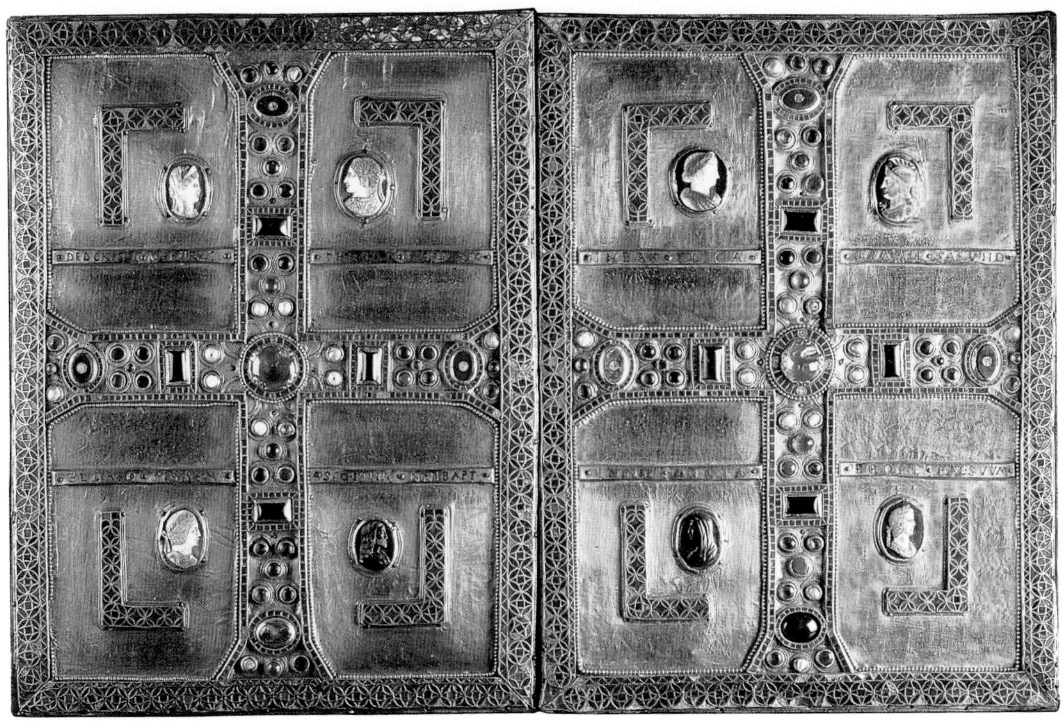

福音書金句選本裝訂，局部，7世紀，蒙薩，教會寶藏

一種顏色的單純之美

普洛泰納(3世紀)

《九章集》，I，6

一種顏色的單純的美，來自一種支配物質之黑暗的形式，以及一種不具形體的光，亦即理性與觀念。因此，在所有物體裡，火是本身最美的，而且它在其他元素之間所占位置是觀念。它的位置使它成為(元素中之)最高者，也是一切形體中最亮者，因為它幾乎是沒有形體的：它獨一，並且不將其他元素接納到它自己裡，而其他元素接受它。它們會變熱，而火不能變冷。首先擁有顏色的是火，其他萬物從它獲得顏色的形式。火是輝麗而燦爛的，就如觀念。劣於火的東西，沒有火光就失色，不再美麗，因為它們不具備完全的顏色觀念。

火之美

托名戰神山信徒的戴奧尼修斯(5-6世紀)

《天國階級》，XV

我相信火是天國智慧裡最神聖的顯現，因為教內作者經常以火為象徵，來描述那超物質的，沒有形式的物質，因為火有神的許多層面，如果我們能夠以可見的事物來描述神的話。其實，可以感覺到的火就在一切事物裡，通過它們而不與他們相雜，而且超脫於它們，而且由於完全輝亮，而始終掩藏於它自身，不為人知。如果它賴以顯現其行動的物質不在，它就不可掌握、不可見，但它能捕捉一切東西。

光流

托名戰神山信徒的戴奧尼修斯
(5-6世紀)
《神名論》，IV

太陽光本身，我們要怎麼形容呢？光來自善，是善之象，因此，善以光為其受榮頌的名稱，光即善之象的原型。正如高於一切的聖善從最高級、最高貴的物質往下滲透到最低的特質而仍然高於一切，最高的物質不能臻至其卓絕，最低的物質也不能逃脫其影響；又如聖善照亮、產生、包含一切適合接受它的事物，使之有生命、完美；又如它是一切存有的尺度、數目、秩序、包含者、原因及目的，這聖善之象——易言之，這偉大、完全燦爛，依照美的迴響而永遠光輝的太陽——照亮所有能分享它的事物，它的光散播於一切事物，它將它的光敷布於有形世界。如果有一件事物不分享這光，這不能歸因於這光晦暗或分布不足，而當歸因於這不接受它的東西本身不適合接受它。由於其光輝超卓偉大，它沒有無法觸及的有形事物。

神是「光」

伊魯格納(9世紀)
《天國階級注釋》，I

這個世界的整個構造就是一種超卓偉大的光，由許多部分與許多光所形成，用以顯露事物之純質，使心靈之眼能直覺它們，就如神恩與理性在有智慧的信徒心中合作。神學家稱上帝為眾光之父，極有道理，因為萬物來自祂，祂透過萬物、在萬物裡顯現自己，萬物是在祂的智慧之光裡做出來的，在那光裡統一。

星光

金帝(9世紀)
《光芒》，II

每個星辰都向四面八方發出光芒，光芒多樣，但融合為一。它會改變各個地方的內容，因為在每個不同的地方，這光(來自眾星之全體和諧)會隨之變化。此外，由於這和諧不斷被行星與其他星星的持續運動所修飾，自然世界及其所有內容也不斷進入一種不同的狀況，隨當時的和諧所需要的條件而生出不同的狀況，雖然從人類的感官來說，世界的某些層面似乎永遠不變。因此，明顯可知，世界上不同的地方和不同的時間構成不同的個人，而且這是天界的和諧透過其所投射的光芒所致，因為這些光芒不斷變化。所以，自然世界的事物在任何時刻所以多樣，主要出於兩個原因：特質之多樣，與星光與時而異的行動。由於影響物質(之變化多端的形式)的這種差異可能非常大，不同的地方和時間就產生了不同的事物。有些東西屬於不同類，有些屬於不同種，有的則只有數目之異，道理在此。

3. 光、財富、貧窮

「清晰」說之基礎並非只有哲學。中古社會由有財有勢者及無財無勢者構成。這不是中世紀社會獨具的特徵，不過，古代社會，尤其中世紀社會，貧富之別比現代的西方與民主社會明顯，而且，在一個資源稀少的社會，在貿易以物物交換為基礎，疾疫與饑荒定期肆虐的體制裡，權勢主要以武器、甲冑及奢富的衣著為顯現之具。

林柏格兄弟，**五月**，取自《貝里公爵的富貴》，1411-1416，香提邑，坎德博物館

為了顯露權勢，中世紀貴族以黃金與珠寶自飾，衣服則染以最珍貴的顏色，例如紫色。取自礦物或植物的人工顏色於是代表財富，窮人則穿著顏色單調而寒素的衣料。農夫的正常衣料取自粗糙的天然素材，非灰即褐，沒有加染，襤襤褸褸，成日髒污。綠色或紅色外衣是難得而可羨之物，更無論金飾或寶石(往往是我們今天所說的硬石，如瑪瑙或截子瑪)。色彩之富與珠寶之光是權勢的標記，也是令人欲求且稱奇之物。

經由浪漫主義與迪士尼的改造，我們習慣看見中古城堡塔樓齊全，美輪美奐，其實中古城堡結構粗糙，有時甚至是木造，堡壘坐落中央，四周圍上柵欄以防敵。詩人與旅人大作其大理石為牆、寶石為飾的輝煌城堡夢，他們發明那些城堡，如聖布倫丹(St.Brendan)與曼德維爾(Mandeville)所為，有時他們如馬可波羅，或許真的看見城堡，卻照樣想當然爾，描寫其過去必定曾經如何，以求其美。

要了解染料何其昂貴，只須想想，製造那些泥金抄本，那些鮮活燦爛的色彩，何其費工，提奧菲勒斯(Theophilus)所著《百工圖》

衣服

米雍與洛里斯(13世紀)

《玫瑰傳奇》,vol.1,vv 1051-1097

財富衣紫披金。這套裝束值抵萬貫家財。我並非諂媚之徒，不會說誇大的故事，也不會說謊。其實，我還碰到謊言就要打破。然而我這輩子還不曾見過如此衣服。這套紅衣全身荷葉滾邊，綴以黃金與晶亮寶石景物：王公貴族的故事。領圈鑲金，盛飾珐瑯與黑金，使衣料出落得明閃耀目。啊，說不盡的美妙物事，我向你保證：寶石、珍珠、紅寶石，琥珀、鑽石。亮光與反光幾乎令人目為之眩。一切出以精細、罕見的做工。腰身緊纏束帶，這束帶也絕麗而雅致，非常豪貴！我細看那帶釦：一顆切磨工夫絕佳的寶石。此石非僅珍貴，應該是珍貴的且有其美德。我是說，其主人可以安詳度日，不擔心哪天被人下毒：他受到萬全保護，無論他是王子還是皇帝。此石價值至高，對權貴的價值有過於羅馬所有黃金。媒染石則是另一回事，因為它們能治牙疼，你注視它們片刻，你脫落的牙齒會長回去。那既大又重的領釦都是金製，每顆必定值一金幣。一個標致的金絲環將頭髮穩穩挽住。

紫色

特洛伊的克雷提安(12世紀)

《艾列克與伊妮德》，VV, 1583-1617

獲得授勳者身穿那件披風與長袍，長袍以貂皮滾邊，直至兩袖；袖口與領口以數百金箔為飾，箔面盡以藍紫與綠色寶石、綠松石與琥珀為綴。領釦合計有一盎司黃金；一邊是一顆紅風信子石，另一邊是一顆燦亮無比的紅玉。其滾邊是白貂皮，你所見貂皮之精之美，無逾此者。那件紫袍有工巧至極的小十字紋樣，眾彩斑斕，藍紫與朱紅與綠松石爭妍，白與綠相間，藍紫與黃色鬥勝。

寶石

不知名(14世紀)

《艾斯特的寶石》

我們還要提提，他們的瓶子與用器以寶石裝飾，衣服亦然，它們在很多危急情況裡幫它們主人的忙，因此有很多好處。

林柏格兄弟，**9月**，取自《貝里公爵之富貴》，1411－1416，香提邑，坎德博物館

(*Schedula diversarum atrium*)，或中世紀無名作者所寫《泥金抄本說》(*De arti illuminandi*)，可為佐證。另一方面，無財無勢者生活於當然比今天艱難、但也比今天健康的自然環境境之中，只能享受自然景觀、天空、陽光、月光及花草。他們出於本能的美感與大自然提供的多樣顏色密切相連，亦甚自然。

所以，貴族和富有的人百計搜求這些東西，為此目的而穿戴它們，雖然其功用並沒有他們所想那麼大。其所以如此，是因為他們沒有思索就買下來，佩在身上。不過這些石頭並非萬用，還是有些用處，也因此緣故，這些人受到稱讚，接待和看重。但有時候，這些(石頭)實在做不來人們認為它們能做的事，與他們打交道的人看得出來這些石頭何以沒有那些妙用，則出於心腸邪惡而不告訴他們。對擁有這些石頭的人，信則靈吧。

色彩

薄伽丘(1313-75)

《菲洛科洛》，IV, 74

那光來自他頂上，他仔細瞧進去，看到一個美麗優雅的女人，穿著那同樣的光，雙手拿著一個小金瓶，瓶裡裝滿至奇至珍之水，他彷彿覺得她以那瓶水洗他的臉和他全身，之後，她立刻消失；她方消失，他即覺得他的目光非復從前，他比從前更知道人事和神事。就這樣，他在滿懷奇異之下，發現自己置身於三個他並不認識的女人之間，他心想，他瞥見了他心愛的碧安齊菲歐蕾，使他無比幸福：他看得見的這三位裡面，一個衣服深紅，紅到彷彿渾身著火，一個身穿綠衣，其綠超過一切祖母綠，最後一位衣白勝雪。

珠寶

倫提尼(13世紀)

鑽石，祖母綠，藍寶石，
或任何寶石；
黃玉，紅風信子石或紅寶石，
或的確價值甚高的血石，
紫玉，或那最燦爛的紅榴石，
都不如我所愛之美。
以她充滿喜悅的愛，
她的美德超過一切，
她的光輝如星星，
她比一切玫瑰或花朵更美麗。
願主耶穌賜予她生命和歡悅，
願她的尊榮與日俱增。

大汗之宮

馬可波羅(13世紀)

《遊記》LXXI

這些環牆中間，聳立著大汗之宮，其建築方式，我具陳如下。此乃人間所見最大宮殿，北至前述之牆最後一道，南側一片遼闊，貴冑士兵行走其上。此宮並無上層，然其底高出周圍環境十棵棕櫚之上，宮頂絕高。廊廡與房間內壁皆遍覆金銀，飾以仕女、武士、龍、鳥獸、花草種種圖畫。天花板亦無他物，圖畫與黃金而已。大廳極廣，足供六千人饗宴其間。房間之多，難以置信。此宮至美至大，世人具此技術者盡其規畫與建築之能，亦無以凌駕。宮頂漆朱紅、綠、藍、黃諸色，漆工絕妙，望之熠耀如晶，四面八方遙遙可見。須知此頂極堅極固，無數年不壞。宮後皆大宅、巨廈與房間，為大汗家財所在：金、銀、寶石、珍珠、金盤銀碟。此處亦為嬪妃所居，一切唯供大汗方便，閒人莫進。兩牆之間盡為野獸，人行之道為唯一例外。

泥金抄本

不知名作者(14世紀)

《泥金抄本之技術》，I

我打算先描述以筆與畫刷製作泥金抄本的一些技術。我毫無與人爭議之意，而是以友善之情，並以簡單形式為之。此事已有許多作者先我透露箇中堂奧，不過，為了說明最方便、最理性的過程，一使專家得以印證其見解而精益求精，二令技術欠熟而有心此道者便於了解並付諸實際，我將扼要解釋顏色及混合顏色的各種方法，並集中已有效驗而公認精良之法。

據普利尼之說，主色有三種，即黑、白、紅，其餘所有顏色皆此三者之中間漸層色，所有飽學博士所著之書無不如此界定。泥金抄本自然而然必備之色有八，即黑、白、紅、黃、淡藍、藍紫、粉紅及綠色。其中有些為天然色，有些為人工色。天然色包括深藍與波斯藍。黑色是某種黑土或天然石色；紅色為某種紅土色，即有時通稱“macra”者；綠或藍綠是土色，黃即黃土，或稱雌黃，純金或番紅花色亦屬之。

其餘所有顏色皆為人工色：黑色來自葡萄藤製成之碳，蠟煙，油蠟燭，或烏賊(墨)，以盆或釉碗收集。紅色有取自硫磺與水銀之朱紅，以及俗稱“stoppio”，以鉛做成之鉛丹；白色由鉛中淬取，亦即白鉛，或動物死後火化〔……〕將黃金固著於羊皮紙的黏著劑，有很多種做法，我只談其中一種，是個已有效驗的卓越方法。取烘過並淨化的細質白堊，即畫家用以使油彩固著於畫布上之物，以及四分之一質地良好的亞美尼亞黏土，在斑岩板上和清水研磨成細，置於斑岩板上令之自乾後，取所欲之量，其餘收起，將所取之量與動物膠摻研，加蜜使甜，蜜量慎勿過多，亦不可過少，依細粉之量為度，取微量入口試嘗，甜味似有若無即得。以畫家所用瓶子為例，畫刷柄尖所取，即為所需蜜量。精磨既畢，置釉瓶中，立即以清水覆之，宜輕覆，以免相混，乾時自不起泡，亦不龜裂。稍待片時，使用時需去水，去水時不可使水與底下之物相混。將此黏著劑施於羊皮紙上所欲之定點，施用前，宜先以另張同類羊皮紙試用，確定已經攪勻。一俟其乾，布微量之金其上，觀其光澤。蜜過多，則取瓶注入清水，勿復摻拌。擱置適當時間，自見改善，然後去水，勿加搖晃。欲其更濃，可多加膠脂，即糖或蜜水，隨你所需。此事實做貴於理論，我不再辭費：說與智者，一言已足。

自然之美

佪丁(1265-1321)

《煉獄》，VII, vv. 70-78

山與平原之間有一條曲徑
引我們走到小山谷邊緣，
下降至小山谷一半有餘之處
黃金與純銀，猩紅與珍珠白，
印度榕輝煌而寧靜，
剖開時鮮亮翠綠，
空容之內花草繽紛，
一切色彩都會相形無顏，
猶如下一等見絀於上一等。

白鹿

佩脫拉克(1335-1374)

《短歌》，190

一隻白鹿出現在我前面
在綠草上，長著金角，
在兩個河岸之間，一棵月桂樹蔭裡
當太陽照著春日上升。
她看來如此甜美高貴，
我盡忘勞頓跟隨她：
一如守財奴尋寶樂極
一切辛苦為之減輕。
她美好的脖子環掛鑽石與黃玉
「不要碰我，皇帝賜我自由」
太陽已漸近正午之頂，
我的眼睛凝視而疲累，卻未厭足
當我落入水中，而她消失。

4. 裝飾

以中世紀色彩意識為主題的文獻之中，有一件是寫於七世紀而重大影響後代文明之作，此即塞維爾的伊西多爾所撰《字源》(*Etymologies*)。據伊西多爾之見，人體有些部分，其目的在其功用，有些在其*decus*，即裝飾作用、美及快感。後世作者，如阿奎那，認為一物合乎其功能則美，意思是殘缺的身體——與過於細小的身體——或一物為某種功能而生，卻不能履行其功能(如水晶斧)，則即使以可貴材料做成，亦應以醜視之。不過，我們不妨接受伊西多爾所做的功用與美之分：正如門面增加建築之美、修辭增加議論之美，人體既可因其人工裝飾(衣服與珠寶)，亦可因其天生裝飾(肚臍、牙齦、胸脯)而美。

左頁：福音書金句選本裝訂，封面，Cod. Marc.Lat.1, 威尼斯，馬奇亞納國家圖書館

右：**聖卡明方舟**，11世紀，莫札克，里歐姆附近 聖皮耶修道院

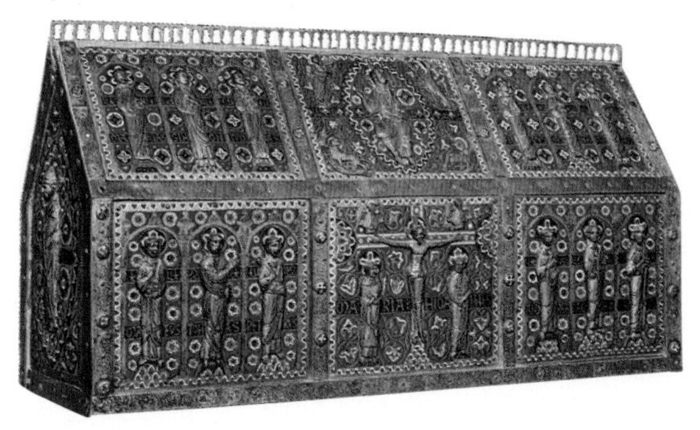

人體

塞維爾的伊西多爾(560-636)

《字源》，XI, 25

我們身體裡，諸物皆有目的，例如肚腸，有些既有用處，又是美的，如臉、雙腳、雙手，有大用，又美觀。其餘只是裝飾用，如男人的乳頭、男女的肚臍。有些則富變化，如生殖器，飄逸的鬍子，男人寬闊的胸膛，女人纖細的齒齦、小小的胸脯、寬廣適宜生孩子的臀部。

OPVS GENTILIS DE FABRIANO
MCCCCXXIII MENSIS MAII

左頁：法布里亞諾，**賢士來朝**，1423，佛羅倫斯，烏菲茲美術館

上：安如宮廷泥金手抄本製作者，**音樂及其行家**，取自波修斯，《論音樂》，14世紀，拿坡里國家圖書館

一般而言，基本的裝飾以光與色為主：大理石以其白而美，金屬以其反射之光而美。空氣本身是美的，因為(伊西多爾根據他頗有商榷餘地的字源論這麼說)"*aurum*"，亦即黃金，需要"*aes-aeris*"，即空氣，方見光輝。寶石因其色彩而美，色彩無非被吸住的光與純化的物質。

眼睛明亮即美，最美則為藍綠色的眼睛。美麗的身體，首要特質之一是皮膚白裡透紅，而且，據字源學家伊西多爾之見，"*venustas*"(身體之美)一詞來自"*venis*"(血液)，"*formasus*"(美麗)一詞來自"*formo*"，就是使血液流動的熱力。由"sangue"這個字，又產生"sanus"，即面容不是蒼白，而是健康的白裡透紅。此外，伊西多爾說，"*delicatus*"(纖美)一詞用來描述人的容色時，其義源自"*deliciae*"，即配合美食上桌的精細餐點。伊西多爾甚至根據他牽強的字源論，大膽依照各民族的生活與飲食方式，將他們分類。於是，高盧人(the Gauls)由於其白膚而得此名，因為此字源於希臘字"*gala*"(乳白)，而且他們由於其居住之地而天性凶悍。

5. 詩與神秘主義裡的色彩

賓根的希德嘉德，**宇宙及宇宙人的創造**，約1230，魯卡，政府圖書館

在詩中，燦爛顏色的感受處處皆是。草綠，血紅，乳則純白。每種顏色都有其最高級形容詞(例如以praerubicunda形容玫瑰)，一色復分許多層次。但丁有「東方青玉的甜美色彩」之句，吉尼塞里(Guinizzelli)寫下「暈染深紅的雪白容顏」，《羅蘭之歌》(*Song of Roland*)裡的寶劍杜蘭達(Durandal)在日色裡「清澄而白皙」。但丁的《天國》(*Paradiso*)寫到明澈之景，如「星星之火始弱之際，可能乍現明燦之焰」，「然後，他們吶喊，輝亮繼至，起初微弱，如薄暮時分之景」。賓根的聖希德嘉德(St.Hildegard of Bingen)善寫神秘主義，作品中提及閃耀的火焰，描述從天國墮落以前的首席天使魯西弗

東方青玉

但丁(1265-1321)

《煉獄》1, vv, 13-24

東方青玉的甘美色彩
在澄淨的長空
凝聚，直到第一圈，
使我原本憂傷的
眼睛與心胸再度愉悅。
那顆美麗的行星，愛的動力
使東方歡笑，
並且遮護她相隨的雙魚座。
我往右轉，凝神注目
另一極，看見四顆星
除了初民，無人看過的四顆星。

輝亮的視境

但丁(1265-1321)

《天國》，XIV, vv, 67-65

看！我們周圍，亮度相等
升起一環光輝，
有如地平線逐漸明亮。
又如薄著初降，星辰甫現，
入眼如真似幻，
我彷彿看見新的光輝
在那裡逐漸現身，
在另外兩個圈外圍成一圈。
啊，聖靈發出的光彩
何其不速而至，何其輝麗。

閃輝的火陷

希德嘉德(1098-1179)

《光明之道》II, 異象2

然後我看見燦爛的光，光裡一個人形，青玉色，全身亮著光澤溫和的火。那燦爛的光圍著那發光的火，燦爛與發亮的火傾滿那整個人形，三者合一。

我再次聽見那活生生的光對我說：「這是上帝的神秘，由此神秘，可以清楚感覺上帝，並且了解那充盈，那充盈的來源沒有人看過，而且那充盈是力量的來源，從未失靈。因為如果主沒有了祂自己的生命力，他的事蹟會成為什麼？因此，在這一切裡面可以感覺到造物主是誰。所以，你看見燦爛的光，沒有幻象、缺陷或欺騙，顯示天父；在這光

《耶穌世系圖》，夏特市聖母院，彩色玻璃，12世紀

(Lucifer)，說他佩戴的寶石熠耀如夜空繁星，渾身綴飾光芒煥爍，將世界鋪天蓋地灑滿亮光(*Liber divinorum operum*)。

中世紀人使用的象喻技巧，的確最能表現單純色彩的生動，兼呈光如何使色彩透亮：此即歌德式教堂的彩色玻璃。在歌德式教堂，光自窗透入，但先經以鉛條連結的彩色玻璃過濾。此法已見羅馬式教堂，但歌德式牆壁較高，拔立而上，匯聚於尖頂。

彩色玻璃與玫瑰窗的空間俱見增加，牆身多處鏤空，多靠拱壁支撐。教堂如此設計，用意即在加強透過線紋窗飾灑入的光的效果。

蘇格大主教(Archbishop Suger)為讚頌信仰與法國諸王而設計聖丹尼斯修道院(原作屬羅馬式)之時，他告訴我們，此一壯觀令中世紀男男女女如何神迷。蘇格興奮於院內寶藏之美，及透窗而入的美妙光線，筆鋒情感澎湃。

裡，是一個青玉色的人形，沒有冥頑、妒嫉或不義，就是聖子，在時間開始以前生自天父，然後在時間裡化身世界，化身於人；這人形燃著一種溫和的火，周身光焰，這火不枯、不死、不暗，代表聖靈，聖靈使神的獨子孕育於肉身，在時間內部生自處女，將其真光傾入世界。燦爛的光撫浴那輝耀的火，輝耀的火傾注於整個人形上，三光合一，意思是，聖父，他是正義，沒有聖子或聖靈，就不存在；聖靈，點燃信徒之心者，沒有聖父和聖子，就不存在；三者有不能分開的神性。〔……〕
火焰有三種特質，所以神是三位一體。怎麼說？火焰由燦爛的光、紅色的力量和火熱的心構成。燦爛的光用以發亮，紅色的力量用以持久，火般的熱用以燃燒。所以，燦爛的光要理解為聖父，他以父愛將他的燦爛開向信徒；火焰裡的紅色力量要理解為聖子，他化身由處女生出而有肉體，以此肉體顯示他作為神的奇妙；火般的熱要理解為聖靈，在信徒心中熱切燃燒。見火焰，亦必見燦爛之光、紅色的力量及火般的熱；不見聖父、聖子或聖靈，則不算適當地崇拜上帝。因此，這三種特質見於一個火焰之中，三者理解於神的統一之中。

6. 色彩與日常生活

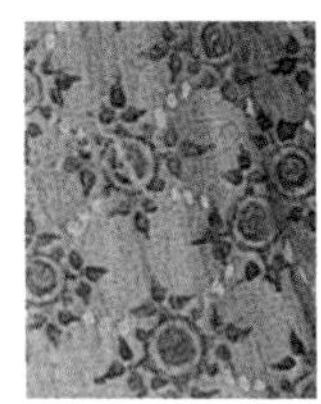

色彩品味亦見於藝術以外的領域，亦即日常生活與日常習慣、衣著、裝飾及武器。在其《中世紀之式微》(*The Waning of the Middle Ages*)裡，惠辛嘉(Huizinga)精采分析中世紀晚期的色彩品味，書中提到編年史作者富洛伊沙(Froissart)熱愛「船上飄揚的大小旗幟，在陽光下閃耀的盾形紋徽，以及頭盔、甲冑、矛尖、羽飾、行進武士軍旗上輝閃的陽光」。《彩色紋徽》(*Blason des couleurs*)談到顏色的取捨，作者讚美淡黃與碧藍、橙色與白色、橙色與粉紅、粉紅與白色，以及黑色與白色結合；拉馬謝(La Marche)筆下，則出現一少女身著紫綢騎騾，騾衣為淡藍絲綢，三名男子牽騾，俱著朱紅綢衣，朱紅絲綢披風。

林柏格兄弟，**一月**，取自《貝里公爵的富貴》，1411-1416，香提邑，坎德博物館

左頁：林柏格兄弟，**四月**，取自《貝里公爵的富貴》，1411-1416，香提邑，坎德博物館

7. 顏色的象徵意義

中世紀人深信宇宙萬物一一有其超自然意義，世界乃上帝手寫之書。一切動物有其道德或神秘主義意義，每塊石頭、每株植物亦然(見於動物寓言、碑文及植物誌)。因此，常見人為顏色賦予正面或負面意義，雖然某種顏色是何意義，學者所見時或各異。所以然者，原因有二：首先，在中世紀的象徵系統裡，一事一物可能有兩種相反意思，視其出現之背景而定(獅子有時象徵基督，有時象徵撒旦)；第二，中世紀上下將近千年，對色彩意義的品味與看法自有變遷。論者說，中古初期輕視藍與綠，原因可能是當時無法產生鮮明燦亮的藍色層次變化，以至藍衣望之單調而沈悶。

左頁：**騎士與獅頭噴火馬**，取自《聖黎巴納的啟示錄注釋》，斐迪南一世夫婦，Sancha, MS.Vit.14-2,11世紀，馬德里國家圖書館

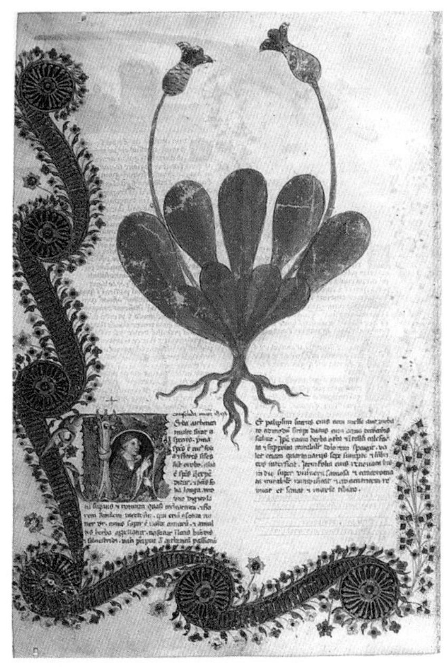

倫巴德泥金手抄本作者，取自《植物史》，14世紀，羅馬，卡薩納登斯圖書館

大妓女攬鏡，取自《啟示錄織錦》，14世紀，昂熱，安如的雷尼王城堡

左頁：**野人、熊，或農夫**，取自《亞歷山大傳奇》，14世紀，牛津，博德利圖書館

十二世紀起，藍色稱尊，教堂彩色玻璃以藍色管領諸色，過濾光線使成「天國」之光，其神秘主義價值與審美地位可見一斑。某些時期與地方，則黑為御用之色；易時易地，黑又是神秘騎士掩飾身分之色。也有人指出，在亞瑟王的傳奇裡，紅髮騎士是心術殘忍、背信棄義之輩，而早亞瑟王傳奇數世紀，塞維爾的伊西多爾認為，遍數髮色，金與紅最美。

紅色外衣與馬衣代表勇氣與高貴，雖然紅也是劊子手與妓女的顏色。黃是懦夫之色，並與賤民、亡命之徒、瘋子、穆斯林及猶太人相連；然而，黃也是金子之色而受頌讚，黃金正是金屬之最亮且最貴者。

8. 神學家與哲學家

我們在前面先談過中世紀人的品味，現在才能了解，色彩作為美的肇因，在理論上的內涵如何。不先記住這些品味，讀到阿奎那以色彩明亮為美的說法(《神學總論》，I, 39, 8)，可能有嫌其膚淺之虞。實則理論家這些說法正是他們受到常人感性影響之處。聖維克多的修伊(Hugh of Saint Victor)之說就是如此，他在其《三天》(*De tribus diebus*)中以綠為眾色之最美者、春之象徵、未來重生之象(其神秘主義之指涉並未排斥感官之滿足)，奧維尼的威廉(William of Auvergne)有明顯的同好，也是當時一般感性之影響使然，他並提出心理根據來支持他的論點，說綠色介於白與黑之間：白擴大瞳孔，黑收縮瞳孔。同一世紀，羅傑培根(Roger Bacon)宣布光學是注定解決一切問題的新科學。光學理論經由《透視法》(*De aspectibus*, 又名*Perspectiva*)一書傳到中世紀，此作由阿拉伯人寫於十至十一世紀之間，至十二世紀復由維特里歐尼(Vitellione)寫入其《透視法》(*De perspectiva*)。在經院哲學最進步的寓言總集《玫瑰傳奇》(*Roman de la rose*)裡，讓・德・米雍(Jean de Meung)透過大自然之口，長篇闡述彩虹之奇妙與曲面鏡之奇蹟，鏡中，侏儒與巨人大小相反，身體扭曲或上下顛倒。中世紀人知道，以事物之性質為根據的審美觀念，與比例之美彼此枘鑿。只

左頁：阿爾波，**武裝天使行列**，約1360，帕度亞，市立博物館

光作為美的肇因

聖維克多的修格(12世紀)

《群學指要》，XII

關於事物的顏色，沒有必要長篇累牘討論，因為眼看即知，大自然有許多不同顏色裝飾的時候，顏色為自然增添多少美。還有什麼比光更美的東西，雖然它本身無色，照在東西上，卻將一切東西的顏色帶出來。有什麼比天空更悅目，當它寧靜，像藍寶石那般閃閃發光，用它光輝最悅目的比例吸引眼睛？太陽發亮如黃金，月亮淡亮如琥珀的有些星星熠耀如火焰，有些躍動著玫瑰般的光，有的不時放出由粉紅變綠，繼而變白的明燦。

綠色

聖維克多的修格(12世紀)

《群學指要》，XII

綠色之美，超過其他一切顏色，令人一見銷魂。清新的春日，花苞開出新生命，尖尖的葉子往上伸吐，幾乎將死亡刺死，是未來復活的象徵。一切向光升起。關於上帝的做工，還需要怎麼說嗎，連人類模仿那些做工的成品，即使虛假而欺騙眼睛，我們也加以讚嘆。

要不帶批判眼光欣賞悅目的顏色，只要是在神秘主義論述 或模糊的宇宙論範圍內使用譬喻，這類昭昭可見的矛盾就可能無人留意。不過，十三世紀的經院哲學還是會處理這個問題。

在此節骨眼上，我們應該談談葛羅塞特斯特(Robert Grosseteste)提出的光的宇宙論。在他為《六日論》(*Hexaémeron*)所作之注解裡，葛羅塞特斯特嘗試解決質與量兩種原則之間的矛盾，而界定光為比例的極致表達，因為比例是與物自身等比(identity)。由於這是最卓越的比例，一而不分的造物者作為光源之美即有著落，因為上帝是至高的單純，是最大的和諧，含有與其自身最和諧的比例。葛羅塞特斯特依其新柏拉圖主義，認為宇宙由單一光能所形成，這光能同時是美與存有的來源。經由一個程度漸進的純化與濃縮過程，天體與自然元素源於這單一的光。因此，世界的比例就是光在其具有創造力的散布之中依照物質的各種阻力而具體化的數學程序(請參考第三章)。整個來看，創造之觀念浮現為美的觀念，以其比例、以光的立即效果而論，都是如此。

巴諾雷吉歐的波納文圖(Bonaventure of Bagnoregio)借亞里斯多德之說，提出一種光的形上學。據他之見，光是物體的實質形式。究其意

鏡子

米雍與洛里斯(13世紀)

《玫瑰傳奇》，vv.18123-18146

回頭來談鏡子：有些鏡子使大而靠近的東西看來細小而遙遠，就算是法國和塞達納之間那座山也一樣。你舉起鏡子時，它忽然變得非常小，你用力凝視，也幾乎看不見。其他鏡子顯出物件真正的大小。看一面平常的鏡子，看到的是物件真實的樣子。我還知道東西會在裡面燃燒的鏡子，不過，你得把它們擺在太陽光全部反映之處，對準那一點。這時，一切都起火似的。有些鏡子則照出非常不同的形狀：單，雙，有時一物變四個，俯、仰、縮短、加長。一物百樣。

光的宇宙論

葛羅塞特斯特(12-13世紀)

《聖名注釋》，VII

此善本身受到神學家讚揚，就像「美麗的」和「美」受讚揚。〔……〕美就是和諧與比例，是所有單獨的局部對其自身、對彼此之間的比例，是一切事物之間的和諧，對一切事物都完全一樣。神是至高的單純，是最偉大的和諧與比例，沒有任何不諧或差異的可能，不但與萬物和諧，也是萬物和諧之源。惡與善不和諧，是無。因此，神即是美，是美麗自身。

自足的比例

葛羅塞特斯特(12-13世紀)

《六日論注釋》

約翰達馬斯尼說：「拿掉光，一切陷入陰影而不為人知，因為它們這就無法顯出它們的美。」因此，光是「一切可見的受造物的美與秩序」。巴塞爾說：「大自然被創造的方式，沒有任何事物比大自然更能使享受它的人如此愉快。神的第一句話從光創造自然，驅走黑暗與憂傷，當下使一切物種快樂歡悅。」光本身就是美的，因為「它本性單純，萬物皆備於光」。因此，光是最和諧的

富拉安吉利科，**處女的加冕**，約1435，佛羅倫斯，烏菲茲美術館

統一與比例，而比例之和諧就是美。於是，即使它沒有具體形式的和諧比例，光也是美，也是最悅目的。因此，光的金色之美因其閃耀煥然而美，星星看來最美，即使我們看不見美如何從局部之組合，或從比例產生，只能看見來自光的輝亮的美。如安布洛斯所言：「光的美不像其他東西那樣在於數學、長度或重量，而在於其面貌。使世界各部分值得讚美的，是光的本身。」

義，光是一切美的原理。光是最悅目的（*maxime delectabilis*），因為透過這個媒介，天上與地上才有如此範圍與多樣的色彩與亮度。光可以從三個觀點來思考：作為光（*lux*），它本身純粹創造力的散布，一切運動之源，它甚至透入地球內部，形成礦物與生命的種子，將星辰之德賦予石頭與礦物。作為傳光體（lumen），它具備明亮的存有，以透明的方式傳過空間。作為色彩或光輝，它由它所照到的半透明物體映現。可見的色彩基本上是在兩種光會合時產生，易言之，透過透明空間而放射的光，使半透明物體裡的光復活。波納文圖談光的美學，喜歡強調其宇宙層面。其實，他論美之作的精華，就是他描述至福靈見與天國之光的部分：在肉身復活而重生的個人身體裡，光將會耀現其四個基本特質：清明——照亮事物；無懈可擊——不受任何事物污腐；靈動，以及穿透力。

阿奎那主張把光還原於其主動特質，這特質來自太陽的實質形式，由透明的物體接受並傳送。這種發光傳光的作用（affectus lucis in diaphano）稱為lumen。也就是說，對波納文圖，光基本上是一種形上的現實，對阿奎那則是一種物理現實，只要思考這些哲學之思，就能了解但丁《天國》裡的光的意義。

林柏格兄弟，**基督受洗**，取自《貝里公爵的富貴》，1411-1416，香提邑，坎德博物館

光的形上學

波納文圖（1217-1274）

《講道》，VI

永恆的太陽以它的光照亮靈魂而榮耀靈魂的時候，那將是何等光輝。享受天國的人歡喜歌唱的時候，那種非比尋常的喜悅是掩不住的。

實質形式

波納文圖（1217-1274）

《名言集四篇注釋》，II, 12, 1., II, 13, 2

光是一切形體的共通本質，無論其為天上的或這世界的。〔……〕光是物體的實質形式，它們只要沾到光，就存有。

但丁與光

但丁（1265-1321）

《天國》，XXX, vv, 97-120

啊上帝的光華！藉這光華我看見
真理之境的崇高勝利。
請賜我力量來述說我所見！
上面有光輝，使每個生靈
都看見造物主，
他們仰望祂，方得詳安寧。
光華以圓形擴伸
擴伸到它的圓周
做太陽的束帶也太大。
它全是光輝
從原動天之頂迴映下來，
從那裡而有生命和力量。
就如山長滿繁花綠草時，
山倒映於山麓的水中，
彷彿顧影欣賞它自己的美，
眼前情景就是如此，
我看見超過千重行列
高高圍圍著光，映之如鏡，
都是從我們凡塵升天者。
如果最低的光層
也能包納這麼大的光，
那麼這朵玫瑰最外面的花瓣
將是何等廣浩！

第 5 章

怪物之美

1. 以美麗刻畫怪物

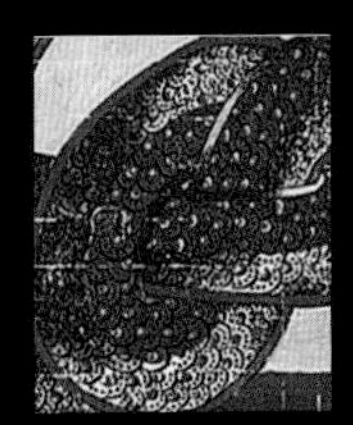

所有文化皆有其美的觀念，亦有其醜的觀念，不過，以考古出土物來說，其中所畫之物在當時是不是真的被視為醜，難以判定：在西方人眼中，其他文化的拜物與面具是可怖、畸形之物，當地人則可能認為其中刻畫著正面價值。

左頁：波希，**塵世樂園**，取自**地獄**，局部，約1506，馬德里，普拉多博物館

瓦檐飾，蛇髮女怪，4世紀BC，拿坡里，國家考古博物館

惡龍、母子、天使長麥可及他的天使，取自《聖黎巴納啟示錄注釋》，斐迪南一世夫婦，MS.Vit.14-2，11世紀，馬德里，國家圖書館

蘇格拉底

柏拉圖(5至4世紀BC)

《饗宴篇》，215-222

我說，他和席林納斯的那些胸像一模一樣，雕塑匠店裡可以看到的，嘴裡咬著笛子，肚子打開來，裡面還藏著小神像。我還說，他也像半人獸馬斯亞斯。你自己也不會否認吧，蘇格拉底，你的臉像個半人獸。〔……〕你們有沒有看見蘇格拉底多麼喜歡美男子？他經常和他們為伍，為他們著迷，又經常一副什麼情況都不知道，什麼事情都無知的樣子。這是他裝出來的樣子。這一點，他不也挺像個席林納斯嗎？當然像，他的面孔就是席林納斯頭像。但是，酒友們，打開他的肚子，那裡面藏著多少節制和清醒！

欠缺

奧維尼的威廉

《善惡論》

我們要說，三隻眼睛的人，或只有一隻眼睛的人，是不悅目的，因為前者不適宜，後者則是缺少適宜。

表現魔鬼

波納文圖(1217-1274)

《名言集四篇注釋》，I, 32. 2

形象或繪畫之美，其指涉模型的方式本身是不值得尊敬的，例如，不能如聖尼古拉之像那樣受尊敬。但是，「美」指涉模型的方式，本身有一種美，不是只有它所表現的主體才有美可言。所以，主體只有一個，美的模式卻有兩種：畫法得當，是一種美，如實表現一個主體，是另一種美。因此，一幅畫如實表現撒旦之邪惡，雖然可憎，畫的本身卻可說是美的。

希臘神話即富於半人半羊的牧神、獨眼巨人、獅頭羊身蛇尾之吐火怪獸、人身牛頭怪，或普利亞波斯(Priapus)之類神怪，凡此皆屬荒怪之物，不合波里克利特斯或普拉克西勒斯所雕作品表現的美。不過，對這些怪物的態度並非盡屬憎惡。柏拉圖在其《對話錄》中頻頻討論美與醜，只是，面對**蘇格拉底**在道德上的偉大，他莞爾以對蘇格拉底的難看長相。自古代以至中世紀，各派美學理論以比例為身體或道德之美的基礎(請比較第三章)，視醜為美之反，視醜為破壞比例規則的一種不和諧，或者，視之為一種**欠缺**，欠缺一個生物天然應該具備的某種東西。不過，也有一點是公認的：世上雖有醜物，藝術卻能以美麗的方式刻畫之，以這種美使醜為人接受。從亞里斯多德到康德，不乏此說之例。進一步來看，問題實甚簡單：自然中的醜令我們退避，但是，在「美麗地」**表現醜**的藝術裡，醜變成可以接受，甚至可悅。不過，將**醜**(或怪)**做美麗的再現**，能令人著迷的程度如何？中世紀人已提出**魔鬼之美麗再現**的問題。這問題在浪漫主義時代強烈重現。

古典時代晚期，尤其基督教時代初期，醜的問題所以轉趨複雜，並非偶然。黑格爾說之甚當，基督教感性及傳達這種感性的藝術降臨，進據核心位置的是痛苦、苦難、死亡、酷刑、地獄，以及受害者與施刑者身體的畸形，主題涉及基督教及迫害基督教者之處尤然。

表現醜

康德

《判斷力批判》，I, 2, 48, 1790

一種自然美是美的東西；藝術美則是將一件東西作美麗的呈現。為了將一種自然美當作自然美，我不必預先對此對象應當是怎麼樣的事物具備一個概念；也就是說，我不須要其材料的目的是什麼，因為使我們產生快感的是其形式本身，而不是我知道它的目的是什麼才有快感。不過，如果這對象是被呈現為一件藝術品，而且應該被界定為美麗的，那麼，由於藝術的目的每每寓於其原因(與因果性)之中，我們必須先有一個這東西是什麼的概念。而由於一件東西的完美來自其內在的多重性與其內在定義一致，因此，對藝術美的任何鑑賞都必須將此物的完美也納入考慮。對自然美本身的鑑賞則完全不用考慮這個層面。在鑑賞有生命的自然對象時，例如人，或一匹馬，固然通常也考慮其客觀的目的，以便判斷其美，但這種判斷已經不是純粹的審美判斷，亦即不再只是品味判斷。自然不再因為它看來是藝術而受判斷，而是以它真的是藝術(雖然是超人類的那種)而受判斷。目的論的判斷成為審美(判斷)必須考慮的基礎和條件。在這樣的情況下，當我們說「有個美麗的女人」，我們實際想到的是，大自然塑造她的方式，使她的形式卓越地表現了女人形體應有的目的。因為我們如果要以合乎邏輯條件的審美判斷來設想一個對象，就必須越過區區形式，抵達一個概念。

美的藝術，其優越性在於，它美麗地描寫在自然裡醜或令不不悦的東西。復仇女神、疾病、戰爭的蹂躪等等，雖是惡事，也能描述得非常美，甚至以圖畫表現。只有一種醜能依照自然的樣子來表現而不破壞一切審美快感，因而也不破

machomet
gola

壞藝術美：亦即，那些令人噁心的東西。這種特殊的感覺純粹倚賴想像，對象被呈現成彷彿我們有義務去享受它，但我們又在猛烈拒斥它：於是，就我們的感覺而論，這對象的呈現和這對象本身的自然不再有所區分，因而不可能被視為美的。

表現痛苦

黑格爾

《美學》，III, 1, c, 1798-1800

上帝生命的真正關鍵點，是他放棄他作為「這個」人的個體存在之時，受難，在十字架上受苦，精神的髑髏地，死亡的折磨。其內容本身隱示，肉體、表相、個體的存在是否定的，因此精神透過感官與主觀特殊性之犧牲，來臻至它自身的真理與天國。就此而論，這個表現領域比古典造型理想都更超脫。一方面，塵世的肉體，與人性的脆弱，事實上由於上帝化身於他們而獲得提升；另方面，這人性與肉體性又是否定的，並且透過受難而顯現，在古典理想裡，則它與精神、實質之間的和諧並未絲毫減損。希臘之美的形式不能用來刻畫基督頭戴荊冠遭受鞭打，拖著十字架前往酷刑折磨之地，釘上十字架，在漫長殉難的痛苦裡死去。

但這些情況的神聖性，其深邃性，受難作為精神永恆一刻的無限性，以及神聖的鎮定與認命，使這些情況有了優越性。這個人物周圍站著朋友和敵人。甚至這些朋友也不是理想，而是特殊的個人，是被精神的衝動引向基督的平凡人；但那些敵人，他們由於與上帝對立，譴責、嘲笑、犧牲他，將他釘十字架，因此被表現為內心邪惡，內心邪惡、敵視上帝，表現於外在就是醜惡、粗糙、野蠻、暴戾，身形是畸形的。在這方面，非美被表現為一個必要階段，古典的審美觀就不是如此。

達摩迪納，**地獄**，局部，約1410，波隆納，聖彼特洛尼歐教堂

審美地獄

羅森克蘭

《醜的美學》，導論，1852

研究人心的名家曾投身可怖的惡之深淵，描述他們在那黑暗裡遇到的可怕人物。大詩人，如但丁，寫這些人物尤其精采；畫家如歐卡納、米開朗基羅、魯本斯與柯奈流斯，將他們擺在我們眼前，音樂家，如史佛爾，則讓我們聽見那沈淪地獄的殘忍聲音，惡人在那裡吼出他們精神上的所有不和諧。不但倫理、宗教上有地獄，美學上也有。我們沈入邪惡、罪孽，也沈入醜惡。沒有形狀的與畸形的、粗俗的與殘忍的恐怖，化身為無數人圍著我們，從侏儒到那些巨大的畸形，帶著地獄般的邪惡看著我們，咬牙切齒。我們希望下去看看的，就是這個審美地獄。下此地獄，則不可能不同時進入惡之地獄，真實的地獄，因為至醜之醜不是大自然裡令我們憎惡的醜：沼澤、扭曲的樹、蠑螈、蟾蜍、睜著骨凸凸的眼睛瞪著我們的海中怪物、厚皮動物、老鼠、人猿，而是那以奸詭膚淺的行事，以陰沈的眼神、以罪行表現其愚蠢的自我主義。〔……〕醜惡是一個相對觀念，只能相對於另一個觀念才能了解。此理不難明白。這另一個觀念就是美：醜只因為美，才存在，美是其正面。無美即無醜，因為後者只因為是前者之否定，所以存在。美是本初的神意，醜是一種否定，只有次級的存在。並不是說美的東西因為是美的，所以同時也可能醜，而是說，構成美之必然性的那些特質被轉入其反面。

美與醜有親切的關係，意思是，前者的自毀是後者也會自我否定的可能性的基礎：因為，以醜是美的否定而存在這一層次而論，醜可能回復與美的統一而消解其矛盾。在此過程中，美顯示它是一種制伏醜的反叛的力量。由此和解之中，生出無限安詳，引得我們微笑和暢笑。醜在這裡擺脫其混雜、自私的本性，認知自己的無力，而生喜劇感。喜劇內在往往含有一股朝向純粹、單純理想的負面衝動；在喜劇裡，這負面被化成無有。喜劇有一個正面的理想，因為它的負面表現消失。〔……〕

但是，醜是相對的，因為它不能以自

右頁：林柏格兄弟，**地獄**，取自《貝里公爵的富貴》，1411-1416，香提邑，坎德博物館

身為衡量尺度，只有美才是衡量它的尺度。日常生活裡，人人自隨其品味，一人認為美的事物，另一人可能認為醜，反之亦然。但是，如果我們想將這偶然的審美／經驗性質提升以超越其缺乏確定性與清明性的層次，我們必須使之受批評，置之於至高原則之光底下。俗成之美的領域，時尚的領域，充滿如果以美的理念來判斷，只能界定為醜的現象，但這些現象一時卻被視為美。並非因為它們自身即美，而是只因時代精神認為這些形式是其特殊性格的充分表達，並且因此而習慣它們。時代精神最常與時尚彼此呼應：在這裡，連醜也可能被視為適當的表現手段。過去的時尚，尤其最近的過去的時尚，通常被視為醜或可笑，這是因為感性的轉移只可能靠對立來發展。四裔賓服的羅馬共和國，其公民習慣刮鬍鬚。凱撒與奧古斯都都不留鬍子，直到浪漫的哈德良時代，帝國日益屈服蠻族支配，長鬍鬚始成時尚，彷彿羅馬人意識到自己軟弱，冀圖以此讓自己相信自己仍然雄武。

2. 傳說中的畸怪生物

醜另外有其吸引人的緣由。希臘化時代，異域殊方接觸日增，有接觸則有描述，那些描述有的用意明顯在述異誌奇，有的則自稱科學。前者之例有第十世紀風行西方的《亞歷山大傳奇》（*Romance of Alexander*），以想像之筆，記述亞歷山大大帝之旅，但有人追溯此書起源，上及卡里斯提尼斯(Callisthenes)、亞里斯多德、伊索，有人則堅稱此作最早的文本出自基督教第一世紀。

世界地圖，取自《聖黎巴納啟示錄》，11世紀，歐斯瑪市，大教堂檔案(右側為遙遠國度以巨足遮蔭之人)

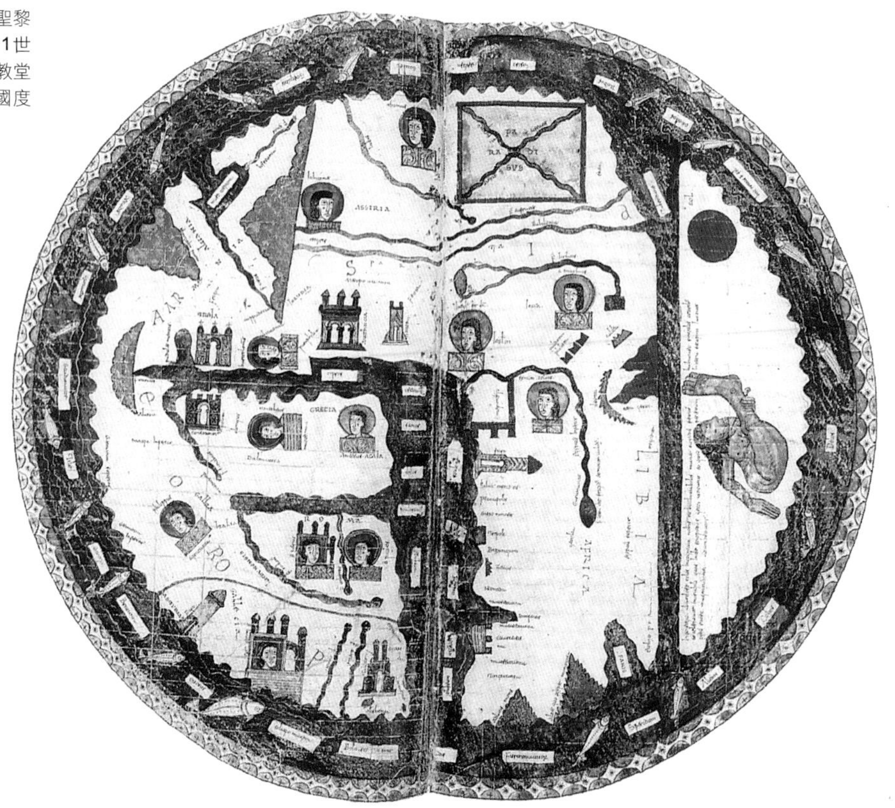

紐倫堡紀事，局部，15世紀，米蘭，私人收藏

後者之例，包括老普利尼(Pliny the Elder)那部有當代智慧百科全書之譽的《自然歷史》(*Natural History*)。這類著作裡，可以看見後來中世紀動物寓言所寫形狀怪異的人與動物。此類文字，由公元第二至第五世紀之間所寫《自然史》(*Physiologus*)開其端，繼而流布於中世紀各種百科全書，甚至出現於更後來的旅行家筆下。

於是，我們看見半人半羊；眼睛在肩膀，胸有二孔，一孔為鼻，一孔為嘴；陰陽體：一個女性乳房，兩種性器官；衣索匹亞有人行走如綿羊；有人嘴為一小孔，以稻管自餵；無嘴，以氣味為食；無頭，眼、嘴在胸部；人首馬身；獨角獸；獅頭、龍尾、羊身怪；獨眼巨人；狗

半人半羊

作者不詳(13世紀)

《怪物誌》

世界初曉之時，半人半羊出自遠古牧羊人，住在後來羅馬建城之地。詩人嘗詠其事。

今天，半人半羊生於樹皮與樹身之間的蟲；他們爬到地上，長翅膀，又失翅膀。然後他們變成野人，詩人作有很多以他們為題材的詩篇。

〔……〕

所以，半羊人是森林居民，他們所以被稱為faun，是因為他們能fantur，也就是有預言未來之能。他們自首至臍是人形，有雙角，角彎曲至鼻而遮頭面。四肢，下至足部，形如山羊。詩人魯坎引述希臘傳說，在其詩中說，半人羊與其他無數野地動物都受奧菲斯的琴聲吸引。

陰陽同體

作者不詳(13世紀)

《怪物誌》

這些令人難以置信的東西之間，有個族類是雙性族，右乳是男乳，工作無礙，左乳是女乳，用以哺乳子女。有人說他們自己和自己性交而繁衍後代。

頭怪；野豬牙、牛尾女；鷹首獅獅身怪；直腿、無膝、馬蹄、陽具在胸；下唇巨大，睡眠時以此唇覆頭；騾身、鹿尾、獅胸獅腿、馬蹄、叉角、嘴自一耳開至另一耳、半人聲、齒非排列而是單單一骨；三排牙齒、獅身、蠍尾、淡藍眼睛、血色面孔、蛇聲；耳垂過膝；長頭、巨足、鋸狀雙臂；長年與鶴戰爭、37吋高、至多只活七年、婚後六月生育的小矮人；人首、鉤鼻、雙角、羊身怪；高冠蛇，以足行走、嘴常半開、毒汁自喉間滴出；大如灰狗之鼠，捕之當用狗，因為貓無其奈何；以手行走之人；膝行、各足八趾之人；額前兩眼、腦後兩眼之人；睪丸巨大及膝之人；以及單足人，奔跑極速，睡眠時舉其巨足為篷。

凡此傳說中之生物，都異常畸形，遍見泥金手抄本、廊柱雕刻及羅馬式修道院柱頭，以及更後來的作品與印刷物。

中世紀文化沒有給自己提出這些怪物「美」不美的難題。中世紀人著迷於這些奇物，亦即接下來數世紀人說的異國風物。中世紀晚期，許多旅行家投身尋找新國度，部分即因他們著迷於這些奇物，尋之即使了無所獲，也千方百計自稱有得。例如馬可波羅《遊記》(*Il Milione*)指歐洲人從未之見的犀牛就是傳說中的獨角獸(儘管獨角獸據說色白而優雅，犀牛則望之笨重、巨大且色暗)。

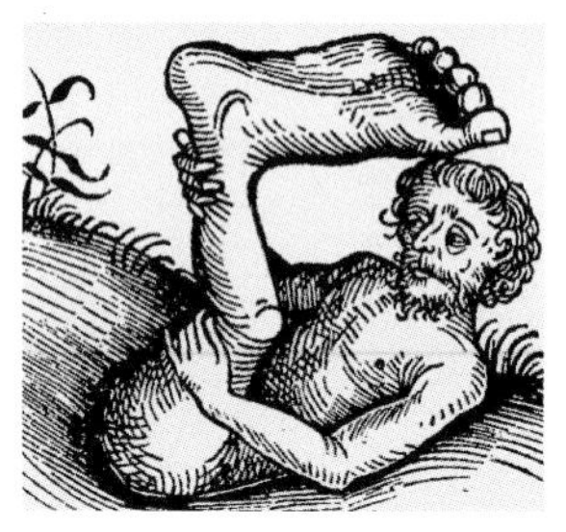

巨足遮蔭人，取自《紐倫堡紀事》，15世紀，米蘭，私人收藏

無嘴人

作者不詳(8世紀)

《怪物誌》

希臘人記載，有一種人異於其他人類，無嘴，因此不能進食。另據其他說法，他們以鼻呼吸而維持不死。

狗頭怪

作者不詳(8世紀)

《怪物誌》

印度有狗頭怪，說話是狗吠聲，吠聲與說話混雜。他們吃肉，不像人類，而是如動物般生食。

怪物噬人，聖皮耶教堂柱頭，秀維尼，12世紀

侏儒

作者不詳(8世紀)

《怪物誌》

有人提及一個陰暗的族類，住在山間的岩穴與峽谷裡。他們直立只有數腕尺高，據說他們收成時必須死命與鶴作戰，以防鶴劫掠作物。希臘文稱他們為pigmy，就是「腕尺」之意。

巨足遮蔭人

作者不詳(8世紀)

《怪物誌》

還有人提到希臘人說的巨足遮蔭族，因為他們躺下，舉足遮避烈日。他們奔跑極快，只有一腿一足：膝蓋關節僵固，不能彎伸。

大師波西考德，泥金手抄本，見馬可波羅，《寰宇誌奇》（《馬可波羅遊記》）製作者。約1410。巴黎，法蘭西國家圖書館

獨角獸

馬可波羅

《遊記》，CXLIII

離開此地，即至巴思馬國境：亦為獨立國，自有語言，居民生活如動物，奉大汗為宗主，以地處遼遠，大汗難以遣人至此，而不納貢，但仍不時委由經過之旅人向大汗貢獻異物，尤其某種特殊的黑色蒼鷹。國中多野象與獨角獸，獨角獸遠小於象，毛似野牛，蹄類象，額頭中央有一巨大黑角，唯傷人不以角，而以舌與膝。舌上有尖刺甚利，攻擊時以膝踐踏敵物，繼以其舌傷之。頭類野豬，常低垂向地。性喜嬉玩於泥淖之中。此獸貌絕醜，吾國盛傳處女可以擒之，絕非實情。

3. 普遍象徵系統如何處理「醜」

不過，當時的神秘主義神學思想總也必須解釋，為什麼世界上有這些怪物。解法有二。一是將怪物納入普遍象徵的大傳統之中。依照聖保羅的格言，我們以“in aenigmate”之道觀看超自然事物，亦即觀之以言近指遠的、象徵的形式。由此出發，就會認為一切世上之物，無論動物、植物或礦物，都有道德內涵(因為它教我們美德與悖德之理)，或者，凡物皆有其寓意，亦即它透過它的形態或成分來象徵超自然理念。因此，除了似乎偏愛奇妙異常之物的動物寓言，如《誌怪搜奇錄》(*Liber de monstrorum diversi generibus*)之類，我們從上文提過的

普遍象徵

聖維克多的修伊

《聖經與文字》，sac., V

有人說，意義應依字面來解釋，有人說當索之於寓意。根據歷史，獅子意指一種動物，依據寓意，則獅子意指基督：因此，「獅」字意指基督。我這就請你證明獅子為何意指基督。你也許多像一般人，答說，因為這個明喻與此意義相適；因為獅子張眼睡覺；所以獅子意指基督，因為基督張眼睡覺。好，你說了，此字意指基督，因為他張眼睡覺。所以，你不是取消你這個句子，就是改變你提出的理由。要嘛你所說「獅子這字意指基督」的句子為偽，要嘛你所提理由——用以支持因為基督張眼睡覺，所以獅子意指基督——不恰當。張眼睡覺的可不是這個字，而是這個字所指的動物。所以，一個人說，獅子意指基督，他意思是，那動物本身，而非那個字，意指基督。所以，你不知文字，就不可自誇熟知聖經。不知文字，就不知道文字意何所指，及文字有何含義。〔……〕是故，文字意指之事物是精神智慧之符徵的時候，它們如何能是符徵，如果你不曾看過這些事物？不想墜落危崖，就別亂跳。循直線行事之人，行事井然。

我們如此說法，用意在警告讀者不要排斥這些第一概念。讀者也不應鄙視聖經透過文字的第一意義置於我們面前的事物的知識，因為這些與聖靈刻畫為精神智慧之擬象的事物是相同的，以協助那些只能以現世、有形事物來接近無形事物的人。聖靈透過這些擬象，清楚呈現必須以精神方式來了解的事物。因為，假如像這些人所說，我們從文字立刻進到精神智慧，那麼，聖靈將事物擬象包含於聖經，以便精神透過聖經到精神事物，豈非白費工夫。至於上帝本身的智慧，如果不透過具體事物，永遠沒有任何心智可能領悟它。

《自然史》開始就看見，道德化的動物寓言裡，不但每種已知動物，連傳說中的怪物也都有其神秘與道德教訓。

以此視之，怪物入於上帝的神意計畫之中，如里爾的艾蘭(Alain de Lille)所言，世上萬物無一而非生命與死亡的鏡子，是我們當下與未來命運的鏡子。然而如果上帝將怪物納入其計畫之中，怪物如何可能是「怪」，並且潛入宇宙的和諧之中，成為混亂與畸形之源？聖奧古斯丁的《上帝之城》有一段處理這個問題：怪物亦屬神聖，也是神意所造的自然秩序的一部分。

中世紀許多神秘主義者、神學家、哲學家致力解釋，在宇宙和諧的偉大交響樂裡，怪物如何助成整體之美，雖然它們純粹是以反襯之道為之(有如圖畫中的顏色層次與明暗法)。毛魯斯(Rabanus Maurus)主

教堂浮雕
葛洛皮納，聖彼特洛教堂，12世紀

道德意義

作者不詳(12世紀)

《劍橋動物寓言》

鱷魚起源於尼羅河，其名稱其泛黃之色crocean，是兩棲四足動物，通常20腕尺長，利牙利爪，皮極硬，以任何石頭擊之，都不留刮痕，即使以猛力擲石亦然。日間蹲踞地面，夜間入水，生蛋於沙中，雌雄輪流遮護。有硬甲殼與鋸齒狀鱗片之魚，能破其軟腹而置之死地。滿面皺紋的老妓女以鱷魚糞敷臉，能暫時改善容色，至糞為汗水洗去為止。鱷魚乃偽善之象徵，放肆且貪婪，內心深染驕傲，為慾所污，為貪所腐，但人前步態嚴肅，儼然誠實守法之良民。鱷魚性喜潛伏於陸地，潛行於水下，正猶偽君子生活墮落放蕩，卻喜模仿聖人，作誠實狀。偽君子自知軟弱，卻拍胸叫道「是我不對」，然後故習不改，繼續邪惡。此外，鱷魚能擺動其口鼻部，也令人想到偽君子之浮誇，人前裝模作樣，滿口聖經，實則完全有口無心。

道德化的動物寓言

無名作者(2至3世紀)

《自然史》

聖經〈詩篇〉說，「我的號角你將高舉如獨角獸之角」(92：10)。博物誌說獨角獸如此：這是一種小動物，如兒童，而極兇猛。其力量異常之大，獵人不可近，其獨角生於頭中間。如何獵捕此物？示之以純潔處女，此獸躍至處女胸上，她撫慰之，領之前往王宮。獨角獸是救主的象徵，「在他僕人大衛家中，舉起拯救之角」(路加福音，1：69)。天使與有權者不能統治他，他住在真理的、純潔的處女馬利亞子宮裡，「道成肉身，住在我們中間」(約翰福音，1：14)。

克里維利，**天使長麥可**，聖多米尼克多聯屏風，阿斯科利皮契諾市，1476，倫敦，國家藝廊

啓示錄：七頭龍被投入地獄，約1230，劍橋，三一學院

張，怪物起源神意，因此不違自然，只是不合我們所習慣的自然。"Portenta"意指一物是另一更優越事物之符徵，有別於"portentuosa"，後者是小而偶然的突變，例如人生而六指，這些突變來自一種物質上的缺陷，並非秉承神意而來。

4. 將「醜」視為美的一個條件

據傳為哈爾斯的亞歷山大(Alexander of Hales)所著《總論》(*Summa*)說，宇宙是一個整體，看宇宙須觀其整體，陰影的貢獻是使光更明亮，是故，置於宇宙大秩序的架構之中，即本身可以視為醜之物亦顯其美。美的是這一秩序的整體，然則由此觀點視之，醜怪亦以有助此一秩序之平衡而得救。奧維尼的威廉(William of Auvergne)說，變化增益宇宙之美，故令人不悅之物，包括怪物，亦為宇宙秩序所需。

另一方面，大多數持論從嚴者指責藝術家喜歡刻畫怪物，但他們自己也無法抗拒怪物的吸引力。聖伯納一篇著名文字可以為證。聖伯納力斥教堂裝飾過度，深非教堂裝飾耽溺於刻畫怪物，但他卻以譴責之語，抒醉心之情。於是，怪物兼受愛恨與迎拒，在文學與繪畫上占有日益重要的位置，從但丁寫地獄，到波希(Bosch)的晚期畫作，皆是。下逮數世紀後的頹廢浪漫主義時期，筆端毫末才明白承認恐怖事物之魅力與魔鬼之美，不再偽善。

天使縛魔鬼於深淵，取自《聖黎巴納的啟示錄注釋》，斐迪南一世夫婦泥金抄本，MS,Vit.14.2，11世紀，馬德里，國家圖書館

老布魯蓋爾，**叛逆天使之覆滅**，1562，布魯塞爾美術館

教會裡的怪物

聖伯納(12世紀)

《為威廉院長辯護》

在修道士讀聖經的修道院，那可笑的怪誕，那畸形，有何容身之地？那些污穢的猿猴在那裡做什麼？或兇猛的獅子，醜怪的人首馬身怪，半人獸，毛色斑駁的老虎，戰場的士兵，吹號角的獵人？一個頭，許多身體，一個身體，許多頭。這邊，你看到一隻馬首羊身獸，那裡，一隻長角的馬身怪。總之，到處盡是這些千形萬狀的奇怪東西，端詳這些大理石，比念聖經抄本更見樂趣，竟日一個個欣賞，比沈思上帝的清規戒律還愜意。

怪亂得救

哈爾斯的亞歷山大

《神學總論》，II

惡是畸形的。〔……〕不過，由於惡來自善，因此，說惡對善有貢獻，是有道理的。也因此，惡擺在萬物秩序內部，有人說是美麗的。它不是絕對意義上的美，而是置於秩序內部而美；其實，說「秩序本身是美的」，比較得當。

上：波希，**塵世樂園，塵世天國**，約1506。馬德里，普拉多博物館

右頁：波希，**塵世樂園，地獄**，約1506，馬德里，普拉多博物館

5. 醜：天然的好奇心

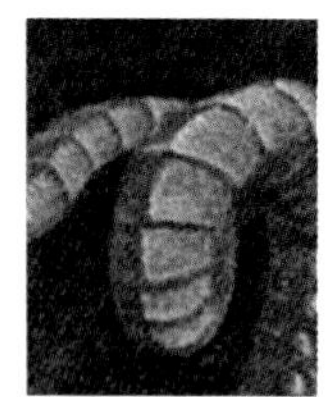

自中世紀至近代，對怪物的態度有了改變。十六至十七世紀間，醫師如巴雷(Ambroise Paré)，物理學家如阿多洛凡迪(Ulisse Aldrovandi)與瓊斯頓(John Johnston)，奇物與骨董收藏家如基爾克(Athanasius Kircher)與秀特(Caspar Schott)，都著迷於某些傳統物事，其文章除了列舉畸形事物，也羅列女妖、噴火龍等怪物。

不過，此時怪物已失去象徵力量，變成自然界令人好奇之物。問題不再是人應該以美或醜視之，而是要去研究其形態，有時還須兼及其解剖學構造。觀察標準仍有玄想成分，但已具科學性，不再是神秘主義式的興趣，而是自然主義式。當時的收藏，我們今天以幻想怪念目之，但當代人為之著迷，因為自然世界尚待充分探索，而它們透露了那個世界的種種神秘。

阿多洛凡迪，**非洲畸形動物**，見《怪物誌》，1642，波隆納

基爾克，**噴火龍**，見《地下世界》，1665，阿姆斯特丹

烏奇洛，**聖喬治屠龍**，1470，倫敦，國家藝廊

里格奇，**帶角毒蛇與阿維西納毒蛇**，1590，佛羅倫斯，版畫博物館

從田園到天使般的女性

1. 神聖與世俗之愛

中世紀哲學家、神學家及神秘主義者談美，甚少觸及女性美，他們都是教會中人，加上中世紀的道德主義，因而他們不信任肉體之樂。他們不能不承認聖經文字，遂以寓言象徵詮釋《雅歌》(*The Song of Songs*)。以字面言之，《雅歌》是配偶歌頌他眼見於其所愛之美。

因此，教條文章中，也可以看出一種並未完全為說教文字所掩的感性。佛洛伊的修伊(Hugh of Fouilloy)一段文章足證此點，他在以「雅歌」為題 的講道中告訴我們，女性的胸部是何模樣：「胸部挺突，小而微豐……收斂而非擠促，微束而不亂盪，斯之謂美。」此處所言之美，觀念與騎士傳奇故事插畫中之淑女，乃至許多抱子聖母雕像，皆可並看，聖母馬甲收束，端莊掩抑胸脯，一如當時許多淑女之衣著規矩。

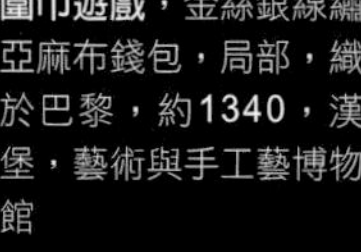

圍巾遊戲，金絲銀線繡亞麻布錢包，局部，織於巴黎，約1340，漢堡，藝術與手工藝博物館

右頁：梅姆林，**大衛與拔示巴**，局部，約1485-1490，斯圖加特，國家藝廊

你真美麗

所羅門(10世紀BC)
《雅歌》

我的佳偶，你甚美
麗，你甚美麗！
你的眼在帕子內好像鴿子眼。
你的頭髮如同山羊群
臥在基列山旁。
你的牙齒如新剪毛的一群母羊，
洗淨上來，個個都有雙生，
沒有一隻不育的。
你的唇好像一條朱紅線；
你的嘴也秀美。
你的兩太陽在帕子內，
如同一塊石榴。
你的頸項好像大衛建造
收藏軍器的高台，
其上懸掛一千盾牌，
都是勇士的藤牌。
你的兩乳好像百合花中
吃草的一對小鹿，
就是母鹿雙生的。
我要往沒藥山和乳香岡去，
直等到天起涼風、
日影飛去的時候回來。
我的佳偶，你全然美麗，
毫無瑕疵！
我的新婦，求你與我
一同離開黎巴嫩，
與我一同離開黎巴嫩。
從亞瑪拿頂，
從示尼珥與黑門頂，
從有獅子的洞，
從有豹子的山往下觀看。
我妹子，我新婦，
你奪了我的心。
你用眼一看，
用你項上的一條金鍊，
奪了我的心！
我妹子，我新婦，
你的愛情何其美，
你的愛情比酒更美！
你膏油的香氣勝過一切香品！
我新婦，你的嘴唇滴蜜，
好像蜂房滴蜜，
你的舌下有蜜，有奶。
你衣服的香氣如黎巴嫩的香氣。
我妹子，我新婦，
乃是關鎖的園，
禁閉的井，封閉的泉源。
你園內所種的結了石榴，
有佳美的果子，
並鳳仙花與哪噠樹。
有哪噠和番紅花，
菖蒲和桂樹，
並各樣乳香木、沒藥、沈香，
與一切上等的果品。
你是園中的泉，活水的井，
從黎巴嫩流下來的溪
水(4, 1-15)。
我的佳偶啊，你美麗如得撒，
秀美如耶路撒冷，
威武如展開旌旗的軍隊。
求你掉轉眼目不看我，
因你的眼目使我驚亂。
你的頭髮如同山羊群
臥在基列山旁。
你的牙齒如一群母羊
洗淨上來，個個都有雙生，
沒有一隻不育的。
你的兩太陽在帕子內，
如同一塊石榴。
有六十王后八十妃嬪，
並有無數的童女。
我的鴿子，我的完全人，
只有這一個是她母親獨生的，
是生養她者所寶愛的。
眾女子見了她就稱她有福；
王后妃嬪見了也讚美她。
那向外觀看、如晨光發現、
美麗如月亮、皎潔如日頭、
威武如展開旌旗軍隊的
是誰呢？(6, 4-10)
王女啊，你的腳在鞋
中何其美好！
你的大腿圓潤，好像美玉，
是巧匠的手做成的。
你的肚臍如圓杯，
不缺調和的酒；
你的腰如一堆麥子，
周圍有百合花。
你的兩乳好像一對小鹿，
就是母鹿雙生的。
你的頸項如象牙台；
你的眼目像希實本、巴
特、拉併門旁的水池；
你的鼻子彷彿大馬士
革的黎巴嫩塔。
你的頭在你身上好像迦密山；
你頭上的髮是紫黑色；
王的心因這下垂的髮綹繫住了。
我所愛的，你何其美好！
何其可悅，使人歡暢喜樂！
你的身量好像棕樹；
你的兩乳如同其上的
果子，纍纍下垂。
我說：我要上這棕
樹，抓住枝子。
願你的兩乳好像葡萄纍纍下垂，
你鼻子的氣味香如蘋果；
你的口如上好的酒。
(新娘)
為我的良人下咽舒暢，
流入睡覺人的嘴中。

(譯文引自聯合聖經公會譯
《聖經：新標點和合本》)

右頁：**聖母攜子**，14世紀，巴黎，中世紀博物館，克魯尼公共浴池

右頁：取自**曼尼西抄本**，泥金插畫，約1300，海德堡大學圖書館

離開教條，我們在流浪學者的詩篇(goliardic verse)裡看到樂趣洋溢的女性美描述，《布蘭詩歌》(*Carmina burana*)即是一例。田園詩亦然，其中多寫學生或騎士邂逅牧羊女而和誘之，成其好事。

但這是中世紀，一個公開讚揚溫順復公開表現殘狠的世界，一個富於道德極嚴之作，兼富於慾情直露之篇的世界，而且不獨薄伽丘(Boccaccio)那些中篇小說為然。

中世紀的官能性

作者不詳(12-13世紀)

《布蘭詩歌》

愛不畏霜雪，愛是深心溫暖之源，能令昏眠冬天中變麻木的東西復活。我受苦痛心，為我引以為榮的創傷而死。啊，但願以甘美的箭傷透我心的她以一吻療我。

她喜悅而可愛的笑容吸引所有目光。她的雙唇，溫柔，肉感又純真，使我滿懷狂喜，當她的吻注我以蜜的甜美；那些時刻，我飄飄欲仙！她的眉頭安詳，潔白似雪，她的眼睛閃亮，秀髮金黃，雙手白逾百合，令我嘆息。〔……〕

少女准許我看她，和她說話，愛撫她，最後，吻她；只缺愛情最終最甜美的目標。不達此目標，她已經賞給我的，只有更加為我熊熊燃燒的慾望再搧慾焰。我靠近了目標一點，我的女孩的甜美眼淚撩撥得我更加難捺，她遲遲疑疑，不打開她童貞之門。我啜飲她甜美的淚，我愈是酣飲，情焰愈熾。

含淚的親吻，滋味更甜，激起我更親密愛撫的念頭。我激情罩頂，慾焰愈烈。柯洛妮德胸脯起伏啜泣，我百般央求，她不聽。我求了再求，她淚上加淚。她說大道理，她呵罵我，看我的眼神有時敵視，有時近於哀求，我求她，撫弄她，她更不聽我請求。我膽子大起來，用強，她用指甲摳我，扯我頭髮，使盡全身力量推我。她緊夾雙膝，不開她童貞之門。我愈來愈用力，直到勝利。我抱緊她，撐開她雙腳，握住她兩腕，熱情吻她，維納斯之國於是開了門。

我們兩個都暢快。我的愛不再推拒我。平靜之後，她連連給我甜如蜜糖的吻。

英俊的馬斯特

薄伽丘(1313-1375)

《十日談》，第三天第一個故事

女住持完全不曉得這些勾當，最後，有個熱天，她湊巧走過菜園，看見馬斯特。到如今，他夜夜猛騎，白天稍微工作就疲累不堪，在一棵杏樹底下仰天睡成個大字，風吹衣開，那話兒露了個十之八九。女住持瞄個清楚，四下無人，她於是也同她底下那些修女一般，隨自己的淫念擺布：她叫醒馬斯特，將他帶到她房裡，一用數日，嘗了又嘗她往常罵得最厲害的那種甜暢，任修女們咕噥園丁怎麼不到園裡上工。最後，她放他回他房裡，但一而再，再而三召他，而且需索超過尋常，馬斯特眼看勢頭不對，心想要是裝啞下去，下場不堪設想。於是，有個夜裡，在女住持房裡，他鬆了舌頭，說：「夫人，一隻公雞對十隻母雞，也輕輕鬆鬆，這我知道，不過，十個男人就是滿足一個女人，也挺吃力，現在我得服事九個女人，已經超過我的本事，再說，我做了那麼多，如今真把力氣給用光了，所以呢，要嘛放我走，要嘛想個法子解決問題吧。」女人聽得此言，呆了一呆，叫道：「怎麼回事？我以為你是啞巴呢。」「其實也沒錯，夫人，只是我並非生來就啞，是生了病不會說話，今晚才恢復過來，我對上帝有說不完的感謝。」夫人信了他，這就問他方才說服事九個女人是何意思。馬斯特一五一十說了，她才明白她所有修女沒有一個不是比她聰明的；要打發馬斯特，又怕他壞了修道院名聲，於是拿定心意，和眾修女安排一個把他留下來的辦法。大家背著彼此幹的勾當既已一清二楚，又正巧管理員幾天前死了，女住持集合眾女商量妥當，徵得馬斯特同意，讓左鄰右舍相信，托祈禱和她們守護神之福，長年不會說話的馬斯楚又會說話了，院裡就讓他做了管家。她們自行另外安排，好教他把她們服事得個個歡喜。從此以後，他生出成群小修士、小修女，卻半點風聲也不曾走漏，直到女住持過世。這時節，馬斯特也上了年紀，有心帶著這些年掙得的錢財回老家去。他表明心意，馬上如願。當初他帶把斧頭出門，歸來卻是人父兼富翁，因為他聰明善用青春，養兒育女 從來分文不費。常言說，修女是基督的新娘，馬斯特證明，基督就是這樣報答把他變烏龜的人。

美麗女人

薄伽丘(1313-1375)

〈詩〉

雪白如東方珍珠
在鮮亮朱紅的寶石之間
一絲天使般的笑容
在兩道深色睫毛之間閃爍
如維納斯與朱夫(Jove)同在
當深紅玫瑰與白色百合
遍撒它們的顏色
而光焰分毫不減：
她金黃的秀髮與髮鬈
在她額頭醞釀一種氛圍
愛情一見，驚奇目眩；
她全身如此，比例勻稱，
她可比真正的天使。

2. 淑女與遊唱詩人

普羅旺斯(Provence)遊唱詩人之詩於十一世紀開其端，布雷頓(Breton)傳奇系統及義大利新風格派(stilnovo)詩人延其緒。凡此篇什，女性美形象皆貞潔、昇華，求之不得，而且每每唯其不可得，故愈求之。關於此一態度，第一種詮釋(特別適用於遊唱詩人之作)是，此乃封建式尊敬之表示：十字軍東征，領主遠行，遊唱詩人(往往是騎士)將其對領主之敬順轉移於領主之夫人，愛慕但尊敬，成為她的侍者兼家臣，並以柏拉圖精神戀愛的方式，誘之以詩。夫人扮演領主的角色，使其以效忠領主之姿，不許親她芳澤。

求之不得

拉德爾(12世紀)

《不會譜曲者，不會歌唱》

不會譜曲的人無法歌唱，
不精文字又不懂韻律的人
不能作詩：
這樣的人凡事難為。
我這樣開始我的歌，
你愈聽，會愈喜歡。

我愛上從來沒見過的她，
除了我永遠見不到的她
沒有別的愛情能令我心歡喜：
沒有其他的喜悦能快我心，
可是我不知道
我會落到何種地步。

我的好運折磨我，令我喪命，
這俘虜一切人的愛之痛楚。
我的肉體將會憔悴，
沒有人給過我這樣的創傷，
我的身體也不曾為什麼打擊如此受苦。
這樣既不美，也不好。
我一進入黑甜鄉
我的靈魂就直飛那兒。
我的痛楚一來，
我就直飛那兒。
當我醒向新的一天，
一切樂趣飛逸無蹤。

我很清楚我永遠不會擁有她，
她永遠不會擁有我，
永遠不會對我盟誓，
也不會如朋友般和我說話：
她不曾對我說真話或假話，
我也說不來她什麼時候會。

曲子甜美，就此結束，
的確作得很美；
所以，知道此曲者
慎勿竄改：
我要奎爾西的柏特蘭德
以及土魯斯伯爵聽到。

維納斯受七個傳奇情人崇拜，佛羅倫斯盤子，傳為聖馬丁師傅作品，約1360，巴黎，羅浮宮

引自《曼西尼抄本》，泥金插畫，約1300，海德堡大學圖書館

另一種詮釋是，遊唱詩人受純淨派(Catharist)異端影響，鄙棄肉體；另一派則認為他們受阿拉伯神秘主義影響，又有一派認為宮廷戀愛(courtly love)是騎士與封建階級由鬥狠與暴力轉向文雅之徵。二十世紀則多心理分析理論，探討宮廷戀愛的內在衝突，男主角對女人既欲又斥，因為她是母性形象的體現，或從另一角度認為，騎士愛上夫人，實為自戀，因為她是他自我形象的反映。

僕從與領主

凡塔多恩(12世紀)

《難怪我歌唱》

難怪，關於
什麼將我的心
吸向愛情，我
比別的詩人更善於吟詠。
心中感受不到愛情濃味的人，
的確是死人一個。
沒有愛情的心，
除了痛苦，還有什麼代價？
我以善良無偽的信心
愛上最美最好的女人。
我心急跳，眼睛淌淚，
因為我愛她，愛得心痛。
我能怎麼辦，如果愛情捕捉了我，
把我扔進這牢裡，
打開牢門的鑰匙是可憐，
而沒有人願意給我這把鑰匙？
全世界的金銀，如果我能給，
我會盡捨，
只要我的女人終於知道
我多麼愛她！
看見她，我一見她
她的眼睛，她的臉，她的容色，
我歡喜又害怕得周身顫抖，
如風中樹葉。
啊，我的好女郎，我別無他求，
只求妳收我為僕從，
我將以高貴的精神服事妳，
不問妳給我什麼賞賜。
看這顆坦直有禮，謙卑又歡喜的人
任妳差遣吧。

3. 淑女與騎士

我們不必涉入歷史的辯論，我們有興趣的是女性美及宮廷戀愛的觀念的發展。宮廷戀愛裡，慾望因被禁而轉熾：淑女使騎士終日首疾而無奈，但他心甘於此。這狀態引生幻想，幻想一種永遠延後的擁有，伊人愈不可得，騎士的慾望愈強烈，並將她的美昇華。對此宮廷戀愛的詮釋未能考慮的一點是，**遊唱詩人**每每並未止步於門檻，騎士也不盡然自制不私通。崔士坦(Tristan)為伊索德(Isolde)神魂顛倒，背叛馬克王(King Mark)。不過，這些激情故事都含有一個觀念，說愛除了感官上的銷魂，還帶來**不幸與後悔**。依照隨後數世紀宮廷戀愛的詮釋，道德軟弱(與情色上的順遂)位居次要，挫折之無限拖長，與慾望之不獲滿足，較為重要。在這拖延裡，女人對其戀人的主宰透露了故事作者的一些受虐狂層面，即激情愈受羞辱，愈益熾烈。

遊唱詩人

作者不詳(13世紀)

你已經聽說過拉姆包特，他如何青雲直上，以及拜誰之賜。現在我要說的是，曼菲拉托子爵封他為騎士時，他愛上女郎瑟雅特麗綺，就是子爵之妹，阿拉瑟絲之姊。

他非常愛她，想要她，可是小心不讓她或別人知道。他逢人稱讚她，為她找到許多朋友，男男女女，遠遠近近。她歡迎他，使他備感殊榮。他對她既慾又怕，不敢求他愛他，也不敢表白。

有一天，他來到她面前，像個被愛情折磨的人，告訴她說，他愛上一位極為可敬的貴婦，與她十分親近，卻不敢表明心意，不敢對她示愛，也不敢求她愛他，因為他懾於她的巨富，以及一切人對她的尊仰。他請求她以上帝與同情之名指點他：他應該打開心胸，表露對她的欲求，還是既怕又愛，沈默至死？

高貴的瑟雅特麗綺聽得拉姆包特此言，而且知道他的愛情欲求(她早已曉得他愛她愛得情思懨懨)，她滿腔同情與愛意，對他說：「每個忠心的朋友，如果他愛一位貴婦，都應該向她表白對她的愛；趁他未死，我勸他讓她知道他對她的愛和欲望，請她接受他當她的僕從兼朋友。我向你保證，這個女人如果明智又知禮，就不會拒人千里，也不會覺得被辱沒。相反，她會更欣賞他，更尊重他。

「我勸你對這位女子打開心胸，讓她看見你對她的欲望，求她收你做她的僕從兼朋友。我看過阿拉札絲夫人，也就是沙魯佐公爵夫人，接受維達爾的追求，柏拉茲公爵夫人接受馬洛伊追求，馬利亞女士接受菲迪特，馬賽夫人接受佛爾格特。所以，我勸你，也授權你，從我說的這番說話，以及我的保證，得到力量，請求她的愛。」

拉姆包特聽了她的忠告和保證，他告訴她，她就是他所愛的女人，她就是他拿來請教她高見的女人。瑟雅特麗綺說，歡迎他，她說，他應該行事高貴，謹言，顯示他配，她願意接受他為她的騎士僕從，他應該盡忠此職。拉姆包特於

獻心，以及**情人向女郎獻銀**，取自《亞歷山大傳奇》插畫，MS. Bodl. 264, 布魯日，葛利斯畫室，1338-1344，牛津，博德利圖書館

是努力在言行上證明他值得她接受，盡量提高她的尊榮。然後，他作了以下這首歌：
愛情要我唯它是從。

不幸與後悔

卡瓦坎提(1250-1300)
《我從未想到心會如此受苦》

我從未想到
心會這麼太息受苦，
也沒想到我靈魂裡泉湧的淚
會在我凝視中成為死亡的鏡子。
自從找到愛我的女郎，
我就不再有片刻安寧，
愛神說：「你活不了了，
這個女人太偉大了。」
我的理智丟下我的心
棄我孤愁無助，
讓這顆心為我的女郎紛亂交戰：
她，以她的眼神傷我，
愛情擊潰了我的精神，
令我的精神飛奔而逃。
我不敢說起這個女子，
因為她的美
沒有任何人的理智受得了，
我們的心智也無法想像她。
她無比高貴，只要想到她，
我的精神就在我心中發抖
彷彿承受不了她的偉大力量。
人們看見我，就說
「瞧這人真可憐，
他半死不活，
在那裡求饒。」
我的女郎不曾留意我已成這樣！
我靈感來時，想以詩
吟唱那顆高貴的心的美德，
卻不知所云，不敢竟篇。
愛神看過她的美，
愛神令我喪氣，每當感覺她來到
我的心承受不了她的身影，
愛神嘆息說，你沒希望了，
因為她的笑容射了一枝利箭
射穿了你的心，把我箭頂走了。
我同你說了，只要看她一次，
你就要生不如死。」
歌呀，你知道，我初見我的女郎時
我涉讀愛情之書而諳了你：
現在，我就信靠你
到她那兒去，好讓她聽見你；
我謙卑央求你
將飛出我心的精神引向她，
由於她無比高貴，
我的精神如果不飛向她
就只有面臨毀滅；
它們獨自去，無伴同行，
它們充滿恐懼。
所以，領它們走安全的路，
當你到了她面前，要說：
「這些精神來了，代表那個
不堪愛情摧殘而死的人。」

4. 詩人與難圓的愛

我們可以說，這種難圓的愛的觀念是浪漫主義就中世紀所作的解釋，而非盡屬中世紀本身的產物。有人說，愛情(永遠不獲滿足的激情、甜美的不幸)「發明」於中世紀，由中世紀進入近代藝術，由詩進入小說，由小說進入抒情歌劇。

看看**拉德爾**(Jaufré Rudel)的故事。事在十二世紀，他是布雷伊郡(Blaye)領主，參加過第二次十字軍。他是不是在那次東征遇見他所欲之對象，已不可考。他所欲對象可能是敘利亞的黎波里(今天在黎巴嫩)的伯爵夫人奧迪爾娜(Odierna)，也可能是她女兒梅莉森妲(Melisenda)。反正，拉德爾愛上了他從未謀面的這位「**遠方的伯爵夫人**」，不能自拔，遂啟程尋人，途中病倒，將死，該女聞有此人，疾赴床前，予他一吻，此人一吻之後氣絕。這件傳奇顯然取材於德拉爾真實生活某些層面，但也汲源他的歌曲。那些歌曲詠唱他如何熱戀一

小死，拉德爾死於的黎波里女爵懷中(*The Small Death, Jaufré Rudel Dies in the Arms of the Countess of Tripoli*)，採自北義大利歌集，13世紀，巴黎，法蘭西國家圖書館

喬夫雷拉德爾

作者不詳(13世紀)

《布雷伊堡的喬夫雷拉德爾》

布雷伊堡的喬夫雷拉德爾是極為高貴的人，有朝聖者從安提奧克回來，他從他們那裡聽說的黎波里女爵的美談，雖然不曾見過她，卻愛上了她。他以她為題，寫了許多歌，曲調甚美，而歌詞平庸。為了看她，他參加十字軍，走海路，在船上生病，被帶到的黎波里，眾人以為他死了，都絕了望。事情傳到女爵耳裡，她來到他床邊，將他擁入懷裡。他明白那是女爵，突然又能說話，能嗅氣味，他開始讚美上帝讓他活著見到她；他就這樣死在她懷中。她為他舉哀，將他安葬於聖殿；就在那天，她為他的死憂傷，當了修女。

遙遠的女爵

拉德爾(12世紀)

〈歌〉

五月裡，白日漸長，
鳥鳴甜美，
如果我遠行
我的思緒就飄向我遠方的愛。
欲望令我憂傷孤愁
鳥囀與開花的山楂
不比冰冷的冬天更令我愉快。

愛神將永遠於我無益
如果我不能享有這遠方的愛。
我不知道還有哪個女人更美更好
無論遠近。
她的才德這麼真，這麼高貴
在那裡，在薩拉森的國度
我將為他身陷桎梏

新的事物，喜悅與哀傷，我願一嘗
只為了看見這位遙遠的愛。
可我不知道何時能見到她
因為我們相隔如此遙遠！
這麼多路，這麼關萬里！
路途遙遙，我無法知道我的命運：
願上帝成全。
喜悅啊，如果我鼓勇請她
在那遙遠的國度收留我；
如果她首肯，我就有托身之所，
在她身邊，雖然我來自遠方。
我將得到慰藉
當我靠近我遙遠的愛人
做高貴的交談。

我知道上帝之言是真的，
我將會看到我遠方的愛；
我等待這一天如等待聖日，
可是我有兩個不幸，她好遙遠。
啊，但願我到那裡朝聖
我的扶杖和我粗陋的衣著
能被她美麗的眼睛親吻。

創造世界，並且
打造這遙遠的愛的上帝：
准許我的心，我這家世良好的心
能很快見到這遙遠的愛：
在真實生活裡，在某個幽靜的庭園或一個使我覺得是
一座新王宮的壯麗花園裡。

我的心真的未曾稍憩，
我渴望這遠方的愛。
我被那喜悅扶持
我想望遙遠之愛的快樂。
可是我的葡萄園釀不出酒來
因為我繼父對我降了咒
令我愛而不得回報。

遙遠國度之愛

拉德爾(12世紀)

〈歌〉

泉源清澈奔流
林中玫瑰翠綠
枝上夜鶯清囀
她甜美的歌
我也加入，誰曰不宜。

遠方的愛，
我的心為妳而疼
我如果不傾聽妳的呼喚
我將無可救藥：
啊，愛情的溫暖與羊毛的柔軟
在花間，或在枕席之間
我的心企求伴侶。
可我永遠無法有她在身邊，
愛之火燒盡了我，
我，從來沒有一個基督徒、猶太人
或薩拉森人比我更高貴。

贏得她的愛的人，
等同以崇高的瑪哪為食
我日夜渴望她
可是奪去了我的太陽
只有喜悅能醫治的這個痛苦
比任何荊刺都銳利。

我沒有紙，只有
請菲洛爾用高明的傳奇音調
唱給雨果先生，
波瓦托、貝里和土圭亞納的人，
以及布列頓人。

海涅

〈羅曼采羅：最後詩作〉，1851

布雷伊堡的牆上
掛著織錦幃
的黎波里女爵
巧手所織。

她將她的心織進去
帶著愛的眼淚
把織錦降咒，
錦上出現這一幕：

上了岸的拉德爾
海邊臨終
得識女爵一面
他每個苦夢裡的臉。

第一也是最後一次
看見女爵的拉德爾
他真正看見
夢裡擁有他的女郎。

女爵俯身向他
懷著愛擁抱他
吻那已無血色的嘴
那張光榮讚美她的嘴。

可是，啊，那一吻
竟成永別之吻
她飲盡那哀傷兼喜悅之杯。

在布雷伊堡，夜裡
織錦上的人
顫抖，窸窣作聲，細語
他們驀然復生。

女郎與遊唱詩人
舉起他們幽靈的四肢
自牆上而下
在夜廊漫步。

甜蜜的玩笑，輕聲低語，貼心話，以及遊唱詩人

個他從未識面，只嘗夢見的美人。

拉德爾之事，就是歌頌不可能之愛的著例。此愛不可能，亦正合他意，此所以他令後世浪漫主義者神馳，遠過於其他任何詩人。取其作品與**海涅**(Heinrich Heine)、**卡杜奇**(Giosuè Carducci)、**羅斯坦**(Edmond Rostand)之作並觀，饒富趣味，三人在十九世紀採擷拉德爾之作，幾乎逐字援用，將拉德爾變成一則浪漫主義傳奇。

當然也是遊唱詩人影響所致，義大利新風格(stilnovo)詩人將此主題重新經營，將壓抑肉慾的經驗轉化成一種神秘主義心態。這方面，新風格詩人筆下理想的**天使般的女性**(*donna angelicata*)產生無數詮釋，有

喜歡著墨的
殷勤禮數。
「哦，喬夫雷！
這顆死去的心聽你說話就暖和，
在早已熄滅的灰燼
我感覺火在迸發。」

「梅麗桑妲！ 喜悅和花！
在妳眼裡我復活
死去的只是我的憂傷
和我的肉體之痛。」

「啊，喬夫雷！我們曾愛
如在夢中，如今在死亡裡
我們相愛：愛神
判定要發生這奇蹟。」

「梅麗桑妲！什麼是夢，
什麼是死亡？都是空話
真理只在愛情裡，
而我愛妳，啊永遠美麗的！」

「啊，喬夫雷！那
柔情的月光多甜美！
我寧願
不要回到五月晴和的太陽下。」

「梅麗桑妲！ 甜蜜的，可喜的，
妳就是太陽和光
妳經過之處就是春天
五月和愛的化身。」

兩個溫文的鬼
上下漫步說話
月光透過拱門
傾耳而聽。

直到黎明來到
溫文的幽靈
驚魂不定
趕回織錦裡。

卡杜奇

〈拉德爾〉，1888

從黎巴嫩，新晨
在海上玫瑰紅波動
當十字軍的船
從塞浦路斯揚帆。
在船尾發高燒喘氣
躺著布雷伊堡的拉德爾
他想看一眼
的黎波里高聳的城堡。

亞洲海岸映入眼簾
歌聲揚起
「來自一個遠方的愛，
我的心為妳而疼。」
一隻灰色魚狗飛過
帶走這甜美的哀嘆，
白帆上方
雲蔽日。

檣帆捲起，船
在平靜的港裡下錨

柏特倫取道上山
他著布雷伊盾牌
以喪布包著
他快步前往城堡
尋找梅麗桑妲
的黎波里女爵。

我是愛情的使者
我是死神的使者
我來自布雷伊堡主
拉德爾
他聽聞妳的消息
他愛妳，歌詠妳
他來在此地，行將終命
女士，那位忠心的詩人向妳問安。

女郎目注這位隨侍良久
以憂傷的目光。
她起身，以黑紗蒙上
那張有星亮眼睛的臉；
「年輕人，」她說，「我們走吧，
喬夫雷在何處行將終命？」
前句話是真心應命
後句是愛的語言。

精緻的涼亭底下
喬夫雷躺在岸上。
在他所作的柔情詩歌裡
升起他的至高願意望：
「主啊，你判給我

這遠方的愛，
願你讓我在她溫柔一觸之下
吸進我最後一口氣！」

跟著可靠的柏特倫
及時來了他祈求的女人，
聽見這絕命之音，
感動不已，她站在門檻上；
但很快地，以顫抖的手
她拉開面紗露出
她的臉；對委頓無狀的愛人，
「喬夫雷，」她說，「我來了。」

轉頭，撐起身子
在厚毯子上，喬夫雷
定定目注那張絕美的臉，
邊看，邊太息。
「這就是在我遙想裡
答應給我愛的眼睛嗎？
這就是我的美夢飛去
尋找的面龐嗎？」

就這樣，在一個五月之夜
月亮以其銀光灑遍
生命跳動的世界；
那寧靜的美
似乎像一種
神聖的甜蜜
注入這
瀕死者的心中。

女爵，生命是什麼？
一個稍縱即逝的夢影。
短短的故事結束了，
真正不死的是愛情。
向這位受苦的人
展開雙臂吧。
以一吻
讚美這瀕死的精神。

女郎俯向蒼白的愛人
彎身擁他入懷
三次向那顫抖的雙唇
她印上愛之吻。
從那無雲的天空，太陽
含笑照在她飄垂的
金色髮波上
將死去的詩人罩在亮光裡。

羅斯坦德

〈遙遠的女爵〉，1895

嘆望一個已訂婚的人
無令金髮、栗髮或褐髮，
如果無論金髮或褐髮
都開口便有，
這並不是什麼鴻福大運。
可是我愛一個遠方的女爵！

當你可以
吻她的秀髮，握住
一隻大方伸出的手，
這時，繼續愛
有什麼值得稱讚？
而我，我愛那遠方的女爵！

愛一個不愛你的人
愛一個名聲脆弱的美女，
而不帶
賭博的恐懼
這是多崇高的故事。
而我愛一個遠方的女爵！

去愛，去發明一位女王，
無論何其虛幻，
是一件神聖的事。
我們只關心這夢，
沒有這個的夢，一切停止。
而我愛那位遠方的女爵！

天使般的女人

吉亞尼(13世紀)

〈天使般的人〉

天使般的身影
再度從天國降臨
來施予你福分，
至高的愛神
將你充滿他所有英德。
你的心放出情感，
透過你的眼睛
給我創傷，
當我看見你充滿愛的臉；
進入我的眼睛
以如此靈捷的速度
以至我的心與靈魂
急急奔逃，心驚異，
靈魂帶著恐懼；
當它們感覺到這情感
大步接近，並且
感覺到這突然震動的力量，
它們擔心，那一刻
死神就要來了。
等到我的靈魂恢復力量，它
呼喚我的心，
吶喊道：「你死了嗎，
也許，
因為我聽不見你跳動。」
我的心，我奄奄一息的心
(孤獨、悽愴，沒有安慰
劇烈顫抖，欲語無力)回答：
「啊，靈魂，救救我，
帶我回去理智之塔。」
於是，兩個一道
回去心被逐出之處。
那一剎那，我的心
變成石頭，
我好像不復活生生，
當我感覺我的心正在痛苦而死；
每次搏動，它都一再說：
啊，可愛的愛情
我從沒想到
你會對我如此無情！
你對我何其殘忍，何其罪過，
而我是你如此的忠僕！
你如果再折磨我，
什麼樣的回報對我都將無用了。

碧雅特麗切

但丁(1265-1321)

《新生》，II(1292-1293)

我第一次看見我心中這位榮耀的女人時，明亮的天體從我出生後第九度返回原地，許多人知道她是碧雅特麗切，雖然他們並不知道這名字的意義。在這世界上，她已活了綴滿眾星的天宇東移二十分之一度的時間，所以，她首次出現在我面前，而我看見她

但丁與碧雅特麗切，在天國，Cod.Marc. It. IX. 276，15世紀，威尼斯，馬奇亞納圖書館

次頁：羅塞蒂，**但丁的夢**，1871，利物浦，華克藝廊

說他們屬於異端的愛情信徒，以及他們所持的女性理想實為以寓言掩飾其複雜的哲學與神秘主義觀念。不過，我們不必追隨這些詮釋，也能了解，但丁所寫天使般的女性確非壓抑之慾或無限延後滿足之慾的對象，而是救贖之路，升向上帝之途；不再代表一個犯錯、罪孽或背叛的機會，而是一條走向更高性靈之道。

我們必須依此理路，追蹤但丁筆下碧雅特麗切(Beatrice)的轉變。在《新生》(*Vita nuova*)裡，她仍是慾愛激情的對象，屬於貞潔一類，

時，她剛轉九歲。她一身朱紅，最高貴的顏色，謙虛而富於美德；束帶和裝飾與她的年紀兩相和諧。那一剎那，說真的，我內心最隱密之處的生命火花開始顫抖，顫抖那麼劇烈，連我的心最輕微的搏動也猛烈得可怕，它顫聲吐出這句話：「看，一個比我強大的神，他將會來統治我了。」
那一刻，我的動物精神，它這麼說：「你的至福出現了。」那時，自然精神，也就是處理我們的養分的部分，開始啜泣，嗚咽著說：「啊，我要糟了，從今以後，我將煩惱經常。」從那時起，愛主宰我的靈魂。〔……〕他多次命我這個最青春的天使，凝視她；因此，我在童年時代許多次尋找她，見她舉止如此高貴可佩，真的可以用荷馬的話來形容她：「她彷彿不是凡人之女，而是神的女兒。」她無時不在我念中的形象雖然是愛用來主宰我的巧計，但這形象的美德如此高貴，愛主宰我，都加上理智的忠實意見。不過，老是提我早年的情感和形式，可能耽於幻想，因此我省掉許多事，談談銘刻於我記憶中等比較重要的事。

如此優雅

但丁(1265-1321)

《新生》，XXVI(1292-1321)

我的女郎和別人打招呼時
如此優雅，如此美德洋溢
所有舌頭都顫抖噤聲，

Quomodo
sedet
sola
Civitas

她之亡故令詩人哀傷不能自拔。到了《神曲》(*Divine Comedy*)，她已是唯一能令但丁上達而靜觀上帝的女性。但丁當然並未停止讚揚她的美，但這美到此已經整個精神化，漸染天國風調，與天使之美融合為一。

不過，新風格派天使般的女性理想，在頹廢運動(Decadent movement，請參考第八章)前夕，重現於**先拉斐爾派**(Pre-Raphaelite school)充滿曖昧宗教性，神秘肉慾與肉慾神秘的氣氛之中。 先拉斐爾派想像(並刻畫)的但丁式女性透明、精神化，卻渾身病態慾感；現在她們變得更加秀色可慾，因為天國的榮光或死亡已使她們擺脫其情人那種陰鬱悶騷的情色衝動。

沒有眼睛敢看她。
她經過，聽見他們的讚美，
那麼溫良謙卑；
彷彿是天國派她
來人間顯示一個奇蹟。
對看見她的人
她無比悅目，
透過眼睛
她的甜美進入人心，
你感覺到了，就會相信：
從她雙唇，似乎
有個甜美的精神發出，
充滿了愛，
對靈魂說：嘆息吧。

精神化的美

但丁(1265-1321)

〈天國〉，XXIII, vv. 1-34

就像一隻鳥，在所愛的枝葉間
靜顧她巢裡溫馨的幼雛，
幽棲竟夜，掩藏一切。
為了長睹幼雛的模樣，
尋覓滋養牠們的食物，
那是她愛憐以赴的勞苦，
她期待枝葉透光的時分
熱切等待太陽，
望眼欲穿旦兮破曉。
我的女郎就是如此
佇立而警醒，面向那一方，
底下，太陽從容而行。
眼望著她，我心憂而遐想，
像一個人渴望一件事物，
希望渴思獲得滿足。
但是，由此想到彼想，片刻而已。
我期待之際，只見
天際愈來愈光彩輝亮。
碧雅特麗切呼道：「看那
基督勝利大軍的行進，
諸天旋轉而收成的全部果實！」
我只覺她滿面火般的紅光，
滿目洋溢著狂喜，那神情
我無以名狀，藏拙不表。
就如安詳的滿月之夜，
特麗維雅微笑於
布滿天宇的永恆仙女之間，
我看見千燈萬燈之上
一個太陽將它們全部點亮，
正如我們的太陽點亮眾星之象。
穿過那活生生的光，
那明澈的本質如此強烈澄照
我的眼睛，我承受不住。
啊，碧雅特麗切，妳是我珍愛的嚮導！

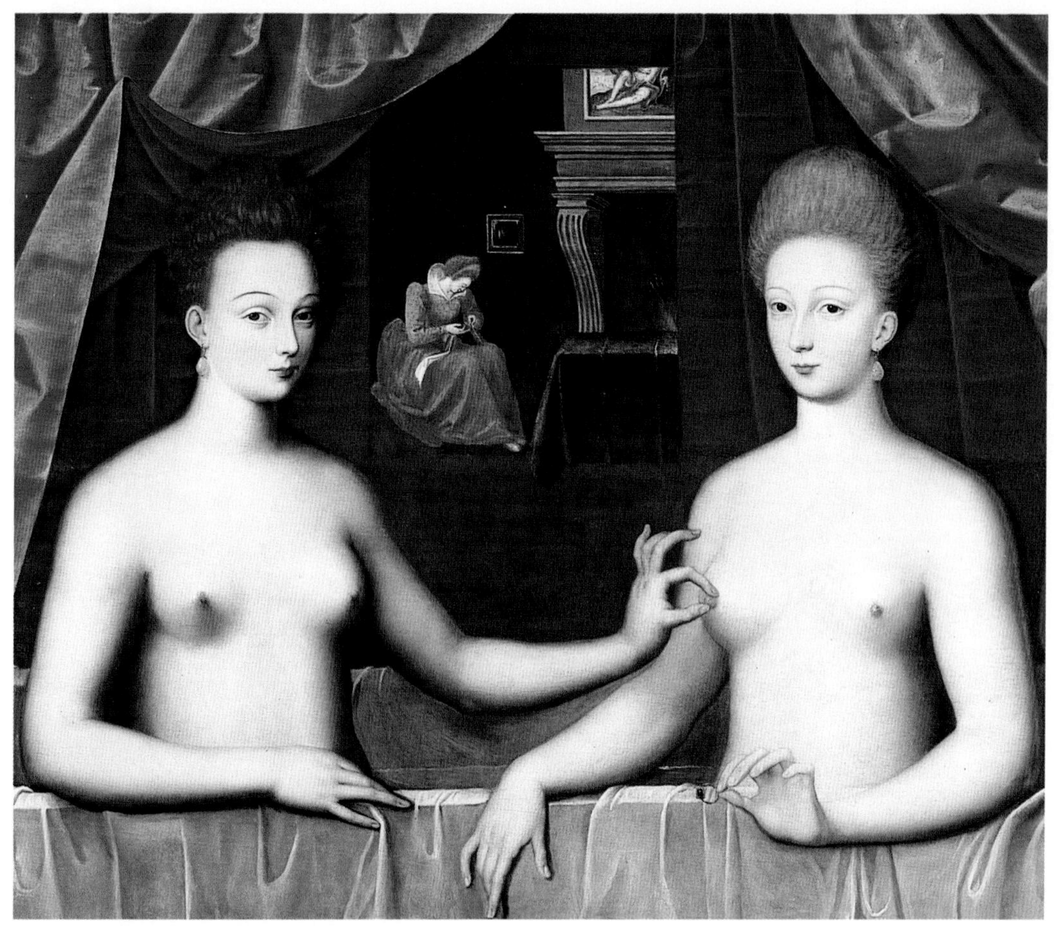

楓丹白露畫派，**嘉布里葉及其姊妹**，約1595，巴黎，羅浮宮

先拉斐爾畫派

羅塞蒂

《持橄欖枝的女先知》，約1860

在生命的拱門底下，愛與死、
恐怖與神秘看守她的神殿，我看見
美坐在王位上；雖然她目光含著震懾，
我吸入，順利如呼吸。
她的眼睛，就是天空和海洋
上下四方投予你的眼睛。
這就是美神，
你以顫抖的聲音和手歌頌的：
她以飄逸的長髮和飄揚的裙襬
早已為你所知，
你的心跳和腳步天天跟隨她，
跟得何其熱烈，何其無可挽回，
多麼逸與飛揚，多少路徑和朝夕！

第 **7** 章

十五至十六世紀間的美

1. 發明與模仿自然之間

十五世紀，義大利發現透視法，法蘭德斯(Flanders)的新繪畫技法傳播，新柏拉圖主義對文藝發揮影響，薩伏納羅拉(Savonarola)的神秘主義達於高潮，種種因素各有特色，但也絡繹奔會，影響所及，美的思考出現雙重取向，今人視為矛盾，時人認為連貫。

波堤切里，**聖母**，約1482，佛羅倫斯，烏菲茲美術館

右頁：維尼托，**花神**，局部，約1507-1510，法蘭克福，藝術美術館

上：梅爾奇，**花神**，1493-1570，聖彼得堡，赫米塔吉博物館

右頁：達文西，**岩石聖母**，約1482，巴黎，羅浮宮

當代人認為，美既是依照科學規則對自然所做的模仿，也是對一種超自然的完美所做的靜觀，這完美無法以肉眼察識，因為這完美並未充分實現於塵世。有形世界的知識是一條路，供我們識知一個由邏輯連貫的規則統理的感官現實。因此，藝術家是新事物的創造者，兼為自然的模仿者，兩者並不矛盾。達文西說之甚明，模仿是一種忠於自然的研究與發明，因為它重新創造各個單一物象與自然的統一，另方面，模仿又是一種需要技術創新的活動(就如達文西以其聞名的暈塗法賦予女性面龐之美一種謎樣的氣氛)，而不是被動的重複。

畫家的力量

達文西

《論繪畫》，VI, 1498

畫家是人心能想到的一切事物的主宰，如果他想看見他可能迷戀的美女，他就有力量創造她們，如果他想看可能把他嚇壞的怪物，或小丑式的，可笑的事物，真正可悲的事物，那他也是他們的造物主。他要人跡不到之地，或熱天涼蔭之處，也刻畫即得，寒天暖地亦然。山谷亦同此理：如果他想從高山頂上顯示平疇廣野，並且想看見平疇廣野的海天一線，他也有此力量；他有力量從深谷看見高山，從高山看見深谷與海灘。的確，宇宙本質所有、現在目前或想像之物，他存乎心中，傳之於手，他們造物，創造一個合乎比例的和諧，這和諧明顯可見如大自然之和諧。

2. 擬像

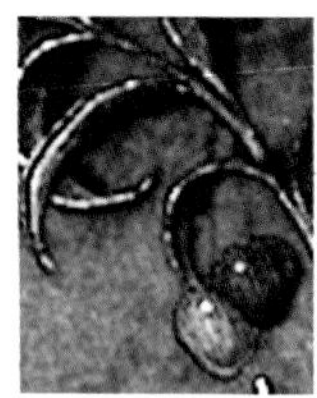

現實乃模仿自然而非純屬自然的鏡子，以細部重現全體之美，如瓦薩里(Vasari)所說，*ex ungue leonem*：見爪而知其為獅子。擬像(simulacrum)之地位如此提高，若非繪畫與建築技術出現決定性的進步，實無可能。這進步就是布魯奈里奇(Brunelleschi)的透視法臻於完美，以及法蘭德斯油畫之散播。

透視法使用於繪畫，實為發明與模仿之合一：現實之再現既精準，兼又依照觀察者之主觀觀點而來，就某層次而言，觀察者可說是精確再現對象，又「加上」他靜觀所得之美。

右頁：吉爾蘭達洛，**年輕女子**，約1485，里斯本，古本奇安博物館

發明與模仿

亞伯提

《論繪畫》，1435

我要年輕人〔……〕學畫平面的輪廓，像他們學習繪畫初步入門那樣練習。然後，他們應該學習結合平面，然後學會每個器官的形式，熟記各個器官可能不同之處。器官有諸多差異，而且差異十分清楚。有人鼻孔朝天，有人鼻如圓丘，有人鼻孔外張如猿猴；有人嘴唇下垂，有人雙唇小而薄。故畫家寧宜細審各個器官，因為人臉總有些許差異。他並且應該注意，年輕人四肢渾圓而膚柔，年紀漸長而轉粗糙，稜角分明。畫家如果勤學，可以從大自然習得此理，而且要孜孜探究，心智警醒，目光專注。他必須牢記坐者的膝腿，牢記一個人坐在椅上時腿的優雅放置。他應該注意，人站立時，全身各部分都曉得這個目的。此外，他應該使所有部分忠於所畫對象，但也應該加上美；繪畫上，優雅是要求，也是欣賞要件。從前，狄米特流斯未能贏得盛譽，因為他最大興趣是使事物看來自然，而非使之美麗。所以，從所有最美麗的身體取用最受讚美的部分，是值得的。只有經由研習與勤奮，才能了解並表現美。這殊非易事，因為單單一個身體難以盡美，美分配給許多身體，是難得之物。因此，我們要不遺餘力，發現並學習美。致力學習並思考困難事物的人，做簡單的事不會有困難。只要勤學並應用，天下無難事。

左頁：凡艾克，**聖母與羅林大臣**，約1435，巴黎，羅浮宮博物館

右：圖拉，**春**，1463，倫敦，國家藝廊

據亞伯提之見，一幅畫就是一扇打開的窗，窗中的透視空間層次增加。空間不復按照經驗安排秩序，而是一系列逐次後退但細心統合的層面，滿溢光與色彩，造成景深。

同時，在法蘭德斯，油彩(中世紀顯然已知此物)畫法流傳，至凡艾克(Jan van Eyck)而達頂點。油彩賦予物象一種神奇效果，使物象看似浸入一種半超自然的明澈之中，如圖拉(Cosmè Tura)的費拉拉(Ferrara)連畫，雖然圖拉這套連作的命意有別於凡艾克。

3. 超感官之美

柏拉圖譴責的，以美為模仿自然的觀念，獲得平反，在這平反過程裡，費奇諾(Marsilio Ficino)在佛羅倫斯推廣的新柏拉圖主義運動扮演關鍵角色。那是一種隱約帶著神秘主義的觀念，視萬有由許多彼此和諧而層次漸進的境域組成。在這觀念架構內，費奇尼以三項任務自命：傳布古代智慧，並將之現代化；在一個連貫而且可能的象徵系統裡，協調其中許多乍看不和諧的層面；彰明這個系統與基督教的象徵系統是彼此和諧的。美由此生出很高的象徵價值，不再只是比例與和諧。

這種美不是局部之美，而是在感官所感覺的美之中靜觀而致的**超感官的美**(雖然後一種美較為優越)，這種美構成美的真實本質。神之美不只濡透人類，也濡透自然界。皮柯(Pico)、布魯諾(Bruno)等哲學家的

波堤切里，**春的寓言**，局部，約1478，佛羅倫斯，烏菲茲美術館

超感官的美

普洛泰納(3世紀)

《九章集》，V, 8

其實，沒有一種美比我們在個體裡發現的美更真。我們應該不顧他的臉，因為那張臉可能難看，我們也不應該注意他的外表，而應該尋找他內在的美。如果那內在美無法感動你說一個人美，那你看自己內裡也不會覺得自己美。這樣尋找美是徒勞的，因為你是在醜而不是在純粹的東西裡尋找美。此話不是針對一切人，但你如果想視自己為美，就得記住上面這段話。

上帝的光華

費奇諾

《柏拉圖神學》，XIV, I, 1482

上帝的光華往往自單一事物發出，在其最完美發光之處，它特別刺激看見那件事物的人，撩動那靜觀它的人，吸引走近它的人，令他們全神貫注，使他們崇拜那種光輝超過一切，就像崇拜神，最後只願接近上帝變成光輝的那些事物。最明顯的一點是，一個人看見或接觸所愛的人，永遠不會滿足，他每每會說：「此人內裡有個東西燃燒我，而我則不了解我自己欲求什麼！」很明顯，精神被神的光輝點燃了，這光輝從俊美的人身上發出，如同鏡子，精神以莫名所以的方式被捕捉，上了鉤，往上升，直到與上帝合一。不過，上帝如果推促我們去達到我們永遠達不到的境地，他就是不公正的暴君，因此應該這麼說：他以他的神的火花點燃人的欲望，他要我們在含有這火花的行事中尋找他。

柯薩，**四月的寓言**，月份廳，1469，費拉拉，希法諾亞宮

著作與費拉拉畫派作品裡的自然之美之所以充滿神奇，道理在此。這些作者多多少少都將煉金術與面相學視為了解自然之鑰，亦非偶然。

許多討論愛情之作也取源於此，賦予美一種與善、智慧同等的尊嚴與自主性。這些著作進入許多畫家的畫室，畫家受託之作日多，逐漸擺脫行會規定的嚴格規則，尤其是對自然應該非模仿的規則。違反這條規則，如今已獲容忍。

文學上，這些文字流播，班柏(Bembo)與卡斯提里歐尼(Castiglione)為力尤大。一般走向是自由運用古典象徵系統，根本意趣則在將聖經訓釋應用於古代神化，作大致獨立於古人權威之外的詮釋(皮柯認為，師古宜師其大體風格，而非師其具體形式)。此即費奇諾的典型做法。當時文化的象徵系統極為複雜，原因亦在此，其具體形式則或為官能性的意象，如滿紙奇想的《波里菲勒斯夢中的愛的紛爭》(*Hypnerotomachia poliphili*)，或為提香、吉歐吉歐尼(Giorgione)所畫的維納斯。後兩人所畫的維納斯乃威尼斯畫像學之典型。

克里斯特斯，**年輕女子畫像**，1460-1470，柏林，畫廊

神聖的形象

法蘭切斯科・科隆納

《波里菲勒斯夢中的愛的紛爭》，XII, 1499

你神聖的形象印在這最高貴的人身上，朱西斯如果看見她(她被讚美為超越全世界所有少女)，將會認為她是至高、絕對完美的適當、獨一例子。這位至美、天仙似的山林女神帶著極大的喜悅走近我，她絕倫的美，我前此已從遠處細心觀察，此時更是看得清清楚楚，我驚異又銷魂。她可愛的面容與悅目的神情穿透我的眼睛和我的靈魂，我的回憶甦醒過來。我的心認出，她就是使我少年時代為熱烈的初戀所苦多年的人。我感覺到我的心蹦起來，立刻開始像粗重的鼓般在我受傷的心胸裡猛跳。最親愛的波麗亞，為了對她的愛，我從來不曾片刻免於愛的火焰或愛的暴風雨。金髮的波麗亞出現我面前，丰姿神妙，金色的鬈髮無比悅目，飛舞的髮絲如波浪似圍住額頭，她超絕的處女神采使我驚詫莫名，愁思不定。她雪白的左手拿著燦爛的火炬的柄，靠在她乳白的胸脯上。火炬以某種角度延伸到她金髮髮頂上。她伸出她空著的手，那隻胳臂比培洛普的還要白皙許多，頭靜脈與貴要靜脈突出如刮磨乾淨的羊皮紙上畫出的泛紅檀香木顏色。她用她纖柔的右手牽起我的左手，用她寬闊超凡的眉頭，她含笑而帶著肉桂香的嘴，溫和悅耳的口氣說：「哦，波里菲勒斯，不要猶豫……」

4. 維納斯

新柏拉圖主義的象徵論特別強調維納斯的形象。這形象的根本來源，則為費奇諾就神話所做的重新詮釋。我們只要看看《饗宴》(*Convivio*)裡的「雙維納斯」(Twin Venuses)。兩個維納斯表現兩種愛，兩種愛同等「尊貴並值得讚美」。在其《神聖與世俗之愛》(*Sacred and Profane Love*)裡，提香特別指涉維納斯，兩者是一個理想美的兩面(皮柯在兩者之間的中心位置插入第二個天上的維納斯)。

波堤切里(Botticelli)精神上接近薩伏納羅拉(薩伏納羅拉認為美並非來自比例，而是一種愈接近神聖之美，就會愈光明煥耀的東西)，而將維納斯(Venus Genitrix)置於雙重寓言《春》(*Spring*)與《維納斯的誕生》(*Birth of Venus*)的中心。

右：貝里尼，**梳妝的年輕女子**，1515，維也納，藝術史博物館

右頁上：吉歐吉歐尼，**睡覺的維納斯**，1509，德勒斯登，畫廊

右頁下：提香，**烏比諾的維納斯**，1538，佛羅倫斯，烏菲茲美術館

提香，**神聖的與世俗的愛**，1514，羅馬，波吉斯畫廊

第 8 章

淑女與英雄

畫家刻畫人體之美，必須照顧理論上的要求與實踐上的要求。理論上的要求即「美」是什麼。在什麼條件下，美可得而臻至？實踐上的要求則是，哪些正典、哪些品味、哪些社會習俗允許將一個人體形容為「美」？美的形象如何歷時而變，男體與女體之美又如何因時而異？我們不妨比較一些形象，幫助解釋。

1. 淑女

我們比較各種維納斯畫像，就會注意到，以女性裸體為中心，有一身頗為複雜的論述。葛利安(Baldung Grien)的維納斯以背景之暗，襯顯肉感之白，其中分明指涉一種肉體、物質之美，女子形體欠完美(以古典標準衡之)，而此美出落得更近現實。死神潛躡其後，但這位維納斯標識了文藝復興女性的降臨，她深諳愛護並展露她身體之道，不為羞恥所拘。

達文西，**抱銀鼠的女子**，1485-1490，科拉考，札托利斯基親王博物館

達文西的女子，臉孔特別難以捉摸，底細莫測：由《抱銀鼠的仕女》可以清楚看見這些特質。畫中女子愛撫銀鼠，手指過長，不自然，表現了刻意曖昧的象徵。達文西描繪銀鼠，比例與寫實都自由發揮，並非偶然；至於畫中女子之不可捉摸，難以測度，通過「風致」(grace)觀念表現，則點出風格主義(Mannerism)繪畫典型(但並非獨有)的理論難題，以及在一個空間內建構一個形象的理論難題。

葛利安，**女人的三個年紀和死神**，約1510，維也納，藝術史博物館

右頁：提香，**花神**，1515-1517，佛羅倫斯，烏菲茲美術館

柯雷吉歐，**妲妮**，1530-1531，羅馬，波吉斯畫廊

右頁：吉歐吉歐尼，**暴風雨**，局部，1507，威尼斯，學院畫廊

文藝復興女子使用化妝品，髮上工夫尤其講究(威尼斯尤工於此)，染金，金澤以偏紅為尚，身體藉金匠手藝增其飾麗，金飾則依和諧、比例規則打造。文藝復興是女性孜孜活動的時代，她們既管領宮廷時尚之風騷，也附從奢華炫耀的品味風氣，同時不忘心靈修養，在藝術上扮演活躍角色，並且在論事、辯難與哲學上顯露才華。

後來，女性面容增加了私密、激烈、半自我中心的神情，與公開示人的女體相互襯映，其心理不易解讀，時或極為神秘，如提香《烏比諾

多米尼奇諾，**黛安娜**，局部，1616-1617，羅馬，波吉斯畫廊

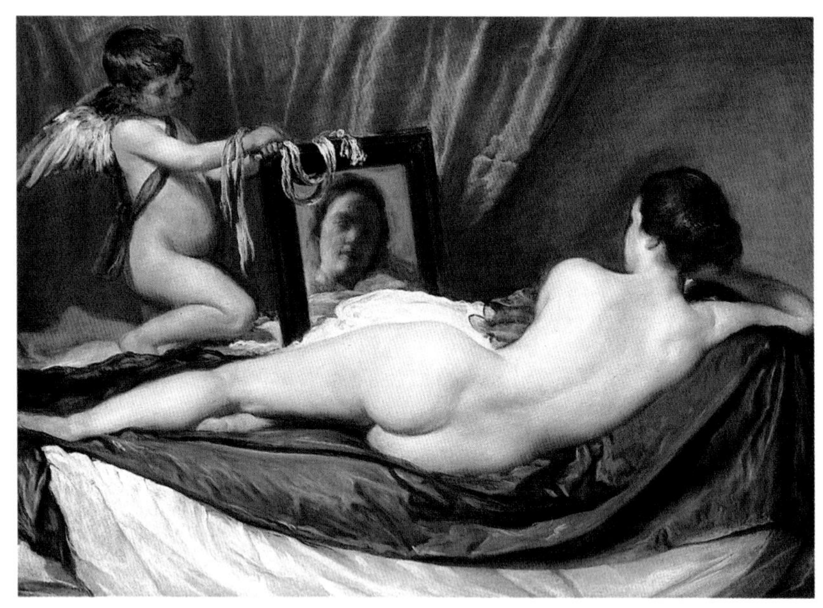

維拉斯奎茲，**維納斯的梳妝**，1647-1651，倫敦，國家藝廊

的維納斯》（*Venus of Urbino*），或吉歐吉歐尼(Giorgione)的《暴風雨》（*The Tempest*）。

維拉斯奎茲(Velásquez)的維納斯背對觀者，我們只能在畫中鏡子見其臉孔。空間刻意安排與女性美兩方面的難以捉摸，在後來數世紀融合於弗拉戈納德(Fragonard)筆下的女子。弗拉戈納德作品中如夢似幻之美，又是近代繪畫極端自由畫風的先聲：美的再現既然沒有了客觀規則，何妨畫一個帶著裸體美女的資產階級草地野餐？

弗拉戈納德，**脫衣**，1760，巴黎，羅浮宮

右頁：馬內，**草地上的野餐**，局部，1863，巴黎，奧塞美術館

2. ……以及英雄

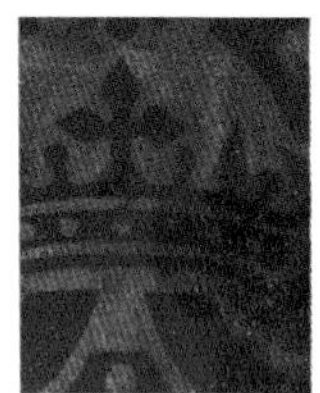

男性的身體也遇到這些問題，由畫家如何再現男體，可知其概。文藝復興的男子以世界中心自居，要他的畫像洋溢著他雄偉的力量，最好帶點強硬難纏的味道。富蘭契斯卡(Piero della Francesca)為孟提費特洛(Federico da Montefeltro)畫像，畫出他覷定其人生目標的神情。畫中身形也沒有掩飾他的強健，以及其人生之樂何在：權勢之人，縱非銅筋鐵骨，也胖大魁梧。他還佩戴炫示他呼風喚雨的標誌。莫洛(Lodovico il Moro)、波嘉(Alessandro Borgia，當代女性的夢中情人)、羅倫佐(Lorenzo il Magnifico)，以及英國的亨利八世，身材當然也不單薄。法國國王法蘭西斯一世(Fráncis I)單薄不合時尚，克魯艾以寬袍大袖為他掩飾。法蘭西斯一世情婦菲洛妮耶(Ferronière)出自達文西的畫像，則又是難以捉摸的女性神情。

左：小霍爾班，**亨利八世**，1540，羅馬，國家古代藝術美術館

右：布隆奇諾之徒，**羅倫佐梅迪奇**，佛羅倫斯，阿根提博物館

右頁：富蘭契斯卡，**孟提費特洛**，約1465，佛羅倫斯，烏菲茲美術館

左頁：克洛埃，**法蘭西斯一世**，1525-1530，巴黎，羅浮宮

上：達文西，**菲洛妮耶**，1490-1495，巴黎，羅浮宮

左：維羅奇歐，**科雷歐尼雕像**，局部，1479-1488，威尼斯，康波斯SS廣場

右：卡拉瓦喬，**聖保羅的皈依**，1601，羅馬，聖馬利亞教堂

左頁：小布魯蓋爾，**婚宴**，局部，1568，甘特，藝術博物館

美學理論為比例與對稱規則傷神之際，當代權貴卻已活生生打破這些規則：男性的身體也協助藝術家擺脫古典主義的金科玉律。

看看維羅奇歐(Verrocchio)的科雷歐尼(Bartolomeo Colleoni)雕像：體格威風凜凜，神情冷酷自信，這位騎士穩跨駿馬，整個造型正是古典畫像學的典型，表現人是馬、犬、鷹的主宰，或獅子的主宰，聖傑洛米(St. Jerome)的許多畫像必有獅子。女性畫像裡的動物，則有的喻示她們溫馴，有的暗示她們令人看不透的曖昧，從提香《有兔子的聖母》(*Madonna del Coniglio*)裡的兔子，到銀鼠，從金翅雀到維拉斯奎茲《侍女》(*Las Meninas*)裡的寵物狗，含義多樣。

但是，繪畫不復謹遵古典風格與古典畫像學規則之後，就能畫人落馬墜地，人的外表也趨於寫實，甚至通俗，卡拉瓦喬(Caravaggio)的《聖保羅的皈依》(*The Conversion of St. Paul*)即為一例。最後，布魯蓋爾(Brueghel)善畫貧窮農民的身體。物質生活之苦，窒息了他們體形之美。在布魯蓋爾筆下，動物也剝盡神秘，具現牠們在法蘭德斯(*Flemish*)鄉間俗諺裡的面貌。

3. 實用之美……

這場過渡，無疑是宗教改革與十六至十七世紀之間社會風俗變化的混合結果。女性形象逐漸改變：女人再度穿上衣服，成為家庭主婦、家庭教師、管理者。例如，從安妮波雷恩(Anne Boleyn)的感官美，我們轉到亨利八世第三任妻子珍西摩爾(Jane Seymour)的僵硬矜謹：她的畫像，雙唇薄薄，神情是當行本色的家庭主婦，一如杜勒(Dürer)所畫許多女性，不帶絲毫激情。

維梅爾，**女子倒牛奶**，1658-1660，阿姆斯特丹，國家博物館

右頁：小霍爾班，**珍西摩爾像**，1536，維也納，藝術史博物館

史丁，**老的歌唱，小的抽菸斗（洗禮命名儀式）**，約1660，柏林，國家畫廊

不過，法蘭德斯一方面有喀爾文主義那種道德上的嚴厲，另方面又有獲得解放的世俗資產階級的風習，兩相矛盾，在人像上產生一種新典型。在新的典型裡，美與有用、實用結合為一。

在卡茲(Jacob Cats)的象徵畫集(emblem-book)，以及家居布置與旅店擺設無從區別的史丁(Steen)畫作裡，我們清楚看到一個文化顯出女性既性感誘人，同時又是講求效率的主婦，男性衣著則樸素簡約，擯棄不必要的繁縟褶邊，以免一旦堤防決口，趕去修補，繁縟的衣飾礙手礙腳。

4. ……以及官能之美

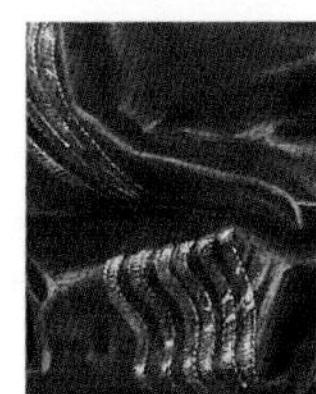

簡言之，荷蘭式的美自由實用，魯本斯(Rubens)在太陽王宮廷中呈現的美，則縱意於官能之美。魯本斯筆下的女人不為當代重大事件所擾，不為宗教改革的道德限制所拘，表現一種了無深奧意義的美，以生氣活潑為樂，樂於表現自己。另一方面，魯本斯的《自畫像》(*Self Portrait*)受提香的《年輕的英格蘭人》(*The Young Englishman*)啟發，另成典型，表情寧靜，我自知我心，神色中全無林布蘭特(Rembrandt)筆下一些人物那種濃烈的精神性，或提香人物那種銳利穿透的眼神。

拉斐爾與羅馬諾，**弗馬里娜**，1518-1519，羅馬，國家古代藝術美術館

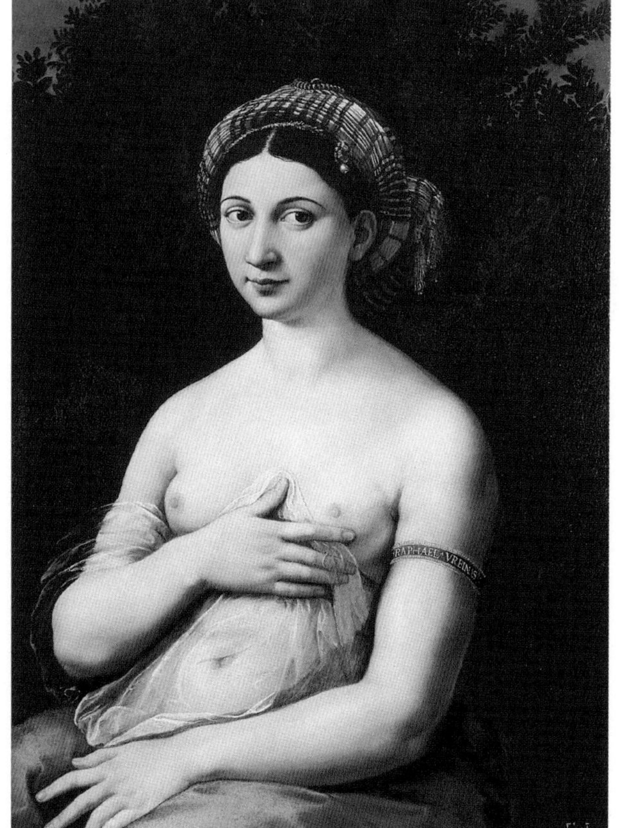

頁210：魯本斯，**毛皮(海倫娜弗爾蒙扮維納斯)**，1630-1640，維也納，藝術史博物館

頁211：魯本斯，**自畫像，與伊莎貝爾布蘭特**，1609-1610，慕尼黑，舊皮納克提美術館

宮廷生活的世界正在消解，換成下一世紀的蹁躚舞姿；古典主義美之消釋，在風格主義與巴洛克的形式，或卡拉瓦喬與法蘭德斯畫派的寫實裡，都可以看見，美已經以其他形式出現：夢、奇幻、不安。

卡拉瓦喬，**狂喜的抹大拉**，局部，1606，羅馬，私人收藏

優雅與神聖的美

卡斯提里歐尼

《廷臣書》(*Book of the Courtier*)，IV, 62. 1513-1518

一如人不能用他的上顎來聽，不能用耳朵來嗅美，以及它在我們內裡撩起的欲望，只能透過視覺來滿足。視覺的真正對象是美。因此，他應該不理會其他器官的盲目判斷，以眼睛來享受他所愛的女人的光芒、風姿、熱情、笑容、姿態，以及種種可喜的裝飾。同理，他應該以他的聽覺享受她聲音的甜美，她言語的抑揚，以及她演奏的音樂，如果她是音樂家。這兩種官能與肉體之事無甚關聯，是理性的僕人，透過這兩種官能，他就不會以美食來滋養他的靈魂，也不會讓肉慾撩起他不純潔的慾望。

超人類的美

塞萬提斯

《堂吉訶德》，I, 第13章，1605-1615

堂吉訶德聽得此話，深深嘆氣，說：「我那甜美的冤家高不高興世人曉得我服侍她，我也說不上來。既然你這麼禮貌問我，我只好這麼回答吧，她芳名杜西尼亞，家鄉在托波索，那是拉曼查地方的一個村子。她的身分一定至少是公主，因為他是我的王后，我的女主。她的美超越人間，因為詩人拿來形容他們的女郎的所有不可能的、夢想的讚美，全都應在她身上。她的秀髮是黃金，她的額頭是極樂仙境，她的眉毛是彩虹，她的眼睛是太陽，她的雙頰是玫瑰，她的嘴唇是珊瑚，她的牙齒是珍珠，她的脖子是雪花石膏，她的胸脯是大理石，她的雙手是象牙，她的白皙皮膚是雪，至於那嬌羞掩飾不讓人看見的部分，我想，理性的人只能極口稱讚就是，沒法比方。

第 9 章

從優雅到不安的美

1. 朝向一種主觀、多重的美

文藝復興時代，所謂「宏大理論」(Grand Theory)——依此理論，美寓於部分之間的比例——達到層次極高的完美。但是同時，文藝復興的文化與心態裡也出現一些離心力，走向一種令人不安的、模糊的、令人驚異的美。這是一股充滿動能的運動，我們純粹基於解釋上的方便，將之區分成古典主義、風格主義、巴洛克、洛可可之類的學術範疇。這裡必須強調，一個瀰漫藝術與社會的文化過程是流動的，這麼一個過程只可能短暫結晶於一些固定、清楚界定的人物身上，而且往往只是乍看似乎有此結晶。此所以文藝復興的「風格」(manner)溢出而為風格主義；文藝復興時代用來重新啟動「宏大理論」的數學與相關學門不斷進步，導致比所預見還更複雜的和聲；對知識的專志不表現於靈魂的寧靜，外顯卻沈黯憂鬱；知識的進步把人挪出世界的中

卡拉瓦喬，**梅杜莎的頭**，約1597，佛羅倫斯，烏菲茲美術館

右頁：布隆奇諾，**潘綺亞蒂奇**，約1540，佛羅倫斯，烏菲茲美術館

小霍爾班，**大使**，正下方是變形頭骨，1533，倫敦，國家藝廊

心，丟到宇宙邊緣。

凡此種種，都應該無足為異。從社會觀點看，文藝復興時代達到的均衡不得不是脆弱且短暫的；理想城市的意象——新雅典——從內在被一些因素腐蝕，這些因素導致義大利的政治災難，與經濟、財政上的毀滅。在這個過程的內部，藝術家或民眾的社會構成都未改變，但兩者都瀰漫一片焦慮，在生活的所有物質與精神層面都引起迴響。哲學與藝術也是如此。**優雅**(Grace)這個主題，與美密切相連，為主觀主義與特殊主義的「美」觀鋪路。

看不見的優雅

班姆波

〈詩〉，V, 1522

波浪般的金髮，
純粹而明澈的黃色琥珀，
在雪上的風中
搖曳飄動；
溫和的眼睛亮過太陽，
能將黑夜化成艷陽；
一絲笑容，是治好萬苦的香膏；
珍珠般牙齒，紅寶石嘴唇
吐詞如此高貴
靈魂再無他求；
象牙般的手，能

捕捉任何人的心，使之銷魂；
歌唱如天國仙音；
純潔，世人從未見過的；
絕美與至高的尊嚴結合
點燃我的火，妳的天賦
大方的上天也曾給人
只絕少給得如此豐富。

雅致

菲倫左拉(1493-約1543)

《論女人之美》

如前文所說，我們每每看見一些臉孔，其細部雖然不合一般所說美的尺度，卻散發一種優美的光輝(例如莫黛絲提娜，她身量不如上面所舉例子那麼大，也沒有那些比例，卻有一張人人傾慕的漂亮小臉)；反過來說，一個女人，五官比例勻稱，人人說美，卻難稱悅目。因此我們必須說，這光輝來自某種內在比例，其尺度不見於書中，我們也全無所知，甚至無從想像，這無法表達的東西，就是「我不知道是什麼」(*je ne sais quoi*)。我們可以說，這(潛藏的比例)是愛的光芒，或其他本質的光芒，但是，我們的語言文字無論多巧，都難窮其相。這就是風致，散發風致，流露這種內在比例者，令人珍視。此事我就討論到此，不過，欲知風致何物，在散放這光輝者的眼睛裡找找看吧。

正確的女性美

卡斯提里歐尼

《廷臣書》，I, 40, 1513-1518

你沒注意嗎，一個女人化妝，略施脂粉，見者無法分辨她有無化妝，這樣的女人是美麗得多的。有些女人濃妝厚塗，活像戴面具，也不敢笑，擔心面具龜裂。這類女人只在上午穿衣時改變，之後必須整天不動如木頭人，只能在火炬裡見人，不然就如狡猾商人給人看布料，在光線不足之處示人。

一個女人，我是說，一個好看的女人，臉上脂粉不施，不敷白，亦不施朱，只有天然顏色，也許蒼白，也許難為情而泛紅，髮絲稍亂，姿勢簡單而自然，不裝俏作美，這有多好！純淨受到輕視，卻為眼睛與精神所喜。眼睛與精神向來害怕人工的欺騙。

女人牙齒潔白是好看的。牙齒猶如臉孔，一望可見，但經常掩藏不見，令人心想她比較不花工夫使之潔白。不過，女人沒有理由而發笑，只為了露齒，則是做作，即使她真有一口好牙齒，亦將為人所不喜。手也是。雙手如果纖柔而美麗，為了需要用手而公開示人，不只是為了炫耀，那就是可愛，如果再戴上手套，尤其可喜，因為這表示一個女人不在意她的手是否外露，並且表示她雙手是自然的美，而非人為之美。另外，你可曾看過，上教堂或其他場所，或看戲，一個女人提起裙子，露出一點小腿，而不自知？還有，那緊貼肌膚的淡藍涼鞋和乾淨的長襪。不也是無比美麗，不也是女人本色畢露嗎？我當然非常喜歡，我想你也樂見，因為男人都會認為，在這麼隱私，這麼難得一見的部位，乾淨和貼身是自然的，女人就該如此，並且表示她不是在追求讚美。

淡漠

卡斯提里歐尼

《廷臣書》，I, 26, 1513-1518

有人認為優雅是天生稟賦，但我多次納悶優雅來自何處之後，我發現一條普遍規則，這規則比其他任何道理都更適用於人的言行，這規則就是，要盡量避免做作，像避免淺灘暗礁一樣，同時使用一些淡漠，淡漠可以掩飾人工，並且表示一個人所說所為之優遊自如，幾乎不假思索。

2. 風格主義

風格主義與古典主義之間的矛盾關係，背後也是這類動能：藝術家無法拒斥前一世代的藝術遺產，又意識到自己和文藝復興了無關涉，於是感到不安，他們因此將適才依照古典圭臬建立的形式淘空，終至古典主義解散，猶如一個高捲擊岸的浪峰朝四面八方散裂。

吉歐吉歐尼，**雙重畫像**，1508，羅馬，國家威尼西亞宮博物館

右頁：杜勒，**自畫像**，1500，慕尼黑，舊皮納克提美術館

1500
AD
Albertus Durerus Noricus
ipsum me proprijs sic effin-
gebam coloribus ætatis
anno XXVIII.

帕米吉亞尼諾，**凸面上的自畫像**，約1522，維也納，藝術史博物館

一些當行本色的古典主義作家，他們某些違逆古典主義圭臬之作已有這種散裂的證據。例如拉斐爾。畫家自畫像裡的煩惱神情也是明證，如杜勒與林布蘭特。風格主義乍看以古典美的模範為法式，實則消解古典規則。他們認為古典美空洞、沒有靈魂，因此以一種精神性反其道而行，這精神性為了避免空洞，走上幻想一路：他們的人物進入非理性空間，並出現一種如夢似幻之境，以現代用語來說，即「超現實」(surreal)。

一些教條將美化約成比例，文藝復興時代的新柏拉圖主義已對這些教條提出批評，尤其米開朗基羅。他們批評之餘，打破達文西或富蘭契斯卡殫精竭慮計算所得的美的比例：風格主義者偏愛流動的人形，尤其S形，不是圓形或四邊形，而是蛇形，令人想起火舌。對數學的態度有此一變，在系譜上必須溯源至杜勒的《憂鬱》(*Melencolia I*)。

可以計算、可以測量，不再是判斷客觀性的標準，變成只是一種工具，一種用以創造再現空間的方式。再現空間的方式愈來愈複雜(透視上的變化、歪像)，卒至完全擱置比例。風格主義的價值至近代始為人充分了解，頗非偶然：美既不復以測量、秩序、比例為判準，必然走向模糊、主觀的判準。阿奇姆波爾多(Alcimboldo)是這個趨勢的好例子。他被視為次要、邊緣性的藝術家，在哈布斯堡宮廷裡功成名就。他令人驚奇的作品，那些臉由水果、蔬菜等物件構成的人像，令觀者覺得樂趣橫生，為之莞爾。阿奇姆波爾多之美盡脫古典主義，以出奇與機趣取勝。他顯示紅蘿蔔也可以美麗，然而他刻畫之美所以為美，非緣客觀規則，而是出於觀眾的共識，宮廷的「輿論」。

阿奇姆波爾多，**夏**，1573，巴黎，羅浮宮

比例與不合比例的區辨不復成立，形式與無形式、有形與無形的分別不復成立：沒有形式、無形、模糊的呈現超越了美與醜、真與偽的對立。美的再現日趨複雜，藝術家訴諸想像多於智思，自創新規。

風格主義之美表現出靈魂欲蓋彌彰的內在衝突：那是一種雅致的、有文化的、大同主義的美，就如那欣賞它並委託畫家產生這類作品的貴族(巴洛克的特徵則比較通俗，情緒也多些)。風格主義反對文藝復興的嚴格規則，也拒斥巴洛克不受拘制的動能，望之膚淺，卻經營這膚淺，研究解剖學，並加深與古人的關係而超越文藝復興時期的類似趨勢：簡而言之，風格主義邁越並深化文藝復興。

有很長一段時間，論者認為風格主義只是文藝復興與巴洛克之間的簡短插曲，今人始知文藝復興時代相當大部分——自1520年拉斐爾過世以降——是風格主義。一世紀後，拉法葉夫人(Madame de La Fayette)在其小說《克雷夫王妃》(*The Prince of Clèves*)裡復活這段時期的情愫。

雷蒙迪，**驅魔者**，1518-1520，佛羅倫斯，版畫博物館

靈魂的憂傷

拉法葉夫人

《克雷夫王妃》，I-IV, 1678

華麗與勇敢在法國從來不曾像亨利二世末年這般大放光彩。亨利二世英勇、英俊，又是愛情胚子：他對波瓦迪耶的黛安娜的激情始於二十年前左右，至今未嘗稍減，他的激情表現也不曾稍弱。他精通所有運動，他的主要作息裡有一項就是運動：每天打獵、網球賽、舞會、賽跑，或其他消遣。瓦倫提諾娃無處不在，打扮如同她的未婚孫女拉馬克小姐。不過，王后在，她就在。王后貌美，雖然已經不復青春年華；她喜愛奢華逸樂。國王在他還是奧良公爵之日娶她。死於杜蒙的太子，也就是他哥哥，由於是長子，資質又好，似乎足堪繼承其父法蘭西斯一世〔……〕

夏特小姐抵達之日，在一個義大利人那裡挑選珠寶。此人與王后來自佛羅倫斯，積財甚富，住處有如王侯宅第，不似商賈之家。義大利人那兒，克雷夫王子也到了。他傾倒於她的美貌，難掩驚艷之情，夏特小姐不禁滿面通紅。但她恢復鎮定，待他以他身分與禮法相宜之禮，沒有逾越。克雷夫王子盯著她，不知如此美女究是何人，因為他不認識她，但是，從她的氣度與隨從，他當然看出她系出貴族。她的青春模樣使他認為她還是閨女，不過，見她沒有母親陪同，那義大利人又呼她夫人，他也難知究裡，於是繼續滿懷好奇，目不轉睛看著她。他注意到自己的目光令她難為情，她和別的年輕女子不同，有人留意她們貌美，她們都芳心大悅。他甚至心想自己是她等不及要離去的原因，而且她真的很快離去。失去她蹤影之後，克雷夫王子安慰自己，希望能夠探知她是誰，但是，當他發現沒有人知道她，他極為意外。他太為她的美和她的害羞模樣心動了，可以說，自那一刻起，他對她孕育了非比尋常的激情。當天傍晚，他拜訪公主，國王的妹妹。〔……〕

這位紳士十分適合這項任務，也細心執行。他跟隨尼莫耶公爵，來到古隆米爾一里格又半開外的一個村子，公爵駐馬，紳士馬上推知他有意等待夜幕降臨。他自忖不宜枯等，於是經過村子，朝向森林而去，來到他料想尼莫耶公爵可能經過之處。他所料沒錯。夜幕甫降，他聽見腳步聲，天色雖暗，他還是立刻認出尼莫耶公爵。只見尼莫耶繞過

柯雷吉歐，**愛娥**，1530，維也納，藝術史博物館

公園，彷彿聆聽四下有無別人，以便選定他要進去的地方。柵欄甚高，柵欄後面復是柵欄，防人進入。但尼莫耶公爵進去了。他一到花園裡，不費工夫，就發現克雷夫夫人何在。他看見寢室裡許多燈火，窗戶盡開，他沿著柵欄，陷入我們很容易就能想像的那種情緒之中。他擠進一扇法國窗後一個空間，看見克雷夫夫人正在做什麼。她獨自一人在那兒，但她真美，他幾乎按捺不住她在內裡撩起的亢奮。天氣濕熱，她頭上與胸上並無寸縷，除了頭髮，而她頭髮髮散垂掛。她躺在沙發上，沙發旁邊一張桌子，桌上幾個滿裝綵帶的籃子；她挑選數條，莫尼耶公爵看出正是他在比武大會所佩綵帶的顏色。她為一根印度手杖編綵結，那根杖子也是他所有，他給了他妹妹。克雷夫夫人從她那裡得到，不知它本來是尼莫耶公爵的。編完綵結，她風姿優雅，面帶從她心底湧起的甜意，取一根蠟燭，走到一張大桌邊，面對一幅梅茲圍城畫，莫尼耶公爵就在畫裡。她坐下來，端詳莫尼耶，她的神色，是只可能來自激情的一種神色。此時尼莫耶公爵的感受，真是難以言喻。靜夜時分，在世界上最美的地方，一個愛慕他的女人；看他不知他就在那裡，看她全神貫注於他的事，看見她對他的秘密激情，這種事，從來不曾有另一個情人享受或想像過。公爵也神飛魂馳，一動不動靜看克雷夫夫人，絲毫沒想珍貴的時間正在飛逝。他稍稍回過神來的時候，心想——如果要她說話——他得等到她踏進花園。他尋思，這樣會比較安全，因為她會離她的侍女們遠一點。不過，見她留在房裡，他決定進去。他拿定主意，卻又擔心惹她不高興，十分激動。想到那張如此溫柔的面龐發怒而變色，何等可怕！〔……〕

克雷夫夫人轉過頭，無論是因為她念念皆在公爵，還是因為他站立之處燈光足夠她看見他，她心想她認出了他，她沒有遲疑，也沒有朝他的方向看，就回去房裡，她的女侍們在那兒。她非常局促，為了掩飾局促，她說她覺得不舒服。說不舒服，一方面也是為了讓她底下人有事可忙，給公爵空隙脫身。她再想了想，覺得這都是自欺，看見公爵全是想像。她知道他在桑波德；他不可能冒這麼大險來尋她。許多次，她差點兒忍不住要回到她寢室，朝花園裡看看有沒有在那裡。她希望發現尼莫耶公爵在那裡，又擔心發現他在那裡。最後，審慎與理智強過她的心情，她覺得懷疑比找出真相好。她許久不動，以免公爵可能近在咫尺。幾乎又過一天，她才返回城堡。〔……〕

激情下來不曾像公爵胸中那一刻般，既溫柔又熾烈。他從數株柳樹下離去，沿著一條小溪，小溪在他方才藏身的屋子後面。他走到沒有人可能看見或聽見他的遠處。他抑制不住他的愛意，激動啜泣。那不只是痛苦的眼淚，其中也摻著某種甜蜜，以及只有愛情裡才有的陶醉。

3. 知識危機

這股焦慮、騷動、對新奇的不斷追求，從何而來？看看當時的知識，可以在哥白尼革命及其後物理學與天文學的發展為人文主義自我帶來的「自戀創傷」(narcissistic wound)裡找到一個總解答。人發現自己喪失宇宙中心的地位，為之沮喪，人文主義與文藝復興所懷和平、和諧世界的烏托邦憧憬亦趨式微。政治危機、經濟革命、「鐵的世紀」的戰爭、疾疫重返：諸事奔會，使人更加驚覺宇宙並不是特別為人類量身打造的，人既非造物，亦非造物之主。

說來弔詭，造成這場知識危機的，正是知識的巨大進步：對愈來愈複雜的美的追尋，與喀卜勒(Kepler)的發現相伴而生；他發現天體定律並不依循單純的古典和諧，而是愈來愈複雜的。

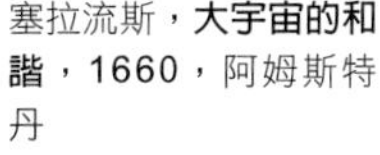

塞拉流斯，**大宇宙的和諧**，1660，阿姆斯特丹

4. 憂鬱

杜勒的《憂鬱》(*Melencolia*)將憂鬱與幾何相連，當然就是個象徵。這樣的表現，與《雅典學園》(*School of Athens*)以和諧、安詳筆法刻畫的歐幾里德看來完全處於不同時代：文藝復興時期之人以實用技術之工具研究宇宙，《憂鬱》裡的巴洛克人則進圖書館，研習典籍，深沈於憂鬱之中，儀器遺落地面(或懨懨然握於手中)。

憂鬱是用功之人的命運，本身並非新穎觀念，費奇諾(Marsilio Ficino)與科奈流斯(Heinrich Cornelius Agrippa von Nettesheim)已經處理過這個主題，雖然處理方式有別。巴洛克出新之處是將幾何術(*ars geometrica*)與憂鬱人(*homo melancolicus*)融合為一，形成幾何有靈魂而憂鬱具備充分的思想內涵：這雙重屬性創造了憂鬱之美，這種美有如漩渦，吸入前人種種特徵，例如文藝復興人那種典型的靈魂不安，

拉斐爾，**雅典學園**，局部，1510，梵蒂岡市，梵蒂岡藝廊

右頁：杜勒，**憂鬱**，1515，佛羅倫斯，烏菲茲美術館

16 3 2 13
5 10 11 8
9 6 7 12
4 15 14 1

波洛米尼，羅馬，聖智教堂圓頂內部，1642-1662

瓜里尼，杜林，聖屍衣禮拜堂圓頂內部，1666-1681

成為巴洛克典型。

從風格主義到巴洛克的移轉，不是畫派之變，而是生命戲劇化的一種表現，與之密切相連者，是一種追尋，追尋以新方式表現美：令人驚奇，令人訝異、明顯不合比例的事物。波洛米尼(Borromini)令他那時代的人驚詫。他設計一個巧妙隱藏於聖智教堂(Church of Sant'lvo della Sapienza)內院的結構。驚奇的效果來自掩蔽內圓頂的凹凸結構充滿對比變化，而一切總成於設計極為大膽的螺旋上升天窗。其後不久，瓜里尼(Guarini)設計令人嘖嘖稱奇的聖屍衣禮拜堂(Chapel of the Holy Shroud)，圓頂以六角形相疊，開出一個十二道光芒的星星。

5. 尖銳、機鋒、巧喻……

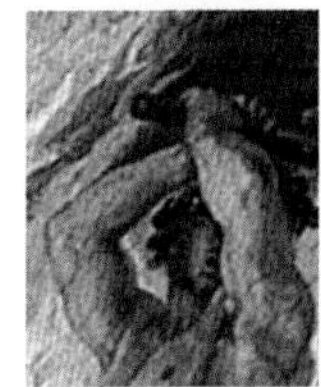

巴洛克，其心態特徵是精確的想像與驚奇的效果結合。這結合名稱不一，或稱機趣，或曰馬利諾主義(Marinism)，將之發揮為最高貴表現者則為葛雷西安(Gracián)其人。助長這新的雄辯形式者，則為耶穌會士在特倫會議(Council of Trent)後提出的經院課程：1586年的《教育總則》(*Ratio studiorum*)(1599年更新)規定，大學預科五年結束，應修兩年修辭學，確保學生徹底嫻熟雄辯術，雄辯非僅以實用為要，也講求表達之美。巧喻(conceit)並無成法定式，要在微妙警銳，出奇而精闢，直透聽者之靈魂。機鋒則尚捷悟與創意，以其智思見事物關係於常人肉眼所不見。巧喻之美打開全新的知覺空間，感性之美則逐步接近一種重要但模糊的美。詩中的機鋒——西班牙依詩人岡戈拉(Luis de Góngora)而被稱為岡戈拉主義，義大利則取詩人馬利諾(Giambattista Marino)而稱為馬利諾主義——主要表現於炫技之作，詩風以出奇為尚，以辛辣、精確為工，凌掩內容。類此詩作，唯以敷演細節，聯想女性之美為務，瑣屑末節如微痣、髮絲一一入詩，不厭繁細，令讀者身陷其中，不勝夾纏。

機趣

葛雷西安

《處世智慧》，I, 2, 1642-1648

機趣之本質，我們可言其概，難詳其細，可意會而難言傳，一切描述皆屬徒勞；巧喻之於人智，正猶美之於眼睛，和聲之於耳朵。

智思

德紹洛

《亞里斯多德望遠鏡》，1654-1670

天然的機趣是人智的一種奇妙力量，包含兩種天賦：穎悟與多能。穎悟穿透任何題材最多樣最細微的層面，如本質、形式、意外、特性、因、果、目的、關係、相似、不相似、對等、優劣、徵象、正確名稱、誤解：一切掩藏不見的層面。

捷悟

德紹洛

《亞里斯多德望遠鏡》，1654-1670

智力的至高產物，人但知其外表而不曉其來源，古今四海莫不欣慕，能夠讀到，或者有人說出，皆是奇蹟，聞之者喜悅，不解者擊節。這就是機鋒，一切巧喻之母；演說與辯論裡最亮的光；書頁上的文字是死的，有機鋒便精神活潑；這是所有言談裡最美味的鹽；人智的極致目標，人精神裡的神的痕跡。

柯特納，**神意的勝利**，1633-1639，羅馬，巴貝里尼宮

胸中之蛇

馬利諾

《阿多尼斯》，VIII, 1623

一張床緣上，我看見
一個淫心大起的好色半獸人
緊緊環擁著
一個極為美貌的山林女神，
竊採淫樂之花。
她細白的腰窩他擠壓，
一手撫弄那象牙身軀，
一手另外忙著
更甜美的隱密之處。
環鎖於這強壯情人的臂膀內，
處女呻吟，慵懶害羞的眼神
閃爍著她的不屑。
他熱切索吻
她扭開臉，不讓他享受，
他愈是索求不得
慾焰愈燃；
她愈退縮不讓吻
他吻之更急。
以故作的嬌羞和狡猾的媚態
她假意掙脫他的掌握，
那粗糙而滿是筋節的桎梏
愈收愈緊，緊過一切捆綁木頭的栓鎖。
我還不知哪個花神、泰綺思、
妓女，懂得如此墮落的醜態。
那青春美好的胸脯裡
扭絞著無恥的縱慾之樂，
愛的力量，那個暴君兼誘惑者
必定制伏了一顆不堅的心；
慾心被那甜美的身體撩撥，
愈燃愈旺，再獲搧助，
就衝決束縛了。
他的女神以愛的繩結
縛住了他的心，開始
以巧語浪態逗他，
以取笑刺激引誘他。
繼續（我對自己說），享受
甜美呻吟的果實吧，
哦，快樂的一對。
聲聲呻吟，滴滴眼淚
成就幸福的愛，和更幸福的情人！

痣

馬利諾

《七絃琴》，1608

痣，美麗的痣
金髮底下
一個迷人的影子，
可愛的臉頰，
愛的小樹林。
逃呀，不謹慎的心，
即使你要摘
百合或玫瑰！
殘酷藏在那裡
在那裡撒網
陷捕靈魂。

髮鬈

德拉瓦爾（17世紀）

《金色的髮鬈》

啊金色的髮鬈，啊寬廣文靜的眉頭，
啊發亮的眼睛，不，雙子星，
啊粉紅的雙頰，雪白清新的美，
啊害羞又迷人的風致，
啊紅寶石嘴唇，滿是珠寶，
啊笑容，甜美的聲音，
啊乳色的手，既美又纖瘦，
啊美麗非凡的身材，
啊高貴無雙的丰姿，
啊伶俐的舉止，啊端莊的氣度，
啊動作，天仙的步履，
啊天國合唱的新精神，
啊甜美的名字，啊我膜拜的女神，
我該對妳說什麼呢？安靜，
我還是默默愛慕妳吧。

胸脯

普奇（17世紀）

《在她白皙的胸脯上，雙乳之間》

她白皙的胸脯，雙乳之間
我的女郎將她的手擱在她心上
她發亮雙眼的輝光
轉向那隻手和雙乳。
雪與火焰白閃閃
自她的麗眼與胸脯耀現，
火與冰融合，化成光與白，
如乳白天空裡的星星。
她胸脯與雙乳的白
如牛乳之白，與她輝亮的雙眼並耀。
這閃爍與那白色
燦亮迸發，
眼睛與雙乳
似乎融成一片眩目的光與白。

6. 追求絕對

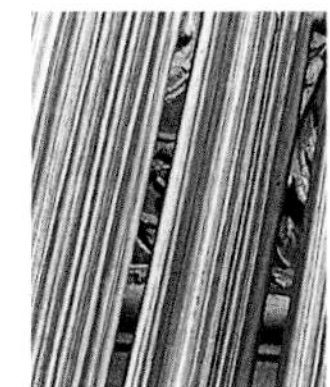

一套關係與形式經過創造與再創造，取代了自然、客觀的模型：易言之，**巴洛克之美**超越善惡，其模型藉醜傳美，以偽表真，透過死亡呈現生命。死亡特為巴洛克心理念念常在的主題。這個主題也可見於莎士比亞等非巴洛克作家，而在後一世紀重見拿坡里聖塞維洛教堂（Chapel of Sansevero）。

桑馬提諾，**戴面紗的基督**，局部，1753，拿坡里，聖塞維洛禮拜堂

巴洛克式的美

莎士比亞

《羅密歐與茱麗葉》，III, 2, 1594-1597

茱：啊蛇蠍般的心，藏在花也似的
臉底下！惡龍住過這麼美的洞嗎？
美麗的狠人！天使般的魔鬼！
披著鴿子羽毛的烏鴉！
狼吞般的羔羊！最神聖的外表而
可鄙的實質！與外表完全相反；
一個該下地獄的聖徒，一個體面的無賴！
啊大自然！你在地獄裡幹了什麼好事
把個惡魔靈魂藏這麼甜美的凡軀天堂裡？
曾有哪本書，內容如此卑劣
而裝訂如此漂亮嗎？啊，欺騙竟然住在
如此輝煌的宮殿裡。

瓦托，**西特拉島之旅**，1718，柏林，國家藝廊

右頁：貝爾尼尼，**聖德雷莎的狂喜**，1652，羅馬，聖馬利亞教堂

然而這並不是說巴洛克式的美非道德或不道德。絕非如此：巴洛克式之美的深刻道德性質不在於遵守巴洛克時期宗教或政治權威的僵硬典則，而在於其整體藝術創造。哥白尼與喀卜勒重新設計的蒼穹裡，天體之間的關係愈來愈複雜，巴洛克世界裡每個細節內部都有一個濃縮、擴大的宇宙視境。沒有一個線條不引導眼睛望向此時此地以外仍待探索之境，沒有一個線條不滿荷張力。充滿戲劇張力的美取代了不動、沒有生命的古典模型之美。

我們可以比較兩件看起來頗有距離的作品，貝爾尼尼(Bernini)的《聖德雷莎的狂喜》(*Ecstacy of St. Theresa*)，與瓦托(Watteau)的《西特拉島之旅》(*Pilgrimage to Cythera*)。前部作品中，張力線條從痛苦的臉延貫到她長袍褶紋邊緣。後部作品中，對角線自最外側的天使開始，由手臂至衣飾，從小腿至長杖，遠至圍成一圈唱遊的小天使。前作是一種戲劇性的、受苦的美、後作是憂鬱、夢幻的美。兩件作品的布局都無視中心與邊緣之主從，整體與細節相參互照，衣襬與面容、現實與夢境之美俱有十足尊嚴。

第 10 章

理性與美

1. 美的辯證

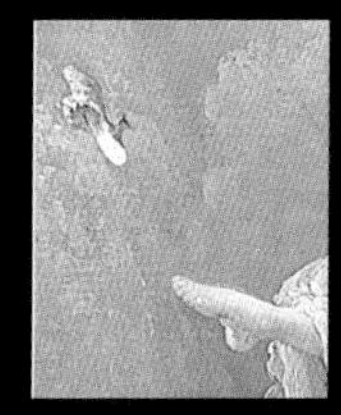

十八世紀向有理性世紀之稱，整體連貫，冷靜超脫。然而如此形象，連同現代品味所得於當時繪畫與音樂的感知，十分誤導。史丹利庫伯力克(Stanley Kubrick)的電影《亂世兒女》(*Barry Lyndon*)裡，啟蒙運動時代僵冷而疏遠的外表底下，奔流著一股不受羈制的，暴烈的騷亂激情伏流，那個世界的男女既殘酷，亦文雅。庫柏力克以一座古典帕拉底歐式結構的穀倉背景，演出聞所未聞的父子決鬥暴力。十八世紀是盧梭、康德與薩德侯爵(Marquis de Sade)的世紀，甜美人生(douceur de vivre)與斷頭台的世紀，活力爆發的巴洛克極盛期與洛可可、新古

左頁：佐法尼，**查爾斯陶尼與朋友在公園街畫廊**，局部，1787-1783，藍卡斯郡，陶尼廳藝廊與博物館

行動中的美

盧梭

《茱莉，或新哀綠綺思》，1761

我向來相信，善無非行動中的美，兩者緊連不可分，兩者都源出秩序井然的自然。由此可以推知，品味臻於至善之道與智慧相同；一個受美德吸引的靈魂，必定也會感受其他種類的美。我們有素養，才會看，會感覺，或者應該說，一個精美的風景無非一個精細的情愫。因此，一位畫家觀看一個美景或一幅美麗的畫而狂喜，令他狂喜的是一個粗俗的觀者根本不會留意的事物。多少事物，一個人必須有此情愫才會感受，而且此事是無從言喻的。許多這種「我不知道是什麼」(je ne sais quoi)的事物出現在我們眼前，這些事物品味能夠判斷。從某種意義來說，品味是判斷力的顯微鏡，因為前者把細微之事啟發給後者。那麼，要如何來培養品味？我們是否必須像學習感覺一樣學習觀看？以檢視判斷美，像我們透過情愫般判斷善？我認為，並不是所有的心都會在乍見茱莉時感動。

典主義美學蓬勃的世紀，思考並呈現這麼一個世紀，自當如是，方近真實。我們可以說，在十八世紀，貴族品味耽好生活之甜美，是巴洛克之美持續風行之因，古典主義之嚴格則新興資產階級的理性、紀律及計算彼此相適。不過，細加審視，不難發現一種較為年輕、更具動能力之創業貴族，其品味在實質上已更趨資產階級、現代主義與改革主義。只是，商人、公證人、作家、新聞業者、法官等社會階級須俟又一世紀之後，才顯出明顯可以指為資產階級的社會特徵。

與此複雜的社會階層及社會階級辯證相應者，是同等複雜的品味辯證：與洛可可多采多姿的美相對應的，不是一種古典主義，而是多種古典主義，這些古典主義回應各種不同的要求，有時還彼此矛盾。啟蒙哲學家號召心智以掙脫蒙昧主義的迷霧，卻又毫不猶豫支持專制君主與威權政府；啟蒙的理性由康德的天才表現其**光明面**，而薩德侯爵則表現其**黑暗且令人不安的一面**；同理，新古典主義是對舊制品味的反動，令人神清氣爽，但同時也在追求一種確定的、卻又因為確定而流於僵硬束縛的規則。

拉圖，**龐畢度夫人在查百科全書**，1755，巴黎，羅浮宮

左頁：弗拉戈納德，**鞦韆**，1767，倫敦，華理斯收藏

夏丹，**束髮的男孩**，1738，巴黎，羅浮宮

理性的光明面

康德

《論美與崇高感》，II, 1764

血氣多的人，美感占優勢：他的喜悅是歡欣的，充滿生命力。他不愉快的時候，心有未愜，知道沈默之趣，但不多。他尋求自遣之樂，也在周遭尋找樂趣，他幫人打氣，是天賜良伴。他有強烈的道德同情心：別人的幸福令他高興，他們的痛苦，他感同身受。他的道德情操很美，但缺乏原則，直接隨現實在他心中點燃的立即印象而轉移。他是所有人的朋友，或者說(同樣的道理)，他其實誰的朋友都不是，雖然他永遠親切，與人為善。他沒辦法作假：他今天做你的朋友，禮數周到待你，明天，萬一你得病或遭遇不幸，他由衷感同身受，但如果這情況繼續，他會避不見人，直到事情好轉。

理性的黑暗面

薩德侯爵

《尤絲蒂娜》，I, 1791

「有何不可，只要我滿意？」他給我五鞭、六鞭，我幸運以手擋開。然後，他將我雙手反綁；我只能以眼神和我的眼淚求饒；我被嚴禁開口說話。我嘗試令他心軟，結果徒勞：我裸露的胸脯又挨了幾鞭，非常恐怖，我立刻血污斑斑；我痛極流淚，淚珠加鞭痕，這個狂亂的怪物說，鞭痕因此更迷人。他親吻鞭痕，啃咬它們，不時轉到我嘴上，轉到我眼睛，淫蕩地舔那些眼淚。輪到阿嫚德就位；她雙手也綁著，胸脯渾圓高挺光滑；克雷門假意要吻她，卻咬起她來。最後，他使用鞭杖，沒多久，那細嫩的肌膚，白白柔柔的，變成只剩一團瘀青，皮開肉綻。「慢著，」這個激情慾飽漲的修士說：「這天下最嫩的屁股和天下最嫩的奶子，我得抽幾鞭才行。」

2. 嚴格與解放

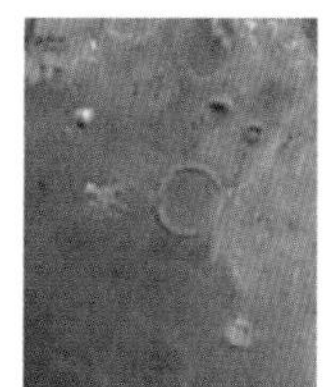

古典主義之創變，起於更嚴謹規則的需求。由此一隅，可以反三。就在巴洛克時代，一個趨勢已經明顯可見，就是十七世紀呼應古典悲劇，而走向古典悲劇的「時間、空間、情節」三一律：一個持續數年的劇情，要如何濃縮成數小時，兩幕之間的暫停時間又該如何濃縮一個事件到下一事件之間經歷的好幾年？於是，為了達到更嚴謹的自然主義，時間濃縮，空間化約，場景錯覺增加，劇情大幅化約，使台上的時間和觀眾的時間兩相湊合。七星劇院(Theater of the Pléiade)忠於現實的美，被一種風格化的美取代。這風格化的美被置於一種劇烈轉換的現實之中，人成為一種不需要布景裝飾的戲劇的中心。拉辛(Jean Racine)的作品相當表現出古典主義與反古典主義之同時並存。一種熱情洋溢的美，與一種風格化、濃縮、希臘悲劇式的美齊聚一台。

弗拉戈納德，**科雷索斯與卡利羅埃**，1760，巴黎，羅浮宮

3. 王宮與花園

新古典主義是對假古典主義的反動，而以更嚴格的自然主義之名行此反動，從新建築風格可以看得更清楚，尤其英國。十八世紀英國建築以清醒與良好品味為主要表示，斷然離棄巴洛克的過度放肆。

英國紳貴不以誇耀財富為事，而以執守古典建築規則為要，尤其帕拉底歐版的古典律則。巴洛克建築以放肆、膚淺、繁富線條令人驚異而

柏林頓爵士，奇斯維克宅邸，奇斯維克，1729

右頁：奇吉別墅，西耶納，林提納里，17世紀

成其美麗，在十八世紀理性凝視之下，這種美荒謬而做作，即巴洛克花園亦難免此咎：凡爾賽宮的花園被視為負面模型，英國花園則不以再造自然為工，而以反映自然之美為主，其魅力不在於恣意逾度，而在其設計布置之和諧。

4. 古典主義與新古典主義

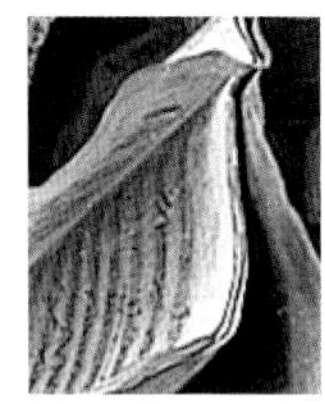

新古典主義裡，資產階級兩個清楚各別的特徵殊途同歸：個人主義的嚴格要求與考古的熱情。對隱私的關心，對家的關心，是近代人典型個人主義的表現，具體形式則為追尋極端嚴格的規範，並付諸實踐：美國獨立革命元勳兼第二任總統傑佛遜親自設計的住宅即是一例。新的古典主義流行一時，成為「真」古典美的正典，即所謂新雅典，既代表那個卓絕的古典希臘城市，又是理性女神的化身。這個層面與所謂「考古的新古典主義」(archaeological Neoclassicism)聯袂而至。後者說的，是十八世紀對考古與日俱增的興趣。

考古研究的確流行於十八世紀下半葉——時人熱心遠遊殊方，尋找歐洲以外的異域之美。不過，單看這研究、挖掘古物以及古蹟廢墟出土，仍無法解釋此一現象。對於赫丘拉能(Herculaneum, 1738)的挖掘，大眾冷漠以對，十年後挖掘龐培(Pompeii, 1748)，卻成為狂嗜古物與真蹟風氣之始。

兩場挖掘之間，歐洲品味發生了深遠的轉變。決定此一轉變的因素，是時人發現，文藝復興呈現的古典世界形象其實是頹廢時代的產物，他們因此而明白古典美其實是人文主義者造成的變形，他們於是拒斥這種變形，開始尋找「真正的」古代。

十八世紀下半葉典型的美學理論，也就由此產生：尋求古人之本真。尋求古人原貌，則須與傳統風格絕裂，在理論與內容上絕裂。理論方面，百科全書派(Encyclopedists)提出折衷主義。內容上的絕裂，則是拒斥傳統的主題與姿態，選擇更大的表現自由。

提西班，**歌德在羅馬平原**，**1787**，法蘭克福，藝術美術館

品味的標準

休謨

〈論品味的標準〉，1757

練習對審美極有益處，因此，我們判斷任何重要作品之前，應該將此作品一再諦觀，帶著專注與熟慮，從不同角度觀察。初視任何作品，或心思未定，或思緒忙亂，都不利真正的審美情緒：沒有察覺局部之間的關係，未能分辨其風格的真正性質，盡善與缺陷之處彷彿彼此淆亂，呈現於想像之中無從區辨。更無論有一種美，多飾而膚淺，乍看悅目，實則於理智與激情之正確呈現兩皆不合，未久即令品味生厭，終遭鄙棄，至少也要被列為等下之之作。

靜觀任何一種美，久而久之，不可能不在好幾種美與好幾種程度的優異之間做個比較，並且評估他們之間的比例。一個沒有機會比較各種美的人，的確沒有資格就任何對象發表意見。只有經由比較，我們才能確定褒貶，學會各得其當的褒貶。

卡諾瓦，**三美神**，局部，1812-1816，聖彼得堡，國立赫米塔吉博物館

然而，脫離正典以求更大自由者，非獨藝術家而已。休謨(Hume)主張，批評家唯有擺脫影響其判斷的習俗與成見，始能決定**品味標準**；至於品味標準，在方法、素養、經驗之外，應以良好的辨識力、免於偏見為基礎。此一批判的先決條件是輿論，流通的觀念在輿論中受到辯論，而且形成市場。同時，批評家的活動前提是，其品味明確已自古典規則解放：這解放運動至少源自風格主義，至休謨而成為美學上一種瀕臨懷疑論的**主觀主義**(休謨以正面意義的懷疑論自稱其哲學，並無遲疑)。在此脈絡中，基本旨趣是，美並非事物本身所固有，而是形成於批評家心中(質言之，在免於外在影響的觀者眼中)。這項發現，重要性相當於伽利略在十七世紀發現物體特性(熱、冷，等等)帶有主觀。「身體品味」的主觀性——食物之甘苦，取決於嚐食者之味覺器官，而非取決於食物本身特質——與「精神品味」之主觀性兩兩相應：判斷標準既然非屬客觀，既然不是內在於事物本身，則同一事物，一人可能以為美，一人可能以為醜。

帕尼尼，**古羅馬景廊**，1758，巴黎，羅浮宮

主觀主義

休謨

〈論品味的標準〉，1757

美並非事物自身之特質，而是只存在於靜觀事物者心中。各個心智，各見不同的美。一人以為畸形，另一人可能感覺到美；各人各有見地，不應管制他人之見。尋找真實的美，或真實的畸形，徒勞一如尋找真正的甘或真正的苦。根據器官之性，同一對象可能既甘且苦；語云，為品味爭論，決無結果，此說甚當。將此理引申於心智，以及身體品味，非常自然，而且必要。常識經常與哲學，尤其懷疑論哲學，彼此扞格，但至少這一點所見相同。

Du 13. juillet, 1793.
Marie anne Charlotte
Corday au citoyn
Marat.
il suffit que je sois
bien Malheureus
pour avoir Droit
a votre bienveillance
À MARAT,
DAVID.
L'AN DEUX

5. 英雄、肉體與廢墟

十八世紀下半葉發展出來的廢墟美學，是新古典主義美的曖昧特質之一種表現。以歷史廢墟為美，是新穎的觀念，其成因出於對傳統事物之不耐煩，以及因此而在正典風格之外尋求新主題。

取狄德羅(Denis Diderot)與文克曼(Joachim Winckelmann)對古建築所做理性又憂鬱的沈思，將之與大衛(David)對馬拉(Marat)遇刺屍體的見地比較，並不牽強。早一世代，不會有人起意刻畫浴缸裡的馬拉。在大衛這件畫作裡，巨細靡遺尊重史實，意義不在於冷眼複製自然，而在於其中糅合了各種彼此矛盾的情愫：這位遇刺身亡的革命家，其斯多噶式美德使他的肢體之美成為一種媒介，用以重新肯定對理性與大革命的信仰；然而那沒有了生命的身體，也透露生命無常的沈哀，

左頁：大衛，**馬拉之死**，1793，布魯塞爾，皇家美術館

哈克特，**歌德在羅馬參觀圓形劇場**，1786，羅馬，「歌德之家」藝術中心

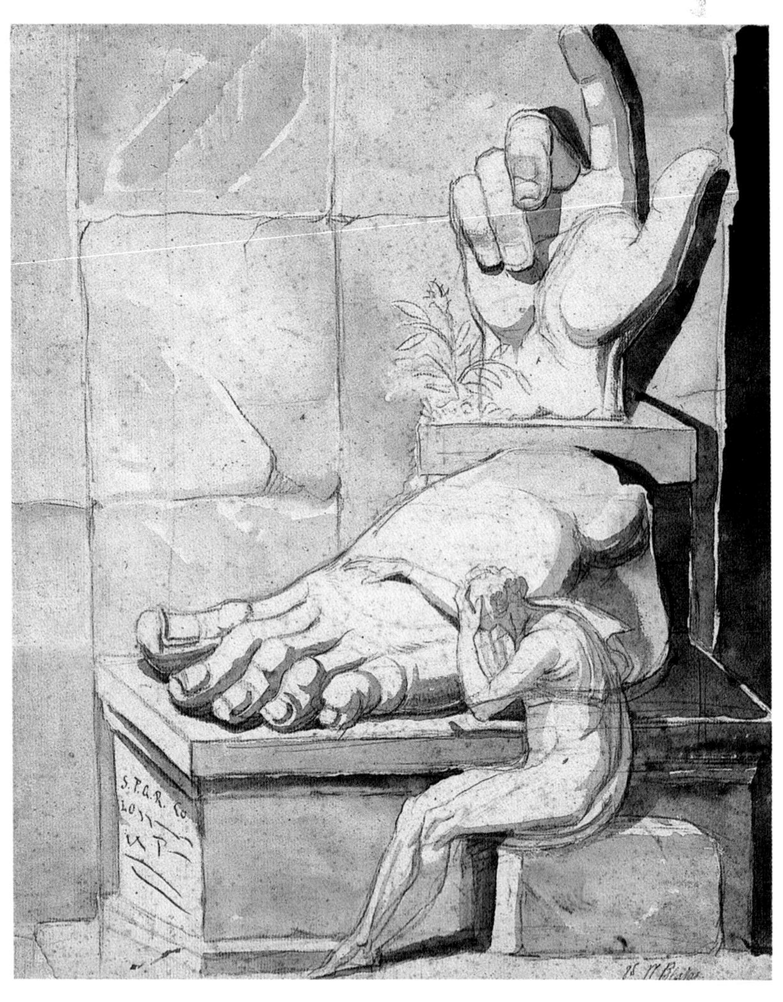

富西利，**藝術家絕望於古代殘片之巨大**，約1778-1780，蘇黎世，藝術館

凡百事物一旦為時間與死亡吞噬，即永難挽回。

狄德羅與文克曼沈思廢墟，與此異曲同工。古蹟之美，一則警惕人勿忘時間之摧殘，以及國族一滅，終古寂寥；二則使人更堅定相信，原蹟曾被視為永失不返，並使人因此錯誤偏愛自然美，實則絕對忠實的原蹟重建是可為的。文克曼企望一種清明質樸的線條純粹性，這企望裡有一股深遠的懷古情思。盧梭認為自然人原本純潔，情懷正同。但其中也含有對洛可可之虛華的反抗，認為洛可可最上不過造作，最下則純是違反自然。

古代傑作之美

文克曼

《關於繪畫與雕刻上模仿希臘藝術之思考》，1755

貝爾尼尼質疑希臘的自然美，以及希臘雕刻的理想美，他並且認為，自然賦予他所有各部分它們的美。他喜歡說，他迷戀梅迪奇的維納斯而產生成見，他已擺脫那些成見。他早先受這個偏見擺布，經過孜孜不倦研究自然，發現那偏見的內在矛盾，那偏見對他的影響很快消失了。

也就是說，那個維納斯教他在自然裡發現美。他原先以為只有在她身上才可能發現美，而要不是她，她永遠不會往自然裡尋找美。這豈不是說，希臘雕像之美可以比自然之美更好找，希臘雕像之美更令我們感動，並且不僅不像自然美那般分散，而是更加集中？是故，對有心認知完美的美的人，研究自然比研究古人更費時，更辛苦。模仿自然美有兩條路：一是跟從單單一個模範，一是觀察古人各種模範後，將心得貫通集中於一件作品。前一做法的結果是因襲，荷蘭畫派屬之。後一做法，是有普遍性的美、理想美之路，也就是希臘人所取之路。不過，希臘人和我們有個差別：希臘人創造了這些形象，雖然這些形象的靈感並非來自美麗的身體，而他們所以能夠如此創造，是因為他們在日常生活裡處處有機會觀察自然之美，我們則不是天天有此機會，而且即使有此機會，這機會也很少以藝術家喜歡的方式出現。

線性的純粹

文克曼

《未刊古代遺蹟》，I, 1767

在他們以神命名的作品裡，希臘工匠希望刻畫人體美的極致。為此目的，他們給這些神的面容與姿勢一種沒有絲毫的不耐煩或激動，而哲學家認為不適合這些神的鎮定。注入了這種鎮定之氣的形體，表現出一種完美的泰然均衡感。只有如此，才能表現波吉斯別墅保存的那具守護神的面容。不過，由於藝術並非以完全冷漠的精神做成，也由於藝術無法避免以人的感覺與情感來雕塑神祇，因此藝術必須滿足於它所刻畫的神所能表示的那種程度的美。其表情無論多明顯，都不是它何以如此均衡的原因。美的主導地位，有如大鍵琴在樂團裡領袖其餘所有樂器，雖然這些樂器彷彿要將它淹沒。這一點在梵蒂岡那具阿波羅雕像極為明顯。此像要表現阿波羅對他所殺大蛇的鄙視，兼要表現他對此勝利的不屑。那位明察的雕刻家依照詩人所說的部位來暗示這不屑：也就是鼻子，鼻子是怒張的，鄙視則表現於往上頂的下唇和抬起的下巴。這兩種情況難道於美無礙？無礙，因為這位阿波羅目光鎮定，眉間也安詳之至。

6. 新觀念、新題材

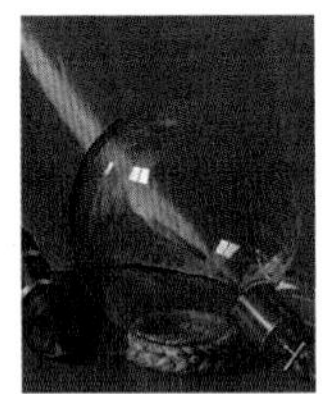

相較於文藝復興與十七世紀，十八世紀的美學辯論有其強烈革新的特徵，其特殊性與內在的現代性就寓於這些特徵之中：此即知識分子與大眾的關係、女性沙龍之成功、女性的角色，以及新藝術題材的出現。

十八世紀，知識分子與藝術家日益不必辱格仰賴保護人與贊助人，復因出版業擴張，他們開始享有某種程度的經濟獨立。早先，狄福(Defoe)出售其《魯賓遜漂流記》之版權，僅得十英鎊。休謨的《英國史》(*History of England*)則進帳逾三千英鎊。比較不得意的作家可以編書，綜合並普及重大的哲學與政治主題；在法國，巡迴市集出售這些書籍，因此，在這個半數以上人口識字的國家，書籍甚至流傳於外

左頁：波徹，**早餐**，1739，巴黎，羅浮宮

里歐塔德，**巧克力女孩**，1745，德勒斯登，畫廊

省偏遠之地。這些變遷為大革命鋪路，新古典主義之美成為大革命(以及其後拿破崙帝國)的象徵，殊非巧合，洛可可之美則被視為與可恨、腐敗的專制相連。

哲學家的角色與批評家、意見製造者融合為一，一個大眾亦告問世，這個大眾比所謂的「文學界」或知識圈廣泛得多。在這大眾內部，散布知識的工具也日益重要。當時最知名的批評家是艾迪遜(Addison)與狄德羅。前者重估想像力，以之為一種臻至藝術美與自然美的經驗性理解；後者秉持其典型的折衷主義，視美為有感知力的人與自然，在種種令人驚奇而多樣的關係中的互動，而且認為，對這關係的體會是一切審美判斷的基礎。這些觀念的散播都十分倚賴出版業，艾迪遜的刊物《觀察者》(*Spectator*)，狄德羅的《百科全書》，都善用出版業。

大衛，**拉瓦席耶夫婦**，1788，紐約，大都會藝術館

狄德羅與達冷柏，《百科全書》卷頭插圖，1751

想像的快感

艾迪遜

《想像的快感》，《觀察家》，1726

我們在藝術與自然裡發現第二種美，這種美在想像裡的作用沒有那麼熱烈和強力，但仍然在我們心理引起秘密的喜悅，以及對我們發現這種美的地方或對象的喜愛。這種美寓於顏色明麗或富於變化，寓於部分之間的對稱與比例，身體的安排與布置，或以上一切的適當混合並現。這幾種美裡，最令眼睛愉悅者是色彩。大自然最光耀或最悅目的表現，無過乎日出與日落之際的天宇，這時的天空完全由不同的光配合不同變化的雲構成。

出奇且多變的關係

狄德羅

《論美》，1772

雖然判斷上有此種種歧異的原因，但我們沒有理由認為真正的美(出於對各種關係的體會)是幻象；這個原理的應用有無限的變化和偶然的增損，可能導致各持己見與衝突，但原理是不變的。同一件對象，全世界可能沒有兩個人在其中察覺完全相同的關係，看見同樣的美；一個人無法感知任何關係，他就是禽獸，如果他只在少數領域裡沒有感覺，他就是有所缺陷，但其餘人類的一般情況仍然足以令我們遠離懷疑論。美並不全來自一個有智慧的肇因。在一個孤立的存有，在彼此比較的各種存有裡，運動每每決定令人驚奇的關係。自然史往往提供很多這類例子。關係因此是出自各種結合的結果，至少以我們來說是如此。在許許多多情況裡，自然模仿藝術產品。一位藝術家被暴風雨颳到荒島，看見一些幾何圖形，叫道：「朋友們，打起精神來，這是人做的符號呢」。我現在不談他這麼說對不對，不過，一件對象裡，我們必須分辨許多關係，才能絕對確定它是藝術家之作，那些情況裡，單單一個缺陷就壓過其他所有關係的總和；偶然的原因，與結果產生的關係之間的比例，以及(萬能造物者的作品除外)是不是有些情況，關係的或然能彌補關係的數目。

荷加斯，**荷加斯六個僕人的頭**，約1750-1755，倫敦，泰特不列顛藝廊

出版市場當然也產生新的反應與挫折。荷加斯(Hogarth)是為一例。英國貴族偏愛外國藝術家，荷加斯因此見斥於市場，只得以畫書籍插畫維生。荷加斯的畫作與美學理論，所表達的美與英國貴族愛好的古典主義明顯相反。他喜歡繁複的構圖，迂蜒、飛動的線條(既適於機智的巧喻，也適合滿頭青絲)，而擯棄僵硬的線條，他拒斥美與比例的古典關聯，在某種層次上類如他的同胞柏克(Burke)。荷加斯的畫表現一種發人深省的、敘事性的美，獨具範例作用；植根於一個故事，但無法從故事(長篇小說或中篇小說)推得。美一旦置於敘事脈絡之中，即失去所有唯心層面，而且由於不再繫縛於任何完美的類型，遂可以透過新的題材來表現，例如僕人，這也是當時其他藝術家常用的題材。

莫札特歌劇《唐喬萬尼》是古典主義時代結束而現代開始的標誌，劇中道德蕩然的貴族追逐女人，尋找理想美，僕從雷波列羅(Leporello)則詳細開列其主人的花心目錄。全劇以反諷的角度觀察這名貴族，頗非偶然。

頭髮

荷加斯

《美的分析》，V, 1753

頭髮是另一個非常明顯的例子。頭髮生來是裝飾用，其實也多多少少正是如此，或以其自然之形，或以人工為之造型。最可親者是飄逸的捲髮；天然互糾而波浪狀的髮絲令眼睛陶醉，隨微風而輕揚時尤然。畫家知道，詩人也知道，因此描寫了風中飄揚如浪的鬈髮。但是，同樣一個頭上的頭髮，亂成一團，則至為不宜，因為會使眼睛惑亂，無法分辨那無數牽纏不整的線絲，這是過度的複雜，應該避免。雖然如此，不過，當今仕女的風尚，部分頭髮在腦後編成交纏的蛇狀，底部厚實，往前漸減，以簪固定，模樣自然，則極為美觀。髮絲交織，疏密井然，既複雜，又美麗。

完美不是美的成因

柏克

《關於崇高的與美的觀念起源的哲學探討》，III, 9, 1756

另外有個流行觀念，與前面那個觀念密切相連，說完美是美的構成原因，而且將此見解引申到遠遠超過感官對象。然而感官對象裡，完美非但不是美的原因，而且以達到最高程度的美的女性來說，美幾乎每每帶有柔弱和不完美的觀念。女性非常清楚這一點，因此她們學會像小孩子般，說話口齒不清，走路顫顫危危，裝弱，甚至裝病。受困之美，是最動人的美。臉紅的力量也不多讓，害羞形同默認不完美，本身就是一種可親的特質，當然也因此提高其他可親的特質。

只要是穿裙子的

達朋提

《唐喬萬尼》，I, 5, 1787

夫人，這是
我主人的情場征服錄，
我自己開列的：
看清楚，和我一塊念：
義大利有640個，
德國230個，
法國100個，土耳其91個，
西班牙已經有1003個。
她們裡面有村姑，
有婢女、城市婦女，
伯爵夫人、男爵夫人，
侯爵夫人和王妃，
各種階級、體態和年紀。
對金髮女郎，他讚她們有禮，
棕髮女郎，他誇她們忠心，
對灰髮的，他說她們甜美。
冬天，他要富泰的女人，
夏天，他要瘦削的。
個子大的，他說她們氣宇非凡，
嬌小的，他稱她們萬人迷。
他追逐年紀大的，
只為名單更洋洋灑灑。
但他真正喜歡的，
是未經世故的小姑娘。
他不管女孩子有沒有錢，
是不是難看或漂亮；
只要是穿裙子的，
他就要。

7. 女性與激情

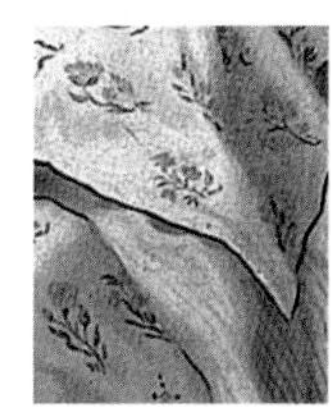

《唐喬萬尼》交代誘惑者被將軍的過程，呈現一幅新女性的畫像。名畫《馬拉之死》紀錄一個由一位女性動手造成的歷史事件，作用相同。在一個女性逐漸露面於公共場面的時代，對新女性面貌漸多刻畫，實乃必然。

繪畫上，巴洛克女性被另一種女性取代，新興的女性的官能之美減少，但穿著已趨自由，不再屈抑於令她們透過不過氣來的胸衣與繁複費工的髮型之下。十八世紀末的風尚是不再掩飾胸脯，乳房袒露，以一條帶子支撐，並強調腰線。巴黎仕女組織沙龍，並以絕非次要的角色參與沙龍裡的辯論，預示了各種革命俱樂部的興起；那些革命俱樂部的先聲在前一世紀已經出現，只是其談話大多以愛情為主題。瓦托的《西特拉島之旅》已經可見一斑。此作靈感來源，是想像的激情地圖，而這激情地圖出於17世紀談話裡的**心的地圖**(*carte du tendre*)。其實，漸近17世紀末之際，這些談論導出第一批以愛情為主題的小說，即拉法葉夫人(Madame de La Fayette)的《克雷夫王

左頁：安潔莉卡考夫曼，**自畫像**，約1787，佛羅倫斯，烏菲茲美術館

里歐塔德，**法國的馬利阿黛雷德，土耳其裝束**，約1753，佛羅倫斯，烏菲茲美術館

妃》(*The Princess of Cleves*),進入18世紀,則有狄福的《摩爾法蘭德斯》(*Moll Flanders*, 1722),里察遜(Samuel Richardson)的《帕美拉》(*Pamela*, 1741),以及盧梭的《茱莉》(Julie),或名《新哀綠綺思》(*New Heloise*, 1761)。十八世紀愛情小說透過激情的內在眼睛看美,流行的形式則是私密的日記:早期浪漫主義的精義盡涵於此。但最重要的一點是,透過這些討論,有個信念逐漸茁壯,而這個信念正是女性對現代哲學的貢獻所在。這信念是,情操不是對心智心靈的攪擾,反而和理性、感性分庭抗禮,表現人類的第三種能力。

情操、品味與激情於是不復帶有非理性的負面氛圍,而且,它們於逐漸被理性重新征服之際,在反抗理性之專制的奮鬥裡扮演領導角色。情操有如一座水庫,盧梭汲源於此水庫,反叛矯揉且頹廢的現代美,為眼睛與心贏回浸淫於原初、未受污染的自然美之中的權利,憧憬「高貴的野蠻人」與天機自發的青春,這樣的青春乃人性本有,但在盧梭的時代已經失落。

左頁：**心的地圖**，感情與激情地圖，**17**世紀，巴黎，法蘭西國家圖書館

次頁：大衛，**雷卡米爾夫人**，1800，巴黎，羅浮宮

心的地圖

史古德里夫人

《克雷莉，愛情故事》，1654

走任何道路都會遭遇障礙，都有偏離的危險，克雷莉於是判定，在「新友誼」這個地方朝右走太遠，或往左走太遠的人，都會迷失。事實上，他們從「大智」來，將會走到「疏忽」，如果繼續走這條岐路，會走到「不平等」，然後到「悔恨」、「粗心大意」和「失察」，結果非但到不了「溫柔的尊重」，反而走到「冷漠之湖」，此湖就在地圖上。湖面平靜，坐實湖名。另一邊，離開「新友誼」，稍微偏左，朝向「輕率」，會走上「背信」與「驕傲」之路，然後到「侮辱」，結果非但找不到「溫柔的感激」，反而落入「敵意之海」，海裡滿是船骸。此處波浪激湧，就是往左偏離「新友誼」者的寫照。克雷莉在圖上顯示，友情需要千百種好品質來促成。品行不良者只會得到她的憎惡，最好也是她的冷漠。此外，這位女郎有意以她這幅地圖表明，她還沒有愛過人，將來心中除了柔情，沒有別的。傾向之河墮落成「危險」之海，因為很大的危險等著那些逾越友誼分際的女人。基於此故，在「危險」之海那邊，她標出「未知之地」，因為我們不知道那邊有什麼，而且我們相信，沒有人曾經航越赫丘力士之柱。

虛榮

狄福

《摩爾法蘭德斯》，1722

這樣，我就享盡了我所受教育的所有好處，不下於我如果是那貴婦時所能具備的優點。在一些事情上，我還勝過我那些夫人，雖然她們身分比我高。我的優點都是天生的，她們財富再多也給人不了她的優點。首先，我明顯比他們哪個都漂亮；第二，我身材比她們好；第三，我唱得比她們好，我是說，我嗓門勝過她們。請容我說一句，我提這幾點，並非自負，而是所有知道這家子的人的見解。在這些方面，我有我這個性別都有的虛榮心，也就是說，人家真的認為我漂亮，應該說，人家真的認為我是個大美人，我十分清楚，而且，無論人家對我的評價多高，我對自己的評價都更高。我特別愛聽人誇我，而且有時的確有人這麼誇我，我十分滿意。〔……〕

不過，我吃虧也在虛榮心太大，應該說，我的虛榮心是我吃虧的原因。我家夫人有兩個兒子，是很有才能的公子，行為非常，我不幸和他們兩個都要好，但他們待我非常不同。〔……〕

從此以後，我腦袋裡生出很多奇怪的念頭，我真的可以說，我六神無主；一個紳士跟我說他愛上我，說我好迷人，我還真頂不住，我的虛榮心飄飄欲仙，無以復加。我腦子裡固然滿是驕傲，可是我到底絲毫不知世道險惡，不曾絲毫考慮自己的安全，也不曾顧慮我的貞潔，我那兩個小主人要是開始起意，就可能對我亂來，但他沒有看出他可以占的便宜，也是一時運氣好。

8. 美的自由發揮

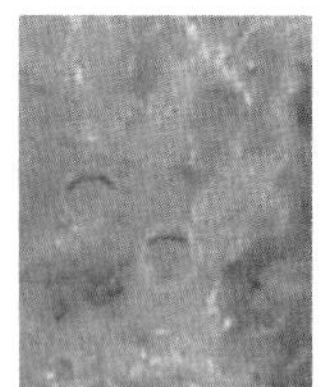

十八世紀美學，於品味特重其主觀、不主一律的層面。這個趨勢的高峰之作，是康德的《判斷力批判》(*Critique of Judgment*)，書中主張，審美經驗之基礎在於從美的靜觀中獲得的**不涉利害的快感**。美以客觀方式使人產生快感，不源於，也不歸於任何概念：所以，品味是透過快感與不快感，就對象作靜觀判斷的能力；這快感的對象，我們界定為美。

但是，視一對象為美，我們的判斷力必須有普遍價值，必須(或應該)讓人人贊同我們的判斷。但是，由於品味判斷的普遍性不要求有概念依據，美的普遍性遂成主觀的預期：這是表達判斷者可以有的正當要求，但這判斷不具備認知上的普遍價值。以智識來「感覺」瓦托所畫愛情場面的形式是長方形，用理智來「感覺」紳士都有義務幫助遭遇困難的女士，有異於去感覺某畫之美：上舉二例，智識與理性都棄讓它們分別在認知與道德領域中的至高地位，依照想像力的規則，和想像力共同自由發揮。

在康德，就像在盧梭，以及在有關激情的討論裡，我們看見理性的一種脫離關係。不過，這脫離仍然是依循理性本身規則而行。啟蒙運動這個內在的不和諧所造成的緊張，沒有誰比康德更善於處理。但即使是康德，也承認體系內有些非理性現象。其中之一，是他提出「附屬美」(adherent Beauty)，以及「自由美」(free Beauty)，也就是簇葉飾與抽象事物那種不可定義的性質，而將兩種美賦予正當性。浪漫主

不涉利害的美的快感

康德

《判斷力批判》，I, 1, II, 1790

這個美的定義可以從前面那個美的定義導出來；就是，一個東西，我們對它的快感沒有任何利害關係。一個使我們意識到我們的快感不帶任何利害的東西，只能如此評判。它也必須包含使每個人都能產生快感的根據。因為，它既然不是建立在主體的任何愛好(或任何預設的利害)上，以及，既然下判斷者在對此物的欣賞上完全自由，他就不能以任何屬於他個人的愛好來解釋他的快感。

洛姆尼，**扮成色絲的哈米爾頓女士**，約1782，倫敦，泰特不列顛藝廊

義者繼而給予**自由美**無限空間，並索性說美即自由美。最重要的是，康德論崇高(請參較第十一章)，提出沒有形式、沒有限制的自然及其力量：崇峻、壯觀的絕崖、電閃雷驚的烏雲、火山、暴風雨、汪洋大海，以及其餘所有顯示自然無限的現象。大自然積極、正面，大自然有目的，大自然和諧之說，本無充分根據，但康德仍然相信。當世紀典型的「美學神義論」(aesthetic theodicy)，亦見於哈契遜(Hutcheson)與夏夫茲伯里(Shaftesbury)，他們認為，自然界存在惡與醜，並不牴觸積極、實質上屬於善的宇宙秩序。不過，如果自然不復是英國花園，而是莫可名狀，足以窒息生命之巨大力量，則這種激盪震動與宇宙的和諧甚難調和。康德的崇高論則歸結於理性至上。他說，人類理性獨立於自然，因為精神能夠超越一切感官經驗。

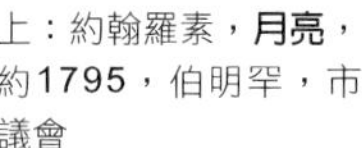

上：約翰羅素，**月亮**，約1795，伯明罕，市議會

下：波雷伊，**牛頓紀念碑**，1784，巴黎，法蘭西國家圖書館

自由美

里奥帕第

《回憶：詩篇》，1824

甜蜜的大熊諸星，我從未想到我會回來，像過去那樣，看你們在我父親的花園上空閃閃發光，從我度過童年並且看著我的幸福結束的這棟大宅窗口和你們說話。你們和你們的姊妹星的閃爍和眨眼，從前勾起我多少幻想和恣肆的心念。那時候，我經常獨自寂寂坐在草地上度過漫長的夜晚，觀望天宇，聽田野過去遠遠那邊傳來的蛙鼓。螢火蟲在圍籬邊的花上，在芬芳的小徑上輕飛，樹林裡的柏樹和微風輕聲細語；佣人在屋裡安詳工作，人語斷續。那遙遠的海喚起多少可愛的夢想。從這兒可以看見的蔚藍群山，我曾遐想有一天翻越過去，想像著種種神秘的世界，神秘的喜悅在那裡等著我，沒有想到命運其實會給我什麼，也沒有想到我會與其苟延這乏味可悲的人生，寧可一死了之。

美的欲求

哈契遜

《我們美的觀念和美德觀念起源探討》，I, 15, 1725

明顯可見，有些對象馬上引起美的快感，而且我們擁有能夠感覺到美的感官，而且這快感有別於任何利益的喜悅。為了美而不顧方便與功用，只為了美的快感而別無所求，不是常見的現象嗎？這顯示，我們無論多麼出於自私而尋找美麗的東西，如我們在建築、園藝及其他許多事情所為，都一定有一股美的意識先於這些而存在，沒有這美的意識，這些對象不會這麼好看，也不會在我們內心引起快感。這快感使它們好看。我們意識到對象是美的，從而稱這些對象是好的，這意識截然有別於我們對這些對象的慾望。我們對美的欲望可能被酬賞或威脅抵消，但我們的美感判斷不會，正如我們可能怕死惜生而選擇或欲求苦口之藥，或不理我們的味覺說可口的食物，但吃苦藥的好處，或者對受傷的害怕，都不可能使苦藥變可口，也不可能使可口食物變不可口。美感也是此理：我們對這類對象的追求，經常由於看到好處、不喜辛苦，或其他任何自私的理由，而放棄，其中證明的不是說我們有美感，只是證明這股欲求可能會被一個更強烈的欲求抵消。金比銀重要，但從來沒有人以此證明銀不重要。

sueño
delarazon
produce
monstruos

9. 殘酷與鬱黯的美

左頁：哥雅，**理性沈睡，怪物生焉**，1799

次頁：隆吉，**門廊**，1750，威尼斯，

但康德的結論裡也銘刻著理性的黑暗面：理性獨立於自然，以及人需要相信自然是善的，雖然自然之善並無根據。人的理性能將任何認知對象化為它隨意左右的觀念，也就是說，使它自己獨立。然則有什麼能防止非但事物，連人也被化約成操縱、剝削、修理的對象？誰能防止**理性的為惡計畫**，以及用理性毀滅他人心靈？

德・拉克洛(Choderlos de Laclos)的《危險關係》(*Les liaisons dangereuses*)，即寫此事，文雅教養之美只是面具，人類的黑暗面潛躡於面具背後，尤其是一名女子的復仇渴望，她決心以殘忍與邪惡為武器，報復古今女性所受的壓迫。

理性可作為殘忍無情之用，令人疑心自然本身不善亦不美。若然，則我們如何能不隨薩德侯爵，視自然為吃人怪物？自然是如此怪物，人類歷史豈無充裕證據？於是，殘忍與人性相符，痛苦乃獲致快感之方，快感則是一個由**不受拘制的理性**所散發暴力之光照明世界的唯一目的。人體美不復有任何精神意涵，只用以表現施刑者的殘忍快感或被刑者的所受折磨，剝盡道德裝飾。這是惡之王國在這個世界上的勝利。

哥雅，**賽騰**，1821-1823，
馬德里，普拉多博物館

邪惡的理性計畫

拉克洛

《危險關係》，1782

現在得靠你想辦法，使弗朗格夫人不會被我們這位年輕人在他信裡述說的胡為驚倒。最重要的是，要說服她不再要求把年輕女子的信退回，因為她說什麼也不可以拿到那些信，而我也不怪他：這回，理性與愛完全一致。我讀過這些出名的信，是為了消磨無聊而讀的，我想，那些信有一天會派上用場。容我解釋一下。雖然我們小心預防，但一場醜聞還是可能爆發，這樣，婚事就完了，我們為格寇特做的所有計畫也完了。為了我自己的理由，我要對那個母親報一箭之仇，因此我也要保留使那個女兒蒙污的機會。從這些書信裡好好挑選，並且只發表挑選出來的幾封信的某些段落，我們很容易就能使大家相信，當初主動走出一步的女方，如果使大家相信是她自己硬著對他投懷送抱，那就更好。有幾封信甚至會把她母親拖下水，至少至少，她會被視為犯下不可原諒的疏忽，受盡罵名。

不受拘制的理性

瑪麗雪萊

《科學怪人》，1818

我不眠不休做我的事，這些念頭支撐我的精神。我孜孜研讀而面頰蒼白，足不出戶而身形憔悴。有時候，就在確定成功的邊緣，我又失敗了，可我還是抱緊下一天或下一小時可能實現的希望。一個只有我擁有的秘密，就是我專心一致追求的希望；月亮注視我寅夜苦作，我帶著毫不鬆懈和上氣不接下氣的急切，直搗大自然藏身之處。我在墳墓的陰濕裡來去，或折磨活生生的動物來復活沒有生命的軀體，我這秘密工作的恐怖，誰能想像？想到凡此種種，我四肢發抖，兩眼昏暈，但是一股難以抵抗、近乎瘋狂的行動驅使我繼續下去。除了這件事，我彷彿沒有靈魂，也沒有了感覺。

只有在一陣短暫的出神裡，也就是那不自然的刺激物暫停作用時，我才重拾我的舊有習慣，但我隨即又恢復敏銳的感覺。我從停屍間收集骨骼，以瀆神的手指探索人類骨架的巨大秘密。一個以一道走廊與樓梯從其他所有居室分隔開來的獨間，或者應該說斗室，就是我的作坊，我在這裡從事我污穢的創造；我的眼珠從眼眶暴突出來，端詳種種細節。解剖間與屠宰房提供我許多材料；經常，我的人性使我厭惡自己做的這件事；但是，在不斷增強的渴望催促之下，我把我這工作做到將近完成的地步。

第 11 章

崇高

1. 新的審美觀

富利德利赫，**魯根的白堊斷崖**，1818，溫特魯爾，奧斯卡萊因哈特收藏

如同其他時代，新古典主義認為美是我們感覺為美的對象本身的特質，因此，新古典主義回歸於「變化中有統一」、「比例」、「和諧」等古典主義定義。荷加斯就認為有「美的線條」、「優美的線條」。這是美的條件寓於對象形式之中的另一說法。

十八世紀則流行其他用語：「天才」、「品味」、「想像」和「情懷」，可以看出一個新的審美觀正在誕生。「天才」、「想像」，當然指的是發明或產生美麗事物者的特質，「品味」則為有能力欣賞美物者的特質。凡此用語所關，明顯並非對象之特徵，而是主體(美的生產者與判斷者)的特質、特徵或情性。歷代不乏指涉主體能力的用語，諸如「別出心裁」、「機趣」、「尖銳」、「氣質」，但主體的權利在美的經驗裡扮演主角，始自十八世紀。

一物之美，由我們理解一個對象的方式，由發出品味判斷者的反應，來界定。美的辯論，重點從尋找其生產之規則，轉為思考其所產生的效果，雖然在其《論品味標準》(On the Standard of Taste)裡，休謨想在**品味判斷的主觀性**，與被認為美的事物的一些**客觀特徵**之間尋求調和。美出於主體對客體的感覺、美與感官密不可分，是各種哲學圈共通的主導觀念。同時，在各種哲學圈裡，崇高論也地位漸顯。

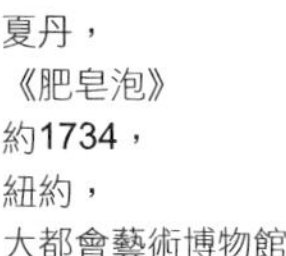

夏丹，
《肥皂泡》
約1734，
紐約，
大都會藝術博物館

品味的主觀性

休謨

《論品味標準》，約1745

許多人沒有美感情操，一個明顯的原因是缺乏想像力的細緻。要傳達精微的情緒感覺，想像力細緻是必備條件。這細緻，人人自稱擁有，人人都談，將每種品味或情緒化約於其標準。

弗拉戈納德，**閱讀的少女**，約1776，華盛頓D.C.，國家藝廊

客觀特徵

休謨

《論品味標準》，約1745

美與畸形，比甘與苦更不是對象本身的特質，而是完全在於人的內在或外在情緒。這是可以確言的。不過，也必須承認，有些特質天然即適合產生那些感覺。這些特質，成分可能較少，也可能彼此混糅，品味往往不能感受到如此微量，或者無法一一分解所有味道。感官如果極為細膩，一切難逃其感覺，同時極為精確而能區辨每一種成分：我們管這叫品味細緻，無論取「品味」的字面意思或作為比喻，皆然。美的通則在這裡派上用場。這些通則取自既有的模範，來自對產生快感或不快感之特性的觀察。如果這些特質數量微少，感官因而沒有愉悅或不安，我們就可以說，此人全無細緻可言。

2. 崇高是偉大靈魂的回響

首先討論崇高者，是大概生卒於公元一世紀的郎吉納斯(Pseudo-Longinus)，其崇高論在十七世紀有霍爾(John Hall)的英文譯本，以及波瓦洛(Boileau)的法文譯本，讀者甚眾，但崇高這個觀念直到十八世紀中葉才有人特別措意。

依朗吉納斯之見，崇高乃宏偉、高貴的熱情(如荷馬史詩或偉大古典悲劇中所見)的表現，使藝術品的創作者與體會者**情靈搖動**。藝術創作過程中，朗吉納斯認為熱情遄飛的刹那最重要：崇高從內在使詩思靈動，卒能引領聽者或讀者心躍神馳。朗吉納斯注重修辭與風格，結論就是崇高須賴藝術之功。

因此，朗吉納斯之意，**崇高是藝術臻至的效果**(而非自然現象)，其實現取決於某些規則之匯合，其目的則在快感。十七世紀初，由朗吉納斯啟發而作的思考，仍有「崇高風格」之論，運用適合英雄題材的修辭程序，出以撩動高貴激情之語言，謂之崇高風格。

崇高

郎吉納斯(1世紀)

《論崇高》，I

〔……〕崇高不是說服觀眾，而是使他們心動神馳。產生神奇感的事物無不使我們如中咒語，永遠優於只是可信或可悅的事物。

情動神馳

郎吉納斯(1世紀)

《論崇高》，VIII

〔……〕幾乎出於天性，我們面對真正崇高的事物時，靈魂上揚，被一股強大的興奮高昂攫住，充滿高亢的喜悅，彷彿這崇高是出自我手似的。一個有素養的熟練的人，閱讀或聆聽某件事物多次，內心沒有偉大之感，也不生出比字面感覺更豐富的省思，反而——一讀再讀之後——注意到作品給人的感受漸褪，那麼他面對的就不是真正的崇高，而只是在閱讀或聆聽時有趣的東西。真正的偉大，能豐富思想，是很難(雖非不可能)否認的東西，會留下久長而無法抹滅的記憶。總之，真正的崇高美是永遠使人人都產生快感的東西。

貝爾尼尼，**阿波羅與戴芙妮**，局部，1622-1624，羅馬，波吉斯畫廊

崇高是藝術的效果

郎吉納斯(1世紀)

《論崇高》，VII

我們可以說，文學上的崇高，真正來源有五，其共同基礎則是天然的表達能力，無此能力，一切難說。第一，也是力量最大的來源，是能夠驅使宏偉的觀念——我在我討論贊諾芬的那本書裡已有定義，第二是強烈的情緒靈感。崇高的這兩個要素大致出於天生，但其他三項要素，則部分要靠藝術手法來產生，也就是恰當的語言營造，這方面大致有兩種，即思想之喻與語言上的比喻，以及，最重要的，高貴的語詞，這方面又可以區分成遣詞用字、比喻之選擇及繁富的詞句。第五項要素包含以上諸項，是全面的尊嚴與提升效果。

3. 自然裡的崇高

十八世紀，崇高觀念基本上與藝術而非與自然相連，其中含有對不成形狀之物、痛苦、恐懼的偏見。美麗、令人愜意之物，可怖、可驚、痛苦的事物或現象，歷史不乏論者；藝術以美麗方式刻畫或模仿醜、漫無形式之物、怪物或惡魔、死亡、暴風雨，亦每受讚賞。在《詩學》(*Poetics*)中，亞里斯多德說明，悲劇以呈現可怖事物，引起觀眾**恐懼與憐憫**。但其說之重點在**清滌作用**(catharsis)，觀眾透過清滌過程，自那些激情解放，那些激情本身並不帶來快感。十七世紀有畫家刻畫醜、惡、殘、跛、烏雲暴雨之天空，而獲欣賞，卻沒有誰說，暴風雨、驚濤駭浪的海，種種充滿威脅而沒有明確形狀之物，本身即美。

這時期，審美快感的世界分裂為二：美與崇高，雖然兩者並未截然分開(如美與真、美與用、美與醜之截然二分)，因為崇高的經驗帶有許多先前歸於美的特徵。

沃爾夫，**魔鬼橋**，**1777**，阿勞，阿爾高爾美術館

恐懼與憐憫

亞里斯多德(4世紀BC)

《詩學》，XIV

恐懼與憐憫是看戲造成的結果，有時候來自戲裡情節事件的安排，巧於安排情節，是詩人高明之徵。情節之安排，應該使人即使不看演出，只聽說那些事件，也為之悚然而懼，並且憐憫油生，一如任何人聽過伊底帕斯的故事就會有的感受。靠眼睛所見的布景來產生這效果，藝術性較低，而且需要與戲無關的方法幫助。那些靠這類手段產生效果，而產生的效果不是可畏，而是怪誕者，不可與言悲劇。我們所求於悲劇的，不應是一切種類的快感，而是悲劇獨有的快感。而由於詩人應該以「再現」來產生憐憫與恐懼的快感，很顯然，這個特質必須由情節來體現。

清滌

亞里斯多德(4世紀BC)

《詩學》，VI

因此，悲劇是再現一個行動，這行動是英雄式、完整、有一定規模的，其媒介則是經過各種裝飾的語言，在劇中不同部分各盡其用：表現人的行動，而不是用敘述，並透過恐懼與憐憫，使這些情感獲得解脫淨化。

富利德利赫，**北極船難**，1823，漢堡，美術館

右頁：富利德利赫，**流浪者在雲海上**，1818，漢堡，美術館

十八世紀是旅行家急切見識新風景、新風俗的時代，非如前人般出於征服慾，而是為了玩味新的快感，新的情緒，並且由此發展出一種對異域、對有趣、怪奇及令人驚駭之事的品味。這可以說是「山岳詩學」(poetics of mountains)誕生的時代：鼓勇横越阿爾卑斯山的旅人，見其不可攀躋的絕崖，一望無盡的冰河，下臨無地的深谷，舉目無垠的大地，為之驚迷。

甚至十七世紀結束前，在其《神聖的地球理論》(*Telluris theoria sacra*)裡，柏尼特(Thomas Burnet)已經說過，高山的體驗使人的靈魂向上帝提升，暗示著無限，以及撩動大思想與大熱情。十八世紀，在其《道德論文》(*Moral Essays*)中，夏夫茲伯里說，怪石嶙峋的危崖，蒼苔滿布的洞窟、地穴，以及瀑布，在種種荒野之美點綴之下，令人沈醉有加，因為它們更真實代表自然，壯觀遠勝王侯花園之「可笑贗偽」。

驚異

愛倫坡

《亞瑟戈登皮姆的故事》，XXV, 1838

一片陰沈的黑氣在我們頭頂上盤旋，不過，從海洋的乳色深處，一道亮光升起，緣船舷而上。我們幾乎被下在我們身上和獨木舟上的白灰色細雨驚倒，但雨入海即化入波中。模糊加上距離，瀑布之頂完全消失不見，但我們明顯正在以恐怖要命的速度接近它。瀑布間歇可以看見張得大大但隨開隨闔的裂隙，裂隙內裡滿是飛縱而渾糊不清的影子，強大而無聲的風從裡面衝出來，一路撕碎著火的海。

無垠的大地

佛斯科洛

《雅各坡歐爾提斯最後的信》，1798年5月13日

假使我是畫家！多豐富的材料供我筆下揮灑！藝術家沈浸於歡悅的美的觀念之中，使其他所有激情入睡，至少舒緩了它們。然而，假使我是畫家呢？在畫家與詩人的作品裡，我看過美麗的，有時寫實的大自然；可我不曾在任何畫作裡看過崇高、浩大、無倫的大自然。荷馬、但丁、莎士比亞，這三位有超人創造力的大師，如暴風雨般激起我的想像，點燃我的心：我曾帶著熱燙的淚，沐浴於他們的詩篇之中，我曾將他們當神崇拜，彷彿看見他們坐在凌駕宇宙、支配永恆的崇高穹窿裡。甚至我在眼前看到的那些獨創之作，也充滿我的靈魂，勞倫佐，我不敢，即使將米開朗基羅注入我體內，我也不敢著手這樣的作品。大能的神！你欣賞一個春天黃昏的時候，你也許滿意你的創造吧？為了安慰我，你傾出無窮的快感泉源，我經常漠然以對，在被落日的平和的光鍍亮的山頂，我被麥浪起伏的山丘包圍，橄欖樹和榆樹滿掛搖曳的蔓藤：遠處的峭壁與山脊不斷上升，彷彿層層相疊而上。在我下方，山腹是一條條犁溝般的不毛峽谷，薄暮的陰影漸上漸濃，背景沈黯可怖，望之如深淵之口。南坡一片樹林高懸山谷之上，將山谷遮蔽，綿羊在空地吃草，山羊零散分布於陡崖危石。鳥鳴聲啁啾，似哀一日將盡，小牛嗚嗚，風喁喁作聲於草木之間，頗以為樂。南向，群山分開，一片無垠的平原在眼前披展：近旁的田野，牛群歸家，一位勞苦農夫扶杖同行；妻子、母親為疲倦的一家準備晚餐，遠處的別墅閃著白光，炊煙上升，鄉間木屋點點。牧人擠奶，羊圈門邊編織的老嫗放下活兒，撫慰小牛，以及在母親周圍咩咩奔忙的小羊。同時，景物漸褪，長長一連串與田野後面，一切在天地交會之處消泯為一。落日射出最後的餘暉，彷彿是它與大自然的最後一聲道別；雲霞酡紅，逐漸轉淡，終而入暗：平原消失，陰影籠罩大地，我彷彿站在汪洋之中，舉目唯見天空。

山的體驗

柏尼特

《神聖的地球理論》，IX, 1681

我想，大自然裡最偉大的東西是最悅目的；浩渺的天宇及眾星所在的無邊之境以次，我最大的樂趣是看浩瀚大海與地上的崇山峻嶺。大海與高山有高貴莊嚴的氣度，鼓舞人心思遠大，熱情澎湃。在這些場合，我們自然而然想到上帝，一切大到我們無法想像的事物，都彷彿無限，充滿並震攝心智，將之投入一種愉悅的恍惚與崇慕。

4. 廢墟詩學

十八世紀下半葉是歌德式建築興盛之季。相形於新古典主義之比例，歌德式建築望之不成比例、不規則。也正是對不規則、無定形的愛好，導至欣賞**廢墟**的新品味。文藝復興時代熱愛古希臘廢墟，因為透過廢墟，可以遠窺昔日原物之全貌；新古典主義運動嘗試重現那些全貌，如卡諾瓦(Canova)與文克曼，十八世紀欣賞的，則正是其不完整，無情的時間遺留其上的標記，覆蓋其上的植物，其裂痕，以及苔蘚。

辛克爾，**河邊的中世紀城鎮**，1815，柏林，國家畫廊

次頁：富利德利赫，**橡林裡的修道院**，1809-1810，柏林，國家畫廊

廢墟

雪萊

《阿多尼斯》，XLIX, 1821

去羅馬吧——那裡是天國，
墳墓、城市兼荒野；
斷垣頹壁
高積如殘山碎巒，
開花的雜草與芬芳的樹叢
點綴著荒涼赤裸的骸骨
走過去，地靈會引領
你的腳步，到一處翠綠的墓場
那兒，在死人之上
繁花遍放
如嬰孩的笑顏。

5. 文學上的「歌德」風格

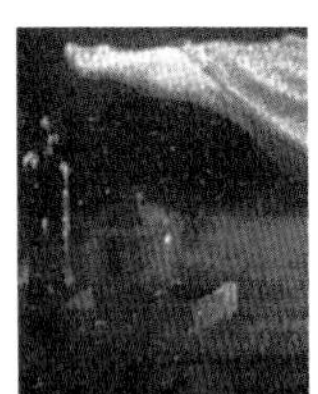

好尚廢墟與歌德式風格，不只是視覺世界的特徵，也擴及文學；其實，十八世紀見證了「歌德」小說的興起，以傾圮的古堡、修道院與魅影幢幢的地窖為背景，寫夜間異象、陰森的罪行和鬼魂。

同一時期，與此並駕者是墳場詩與喪葬輓歌，一種停屍間的情色主義，後者在十七世紀的詩作裡已經出現，就是塔索(Tasso)的《科洛琳妲之死》(Death of Clorinda)。凡此種種，至十九世紀末的頹廢主義而達於病態高潮。於是，對於一些人呈現陰鬱的風景、幽靈及可怖景象之際，有人好奇恐怖何以能給人快感，因為至此為止，快感、喜悅一直只與善相連。

墳場詩

雪萊

《知性之美頌》，1815-1816

童年時代我尋找鬼魂，衝過
許多會聽聲音的房間、洞穴和廢墟
和星光下的樹林，以恐懼的腳步追逐
與死人說話的希望。
我呼喚被灌輸到我們少年心中的
有毒名字；
當我深思人生的命運，
我沒有被聽見——我看不見它們，
那是甜美的時光，
風在追求一切有生命的東西，
它們醒來，帶來鳥和花開的消息——
突然，你的影子籠罩我；
我嘶聲尖叫，在狂喜中緊握雙手！

停屍間的情色主義

雪萊

《漸虧的月》，1820

像一個瀕死的女郎，瘦削，蒼白，
裹著薄紗，從她房間蹣跚而前，
由她瘋狂而虛弱失神的腦子領著，
月出於昏黑的東方
白而不成形狀的一團——

科洛琳妲之死

塔索

《耶路撒冷得救》，XII, 1593

如藍色紫羅蘭丟在白色百合之間，
蒼白在她天生的白裡開始；
她投眼向天，天與日都憐憫下望，
她將赤手伸給騎士，以示
愛與和平，她講完了話
這位處女沈入無盡的睡眠，——
愛、美、美德，為你們的寶貝哭泣吧！
可是當他看見她靈魂已去，
他男性的勇氣開始動憐，
哀、憂、痛、不滿
主宰了這個人，
將他內心的生命鎖起，
死亡傳遍他的感官和面容：
有如他死去的女郎，
唐克雷德覺得死是好事，
蒼白、寂靜、創傷
和汩汩而流的血泊裡。

福斯里，**夢魘**，1781，底特律，底特律藝術研究所

恐怖

席勒

《論悲劇藝術》，1792

傷心、可怕，甚至恐怖的事物，對我們有我們難以抵擋的吸引力；苦難與恐怖的場面，我們既排斥，又受吸引，看見有人講謀殺之事，就圍攏過去；我們渴切猛讀鬼故事，故事愈令我們寒毛直豎，我們愈手不釋卷。

人的精神的這股衝動，在現實裡更加明顯。從岸上望去，暴風雨颷沈的船隊，其令我們的想像力快適的程度，一如令我們心情激動。流克里修斯說，這種天然的快感來自我們自身安全與危險景物的比較，但其說難信。罪犯赴刑，多少人擁上前去看他畢命！正義得伸的快意，與不高貴的報復慾，都無法解釋這現象。觀者可能原諒這狼狽無狀之人，最真心同情他的人可能希望他得救，但觀眾都多少有一股欲望，想看他受苦之容，聽他受苦之言。受過教育者如果是例外，那也並非因為他沒有這股本能，而是因為這本能被憐憫克服，或者因為這本能被禮法抑制。質性較粗的人，則不受這些細緻情緒阻礙，追從這股強大的衝動而不以為恥。這現象因此必定根源於人這種動物的本性，必須解釋為人類普遍的心理律則。

6. 柏克

崇高這個主題的傳播，貢獻最大之作，當推柏克(Edmund Burke)的《從哲學上探討崇高與美的觀念起源》(*A Philosophical Inquiry into the Origin of Our Ideas of the Sublime and Beautiful*)。此作初版於1756年，再版於1759年：「以任何方式激起痛苦與危險之念，亦即，任何恐怖、富於恐怖之事物，或以類似恐怖的方式運作的事物，都是崇高之源，亦即，能產生人類所能感覺的最強烈情緒。」

柏克將美與崇高對立。他認為，美基本上是物體的一種客觀特質，這特質使人產生對此物之愛，透過感官對人的心理發生作用。柏克反對「美寓於比例與和諧」之說(就此點而言，他歧異於數世紀以來的美學文化)，主張美的典型層面是變化、小、光滑，以及漸進的差異、纖細、純粹、顏色之美，以及——在某種程度上——優美與雅致。

柏克所舉這些層面，與他的崇高論相反，他認為崇高在於巨大、粗野、堅實，甚至魁梧，以及沈暗。崇高產生於恐懼之類激情，作用不見形跡，令人興起強大力量的觀念，以及空、寂、靜等情境。崇高的主要層面是非有限的事物、困難，以及令人油興愈來愈大的志望。

如此一連串特徵裡，很難找到一個統一的觀念，所以然者，另一原因是柏克深受他個人品味影響(鳥是美的，但不合比例，因為其頸長於身體其餘部分，尾極短，他所舉輝煌壯觀之例，則星空與煙火等量齊觀)。有趣的是，十八與十九世紀之間，但凡有人界定或刻畫崇高，柏克所列這些彼此並不搭調的特徵例必出現，雖然未必照單搬用，於是，又見論者喚起黑暗陰鬱的建築，偏愛烏雲密布的天空甚於陽光普照，厚黑夜而薄白天，甚至偏嗜苦澀或惡臭。

柏克處理音響上的崇高，提起「巨瀑、狂風暴雨、驚雷或大砲的喧噪」，或動物的怒吼。或謂凡此皆粗豪之例，但他也談及強烈的聲音引人情感陡生，「令人注意力集中〔……〕，官能警醒」，「單單一聲，雖然簡短，若氣勢壯闊，間歇而作，則效果宏偉」，我們很難不想起貝多芬第五號交響曲。

皮拉尼西，**吊台上的獄囚**，取自《想像的監獄》，圖版1749-1750

崇高與美的效果，其真正的起因，柏克自言無法解釋，實則他提給自己的問題是：恐怖如何產生快感？他的答案是：恐怖事物如果不逼我們過甚，則成快感。細看此說，裡面蘊含一種**對恐懼肇因的超脫**，以及對恐懼的漠然。痛苦與恐懼只要其實無害，即成崇高之因。這種漠然，就是前此數世紀與美的觀念密切相連的那種態度。美產生一種快感，這快感並不必然使人生出要擁有或消耗此物的欲望。同理，與崇高相連的恐怖，是不能為我們所擁有，但也無法傷害我們之物的恐怖。美與崇高的深遠關係，就在這裡。

感官

柏克

《崇高與美的觀念起源》I, 10, 1756

這成分混雜激情——我們稱之為愛，其對象是女性之美。男人一般受女性吸引，這是自然律的通例。但他們特別受人身之美吸引。我說美是一種社會特質；男人和女人，不單男人和女人，還有其他動物，當我們看他們而他們給我們喜悅與快感，他們就在我們心裡激起溫柔之情，以及對他們人身的感情。我們喜歡他們在我們身邊，我們自願與他們進入一種關係，除非我們有很強的理由反此道而行。

細小

柏克

《崇高與美麗觀念起源》III, 13, 1756

在動物界，在我們自己人類之間，我們傾向於喜愛小的東西；小鳥，以及一些比較小的禽獸。「又大又美」是極少用的措詞，「又大又醜」則十分常用。佩服與愛大有差別。崇高是前者的肇因，都寓於巨物與可怖之物；後者則寓於小而可悅之物；我們拜服我們敬佩之物，而喜愛向我們拜服之物，在前者，我們是被迫，在後者，我們是受恭維。簡言之，崇高與美麗的基礎差異極大，我想兩者如果不是不可能，也是很難並見於同一個對象，兩者若要並存，一定要減少其中之一對我們的激情的影響，因此，美的對象是比較小的。

光滑

柏克

《崇高與美麗觀念起源》III, 14, 1756

經常可以在這類對象裡觀察到的另一特性，是光滑。光滑是美的本質要件，我想不起任何東西是美而不光滑的。以樹與花而論，光滑的葉子是美的；花園地上的平順斜坡；風景裡的平順溪流；鳥獸的光滑羽毛和毛皮；美女的光滑皮膚；裝飾的家具則好多種有光滑的表面。美的效果有相當大部分來自這個特質，而且應該說是最大一部分。取任何美麗之物，使其表面破裂粗糙，則此物其他方面無論何其完美，此物都不復悅目。此物無論缺少其他多少成分，如果不缺光滑，它會比較悅目。我認為此理昭昭明甚，歷來論美者枚舉美的成分，竟無一人片言隻字及之，十分可怪。

漸進的變化

柏克

《崇高與美麗觀念起源》III, 15, 1756

描寫此點，我心中生出鴿子的意象；鴿子符合絕大多數美的條件。鴿子光滑，一身柔毛，身體各部分彼此融合，整體沒有任何突兀的凸出，但整體又不斷變化。看看一個美女最美的部位，也就是脖子與胸脯一帶；那光滑，那柔軟；那舒緩而不知不覺的突起，那表面的變化，沒有絲毫相同；那多詭的迷宮，令人目光暈眩遊移，不知要定著何處，也不知該移往何處。表面的變化，不斷變化，卻無一點可以知覺，是美的重要成分之一，這不就是佳例？

顏色明亮

柏克

《崇高與美麗觀念的起源》III, 17, 1756

首先，美麗的身體，顏色不可暗，不可濁，應該乾淨明亮。第二，顏色不可以是最強烈的。與美最相適者，是各種顏色中比較淡的色度；淡綠；淡藍；淡白；粉紅，淡紫。第三，如果顏色強烈，則宜分散，不可整體盡皆強烈，要散置多處(花色之變化可為一例)，使其強度與亮度大幅緩和。優美的面容，不但因為數上的顏色有所變化，選用的顏色亦有變化：紅與白都不濃烈，不刺目。此外，諸色混合應該得宜，層層漸變，無從分辨界線。孔雀之頭與尾，公鴨頭部，顏色極為和諧，也是此理。

優雅

柏克

《崇高與美麗觀念起源》III, 22, 1756

優雅與美並無大異，成分亦大致相同。優雅主要在姿勢與動作。姿勢與動作優雅，要件是不可有絲毫費力之態，身體有些柔曲，各部位不相扞格，沒有突出的尖角和角度。優雅，以及所謂的「我不知道是什麼」(*je ne sais quoi*)，魅力盡在這種從容、渾圓、姿態與動作之細膩。取梅迪奇的維納斯，安提紐斯，或任何公認高度優雅的雕像細看，皆可明見此理。

孤寂

佛斯科洛

《致夜晚》，十四行詩，1, 1803

或許因為你是
我如此珍愛的死亡的意象，
來吧，夜晚！當
夏雲與寧靜的微風輕輕討好你，
當你從雪白的空中向世界
投下不安的長影，
你總是應我祈請而降，
溫和的手擱在我心和此心的秘密上。
你迫使我神遊
永恆與虛空，
時間暗逃，帶走
虛耗我們兩個的煩憂；
望著你的安詳，我內心的
戰士靈魂安然沈睡。

大而又大

富利德利赫

《觀在世或新逝藝術家之畫有感》，1830

此畫甚大，但我們希望它更大，因為其所構思之主題甚優，要求更大的空間延伸。因此，當我們希望一幅畫更大時，這往往是一種讚美。

對恐懼肇因的超脫

柏克

《崇高與美麗觀念起源》IV, 7, 1756

一般的勞動是一種痛苦，是比較粗重部分之動，恐怖則動用我們身心比較精細的部分；由於眼與耳是最細緻的器官，某種痛苦如果對這些器官發生作用，引生的情感就比較接近心理原因。凡此例子裡，如果痛苦與恐懼經過抑減而未至於真的可憎，如果痛苦未至於暴力，恐怖也不會當下摧毀人，它們就會產生歡悅，不是快感，而是一種愉悅的懼怖，一種帶有恐怖的寧靜，這情感與我們得以自保相連，是最強烈的激情之一。其對象即是崇高。到最高度，我稱之為驚詫，其次是畏怖、敬意與尊重；由諸詞之字源，可見它們來源何在，以及它們與積極的快感有何差別。

7. 康德的崇高論

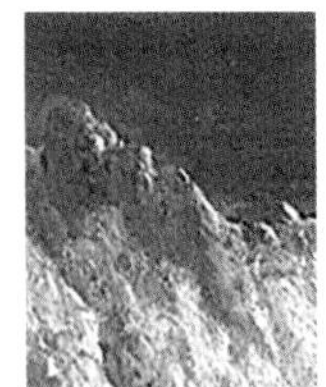

最精確界定美與崇高之異同者，是寫《判斷力批判》的康德。據康德之意，美有如下特徵：非關利害的快感、沒有概念的普遍性，及沒有規則的規律性。意思是，我們可以享受美的事物，而不必然想要擁有它；我們見它彷彿是為了某一特定目的而有如此完美的結構，實則其形式所求的唯一目的是它自己的存在；因此，我們認為它是某種規律的完美體現，實則它自成規律。以此而論，美麗的花是美麗事物的典型例子。也就是在這層意義上，我們明白，不帶概念的普遍性是美的一部分：審美判斷不是說一切花皆美，而是說，「這」朵花很美，並且，我們說「這朵花很美」，不是根據原則推理而來，而是出於我們的情感。此即想像與理性之自由。

崇高則異於是。康德將崇高分成兩種，即數學式的崇高，與力學式的崇高。數學式崇高的典型例子是星空。仰望星空，我們所見彷如遠遠超越我們的感性範圍，於是想像興發，超邁肉眼所見之境。所以如此，是由於我們的理性(這項能力使我們構思上帝、世界、自由等人智所無法證實之事)引我們假設一個無限，這無限不僅超乎感官掌握，亦非想像力所能企及，想像力無法將之羈勒於單單一個直覺。想像與智力之間既無相互的「自由發揮」，於是生出一個令人不安的負面快感，這負面快感轉而導致我們意識到我們主觀性的宏大，亦即這主觀能掌握我們無法擁有的事物。

力學上的崇高，典型例子是暴風雨景象。這裡，撼動我們的不是無限巨大的印象，而是無限力量的印象。我們的感官也自覺渺小，而產生不安之感，但我們由此意識到我們在道德上的偉大，對此偉大，自然的威力沒有支配力。

布拉福，**瑟米奇亞力克冰河**，1873，麻州新貝德福，舊達特矛斯歷史學會，新貝德福捕鯨博物館

暴風雨

康德

《判斷力批判》，I, 2, 28, 1790

豪獷、陡懸而帶威脅感的岩石，厚積天宇，挾著閃電驚雷的烏雲，毀滅力巨大的火山，席捲一切的暴風雨，狂濤滔天的無邊汪洋，長江大河自九天而落的巨瀑，凡此種種，其威力使我們的抵抗力微不足道。但是，只要我們自己置身安全之地，則它們唯其可畏，反而愈具吸引力。我們欣然以崇高形容這些對象，因為它們將靈魂的力量提升於超越庸俗平凡的高度，並且在我們內心裡揭露另一種完全不同的抵抗力，這抵抗力使我們有勇氣與大自然這些乍看全能的力量抗衡。

大自然的威力

柯律治

《古舟子咏》，1798

現在暴風雨來了，
他暴虐而猛烈：
他以他的垂天大翼拍擊，
朝南馳逐。
帆檣危傾，船頭低壓，
像一個人吆喝喘氣追逐
躡踩敵人影子
而埋頭向前，
這艘船疾駛，狂風怒號，
我們往南奔逃。
現在，霧雪俱至，
嚴寒刺骨：
高及檣桅的冰漂浮而過，
綠如翡翠。
雪崖透過這些流冰
發出陰森的白光；
人獸都形狀莫辨——
舉目皆冰。

富利德利赫，**海上生明月**，1822，柏林，國家藝廊

這些觀念成為浪漫主義感性的養料，在十九世紀由各路作者承襲發揚。席勒在其《論崇高》(*On the Sublime*)中說，崇高是一個對象或一個再現之作，在其面前，我們的肉體感覺到自己的局限，我們的理性則感覺自己優越於、獨立於一切局限。黑格爾在其《美學：藝術講演集》(*Aesthetics: Lectures on Fine Art*, II, 2, 1835)則說，現象界之物不足以表現無限，於是而有崇高。

不過，前文說過，在十八世紀，崇高的概念是完全原創的，因為崇高關係的是我們對自然的感覺，而非我們對藝術的感覺。繼起作家將崇高論應用於藝術，但浪漫主義感性面臨一個難題：如何藝術性地刻畫我們目睹自然景觀時感受的崇高印象？藝術家各逞其妙，畫暴風雨、無垠之地、宏壯的冰河、失去節制的激情，有的形諸文字，甚至抒諸音樂。

但是有些繪畫，例如富利德利赫(Friedrich)之作，畫人觀看崇高。我們只見畫中人的背面，因此我們切勿目注其人，而應該透過他們，置身其地，見他們所見，與他們一同感受自己在偉大的自然景物前何其渺小。凡此例子，畫家主要並非刻畫崇高的大自然，而是(在我們合作之下)刻畫我們對崇高的體驗。

崇高與美

席勒

《論崇高》，1801

自然給我們兩種天賦來陪我們度過此生。第一種是遊戲的喜悅與社會吸引力，可縮短我們這段冗累的旅程，鬆弛必然性的桎梏，愉快與奮地引領我們到岌岌而危之地，在那裡，我們必須作為純粹精神而行動，擺脫一切物質層次的東西，上達真理與義務實踐之知。到這裡，第一種天賦就離開我們，因為它的領域在感官世界，出此世界，它的塵世翅膀帶不動我們。這時，就需要第二種天賦，寂靜而肅穆，以其強力之臂將我們扛越深淵。

以第一種天賦，我們知覺我們的美的意識，以第二種，我們體認我們對崇高的意識。美的確是自由的表達，但不是將我們提升超越自然，使我們脫離一切物質影響的那種自由；那種自由是我們作為自然內部的人所享受的自由。我們面對美時，感到自由，因為我們的感官本能與理性的定律相互和諧，因為精神在這裡彷彿只受它自己的法則約束。崇高意識，則是一種混合的情感。它的成分之一是哀傷，哀傷的極致表現是顫抖，另一成分是喜悅感，這喜悅感可升高為狂喜，這不是真的快感，有修養的靈魂愛它甚於所有快感。這兩種彼此矛盾的情感結合為一種情感，是我們道德獨立的鐵證。同一個對象與我們非常不可能有兩種不同的關係，我們與對象卻有兩種不同的關係；結果，兩種相反的自然一定是在我們內裡統一，各以相反之道因應對象。經由崇高意識，我們發現我們的心智狀態未必受我們感官知覺的狀態決定，自然律未必是我們的法則，我們擁有獨立於所有感官情緒的自主原則。

體驗崇高

阿蜜姆與布倫塔諾

《觀賞富利德利赫海景畫有感》，約1811

於無限孤寂之中，站立海岸靜觀鬱黯天空底下的無邊大海荒原，十分壯麗，此一感覺之外，必須加上渡越那片汪洋的欲望，以及我們知道此事不可能，以及一個事實，亦即我們注意到舉目不見生物，但我們在波濤的怒吼裡，在風中，在疾馳的雲，在鳥的孤鳴裡，意識到生命的聲音；凡此都表現一股來自我們內心的需求，而大自然使之歸於徒勞。但是，站在這景象之前，這一切都不可能，因此我在我和這景物的關係裡發現我希望在景物中找到的一切事物，因為景物在我面前設下的需求被這景物自身阻礙：我於是變成普欽的修士，景物變成沙丘；我的眼睛帶著渴望尋找的海，完全不見。為了體驗這神奇的感覺，我傾聽周圍旁觀者的各種意見，並且記下來配畫。此畫無疑是一種裝飾，在它面前一定會有行動發生，因為它令我們不得安寧。

第 12 章

浪漫主義之美

1. 浪漫主義之美

左頁：曼金，**莎佛**，1877，曼徹斯特，曼徹斯特藝廊

「浪漫主義」一詞，與其說是一個歷史時期或藝術運動，不如說是一套特徵、態度與情愫，這些特徵、態度與情愫特殊之處，在於它們各自的性質，以及它們之間的獨特關係。浪漫主義對「美」的觀念，有些層面的確戛戛獨造，雖然其前例與先驅並不難找，例如梅杜莎(Medusa)之美、醜怖、陰黯、憂鬱、沒有形式。但浪漫主義的「美」論，其特別獨到之處，在於它把各種形式關聯起來的紐帶，主導這紐帶的不是理智，而是情感與理智。這紐帶的目標不在排除矛盾或化解對立(有限／無限、整體／碎片、生命／死亡、心／智)，而是將它們全部捉置一處。浪漫主義真正獨造之處，是在這裡。

佛斯科洛(Foscolo)的自畫像是浪漫主義時期的人如何呈現自己的好例子。**美與憂鬱**、心靈與理智、反思與衝動彼此交融。不過，我們應該當心，勿將佛斯科洛生卒的歷史時期——於法國大革命至復辟之間、新古典主義到寫實主義之間——視為浪漫主義之美的表現時期。

的確，一張憔悴、消瘦的臉，以及並未勉強掩飾的死神從臉後窺人，這種美在塔索已明顯可見，其影響則持續至十九世紀末達能奇歐(D'Annunzio)就達文西名畫《蒙娜麗莎》所作的陰森詮釋。浪漫主義式的美表現一種心態，從塔索與莎士比亞開始，中間經過波特萊爾與達能奇歐，下至超現實主義的夢幻之美，以及現代與後現代的媚俗品味，主題多變，而萬變不離此一心態。

法柏，**佛斯科洛畫像**，
佛羅倫斯，烏菲茲美術
館

法蘭德斯畫派，(原先誤為達文西之作)，**梅杜莎的頭**，16世紀，佛羅倫斯，烏菲茲美術館

美之明亮

莎士比亞

《羅密歐與茱麗葉》II, 2, 1594-1597

輕聲！窗口那頭透來的是什麼光？
那是東方，而茱麗葉就是太陽！
上升吧，美麗的太陽，殺掉那善妒的月亮，
為了妳，她的女侍，遠遠比她美麗，
她已經難過得悽慘又蒼白。
別當她的女侍，她這麼善妒。
她貞潔之袍是慘綠的，
只有傻瓜才穿。扔掉吧。
她是我的女郎！哦，是我的愛！
她說話了，可是又什麼也沒說。
打什麼緊？
她的眼睛說著話；我且來回答。
我也太魯莽了；她不是對我說話。
整個天上兩顆最明亮的星星，
有事出門，請她的眼睛代替他們在星際燦閃，閃到他們回去。
她的眼睛何妨真在那裡，而他們在她頭裡？
她頰上的光亮足以令群星失色無顏
如白晝令燈燭一般；她的眼睛在天上
透過空中放光如此明亮
鳥兒會歌唱起來，以為不是晚上了。
瞧她手托腮幫子的模樣！
哦，我願是那隻手上的手套，我就能夠摸撫那腮幫子了。

美與憂鬱

佛斯科洛

《十四行詩》VII, 1802

我眉頭深鎖，專注的雙目深陷，
褐髮，雙頰枯削，態度粗魯，
雙唇多肉而紅，齒白，
垂頭，頸美而胸陷，
四肢美好，身材甚佳，衣著平凡；
步履、思緒、言詞、行動都敏捷，
安靜、人性、忠心、慷慨又誠摯，
與世界作對，如果世界與我作對；
言語大膽，經常出手大膽；
大多時候孤獨而感傷，終日憂思；
脾氣火爆，警覺，不安寧，固執；
美德惡德俱多，我
讚美理性，又唯我心是從：
唯死亡能給我名聲與平靜。

靈藥與魔咒

波特萊爾

《小散文詩》，1869

她真的很醜。然而她令心愉悅！
時間與愛情在她身上留下爪痕，
它們殘酷地教她明白，每一分鐘與每一個吻都帶走一份青春與清新。

她真的很醜；一隻螞蟻，一隻蜘蛛，你可以說，甚至一具枯骸；但她是藥，征服，咒語！

一言以蔽之，她纖美！時間沒有吸光她步履的活潑和諧，或者她的防衛的不可摧毀的雅致。愛情沒有改變氣息的香甜，一個少女的氣息的香甜；時間也完全沒有搶走她飄逸的頭髮，那頭秀髮發出法國南方瘋狂生命力的氣味：尼姆、艾克斯、阿爾、阿維農，納爾波、土魯斯，受太陽福佑的城市，多情又迷人！時間和愛情啃嚙她，都徒勞，雖然它們食慾旺盛；它們絲毫沒有減損她雄性胸脯模糊但永恆的魅勁。她永遠是英雄式的，使你想到真正的行家才看出來的純種馬，即使套在出租馬車或沈重的貨車上。而且她如此甜蜜而熱烈！她愛人如人在秋天愛人；可以說，即將來臨的冬天在她心中點燃一把新的火，她的溫柔順從從未透露絲毫疲舊之跡。

戈爾岡

達能奇歐

《古塔道洛與其他詩作》，1886

她臉上有我愛慕的憂鬱蒼白〔……〕
她嘴上是燦爛
而殘酷的笑意
非凡的達文西在他畫裡追摹的。
充滿憂傷地，那笑意
與那對杏眼的甜美博鬥
賦予女性美麗的頭
一種超人的魅力
偉大的達文西喜愛的那種魅力。
她的嘴是一朵哀傷的花〔……〕

死與美

雨果

《女神頌》，1888

死與美是兩件深奧之事
裡面含有好多藍與好多黑
像兩個可怕的姊妹
充滿同樣的謎，同樣的神秘

左頁：德拉克魯瓦，**薩達納帕勒斯之死**，1827，巴黎，羅浮宮

右：海耶茲，**懺悔的抹大拉**，1833，米蘭，市立現代藝術館

有些語意學上的變遷，影響"Romantic"、"Romanesque"、"Romantisch"等用語，由這些變遷追索浪漫主義品味逐步形成的過程，頗有意思。十七世紀中葉，"Romantic"一詞是義大利文"*romanzesco*"(意指「像舊日那些傳奇」)的負面同義詞；一個世紀後，其意思變成「變幻莫測」(Romanesque)或「如畫一般」；在這層「如畫」的意思上，盧梭添加一個重要的主觀定義：模糊、不定的「我不知道是什麼」(*je ne sais quoi*)。

最後，第一批德國浪漫主義者擴大"Romantisch"一詞所含的無法界定、模糊之意，此詞於是盡包哀鬱、非理性、變幻莫測諸義。總之，最特別屬於浪漫主義的特徵是，對以上諸義的嚮往。這嚮往無法視為任何特定歷史時期所特有，因此，任何表達這股嚮往的藝術都可以貼此標籤，或者說，一切只表現這股嚮往的藝術，都可以貼此標籤。美不再是一種形式，美麗的變成沒有形式的、混亂的。

2. 浪漫主義的美與舊傳奇的美

「像舊日的傳奇」：十七世紀中葉，此語指的是以中世紀為背景的騎士傳奇故事，對立於新的感傷小說。新興感傷小說的題材不是幻想的英雄與好勇鬥狠的故事，而是現實的日常生活。

這種新小說誕生於巴黎的沙龍，深深影響浪漫主義的美感意識，其主體則是激情與感傷的融合：拿破崙年輕時代寫的《克利松與尤格妮》(Clisson et Eugénie)是一佳例，其中已含有浪漫主義愛情的新穎之處，與十七世紀的愛慾激情確成對照。

有別於德拉法葉夫人筆下的主角，浪漫主義的主角——從維特(Werther)與歐爾提斯(Jacopo Ortis)為其最知名者——無法抗拒激情的力量。愛情之美是一種悲劇性的美，主角置身其前，無助、無力自

右頁：海耶茲，**吻**，1859，米蘭，布雷拉美術館

美的相對性

拉克洛

《女性的教育》，XI, 1785

另方面，如果有人要我們相信美所以有作用，只是因為它喚起快感，而且，對我們而言，美是由我們習見的一套事物所代表，這時，我們只要換個國家，例如，把一個法國人送到幾內亞；起先女黑人的景象會令他厭惡，因為她們的五官(她認為不尋常)喚起感官的回憶，但一旦他看慣她們，他就不會再有憎惡之感，他會繼續從她們之間挑出最接近歐洲的美感者，但他也會開始重新發現他對清新、高度、力量的品味，這些是四海皆然的美的徵象。他逐漸更習慣她們之後，他甚至很快就會喜歡他每天看見的這些審美特徵，甚於他到現在只剩模糊記憶的那些；他會比較喜歡扁平鼻子，非常豐滿的嘴唇。由此可證，美的詮釋是很多的，人的品味顯然也很多矛盾。

古人與美

施列格

《學苑》，殘篇91，1795

古人既不是猶太人，不是基督徒，也不是英國詩人。他們不是上帝獨選的藝術家民族，不是只有他們具備美的信仰。他們也沒有詩的專利。

無力自衛

佛斯科洛

《雅各坡・歐爾提斯最後的信》，1798年5月12日

我不敢，不，我不敢。我可以擁抱她，就在這裡緊緊抱住她，貼緊我心。我看見她熟睡：那雙大大的黑眼睛闔著，嬌艷欲滴的雙頰上的玫瑰平日更加鮮亮。她美好的身體攤在沙發上，頭枕著一隻臂膀，另一隻胳臂鬆軟下垂。看過幾次她散步和跳舞；在我靈魂深處，我聽見她的豎琴和歌聲；我懷著畏意愛慕她，

彷彿我眼見她從天國下凡：但我從未看過她像今天這般美麗，從未。她的衣服讓我窺見她天使般的曲線；我的靈魂靜觀她：我還能怎麼說呢？萬般激情與愛的狂喜令我渾身著火，銷魂欲化。像一個信徒般，我觸摸她的衣服，她染香的頭髮，和她胸脯上那束紫羅蘭——在那底下，手也變神聖，我感覺她的心跳，我吸她半開的嘴吐出的氣息——我正要吸吮那天仙般雙唇的所有狂喜——她的吻！我本來要祝福我長久以來為她所飲的淚——但這時，我聽見她睡中一聲嘆息：我抽身，彷彿被一隻手推開。

露奇雅・曼德拉

曼佐尼

《訂婚者》，II, 1827

就在那時，露奇雅出來了，一身她母親為她打扮的裝束。她那些女伴爭睹新娘，一定要她露個臉。她帶著鄉下女孩特有的那種不馴的嬌羞躲她們，舉起手肘遮臉，臉低垂胸前，縐起長長的黑睫毛，又張著嘴微笑。青春的黑髮在肩頭上端秀氣分開，在頸後挽成一群小圈圈，滿是銀簪，幾乎像光環的光線，那是米蘭地帶的農婦仍然喜歡的一種髮式。

她脖子掛一條石榴子石與金線釦子交錯的項鍊，上身一件精織花紋胸衣，細長開口的蕾絲綵帶袖子：線絲細褶短裙，深紅長襪，刺繡絲質涼鞋。這些是大喜日的特殊裝扮，在這之外，她的裝飾還有她日常生活裡謙抑的美，和臉上各種情緒。喜悅摻入些許焦慮，以及新娘臉上偶爾可見的那種寧靜的憂傷，這都無損她的美，卻為她的美染上一種特別的氣質。

小貝蒂娜搶入人群，走到露奇雅跟前，巧妙地使她明白她有事和她說，附在她耳邊說了幾句話。

點燃強烈的激情

拿破崙

《克利松與尤格妮》，約1800

生性多疑的克利松，這時陷入憂鬱。在他心理，夢代替了省思。他無事、無畏、無望。這種靜止是他性格裡不曾有的狀態，不知不覺令他陷入麻痺。

他經常黎明在鄉間游蕩。他經常前往阿爾浴場，那裡離開家一里。在那裡，他整個上午看人，走過森林，或讀一本好書。

有一天，事不尋常，來了很多人，他遇到兩個漂亮女郎，她們好像走得挺來勁。她們獨自從那兒回來，帶著二八年華那種無憂無慮的快樂。17歲的艾美利有美麗的身體、美麗的眼睛、美麗的頭髮和美麗的面容。小一歲的尤格妮比較沒有那麼美麗。

艾美利的神情彷彿說：你愛我，可你不是唯一的，還有其他很多人；所以，你如果要我喜歡你，你得誇讚我，我喜歡人家恭維我，而且我喜歡很講究的口氣。尤格妮則從不正眼看男人。她甜甜地笑，以便人家看見她美麗無比的牙齒。你如果伸出手去，她會害羞一握，立刻將手抽回。她讓你一窺那隻你見過最美的手，你可以說她是在挑逗，她的手皮膚極白，青筋襯托之下更白。艾美利像一曲法國音樂，聽來愉快，因為人人聽得懂它的和絃，也欣賞那和聲。

尤格妮則如夜鶯之歌，或者，像白西路的曲子，只有敏感的靈魂懂得欣賞，其旋律大多數人覺得平庸，卻使能夠強烈感受它的人心動神飛。艾美利奴使年輕男人，她料定有人愛她。但是，只有愛情不是好玩，不是獻殷勤，而是深情以赴的男子，才會喜歡尤格妮。

前者以她的美征服愛情。尤格妮則必須只在一個男人心中點燃強烈的激情，一種唯英雄能有的激情。

米雷斯，**奧菲莉亞**，1851-1852，倫敦，泰特不列顛美術館

衛。下文將會談到，對浪漫主義者，連死亡亦有其吸引力，而且可以是美麗的：拿破崙書寫克利松為愛自殺，但他登上帝位後，下令人民禁止人民為愛情自殺，足證浪漫主義觀念在十九世紀初葉年輕人之間何其風靡。

浪漫主義的美從感傷小說繼承到激情這個領域，而致力探索浪漫主義主角與其特有的命運之間的關係。不過，這筆繼承不掩浪漫主義的美深深根植歷史的事實。其實，對浪漫主義者，歷史是值得最大尊重的主題，不過，不是尊敬：古典主義時代並無現代有義務模仿的絕對圭臬。

美的概念沒有了理想成分，就發生深遠變化。首先，十八世紀一些作家抱持**美的相對性**，如果從歷史上研究其起源，可以找到它的根。曼佐尼(Manzoni)的**露奇雅．曼德拉**(Lucia Mondella)，那種單純、鄉間的(不過，不是事實的)美，當然反映一種理想，也就是前近代的義大利以理想化面貌出現於十七世紀倫巴德(Lombard)鄉下。不過，這理想是以具備歷史層次的方式，亦即以寫實主義的方式刻畫，不帶絲毫

上：德拉克魯瓦，**阿爾及爾婦女**，1834，巴黎，羅浮宮

右頁：安格爾，**豪斯維爾伯爵夫人**，1845，紐約，福瑞克收藏

抽象。同理，在曼佐尼的《訂婚者》(*The Betrothed*)裡，逃跑場面中描繪的阿爾卑斯山風景，以誠摯而獨特的美的情操，表現一種美尚未遭受現代性與進步等價值污染的美。寫實主義者兼理性主義者曼佐尼知道那些現代性與進步是民族獨立與自由時代發展的結果，但簡森主義者(Jansenist)曼佐尼無法接受。

其次，在**古典主義正典**與浪漫主義品味之間的衝突裡，出現一種對歷史的視境，並以歷史為驚奇與異常意象的儲存庫。這個視境，古典主義習慣擺在背景裡，但後來在旅行風尚對異域與東方的崇拜裡重振。此一差異的最佳表現，莫過於安格爾(Ingres)與德拉克魯瓦(Delacroix)之間的比較：安格爾以其非比尋常的妙技，傳達當代人有時無法容忍的完美，德拉克魯瓦則以其相對的不精確，表現對驚奇、異國及暴力之美的追求。

古典正典

歌德

《義大利之旅》(卡塞塔，1787年3月16日)，1816-1817

哈米爾頓爵士〔……〕在一個美麗女孩身上找到自然與藝術之趣的極致。她住在他家裡，是一個年輕的英國女人，大約20歲，真正美麗，身材亦佳。他請人為她做了一套極適合她的希臘服飾：穿上這套服飾，她垂下秀髮，披兩三件披肩，而且她極懂姿態、手勢與表情變化之妙，你真以為自己在夢裡。許多藝術家恨不得能夠表現的境界，皆備於她，而且洋溢生命與變化。〔……〕老爵士認為，古代的雕像，西西里錢幣上的精美人像，甚至貝爾維德的阿波羅，皆集她於一身。

3.「我不知道是什麼」的模糊美

「我不知道是什麼」(*je ne sais quoi*)一語，用於一種難以言喻的美，尤指觀者心中與此相發的一種情緒。此詞並非盧梭所鑄，因為蒙田(Montaigne)早已使用，後來布歐爾(Père Dominique Bouhours)亦用之。在其1671年的《阿里斯特與尤傑尼對話錄》(*Entretiens d'Ariste et d'Eugène*)裡，布歐爾力斥義大利詩人流行以*non so che*(我不知道是什麼)形容一切神秘事物。此語用法亦非盧梭原創，費倫佐拉(Agnolo Firenzuola)在他的《論女性美》(*On the Beauty of Women*)已作此用法。最重要的是塔索，他以*non so che*所指之美已非優美，而是在觀者心中引發的情感衝動。盧梭之*je ne sais quoi*即是此意，也因此而將塔

柯洛，**戴花冠讀書的女子**，1845，巴黎，羅浮宮

右頁：辛克爾，**岩巒山道**，1818，柏林，國家藝廊

索「浪漫主義化」。不過，盧梭是在一篇文章中穿插此語，該文抨擊擬古典主義之美矯揉講究。他發動這場攻勢，所用手段，較當時的啟蒙運動與新古典主義世代其他人更為激進。如果人不是從本來的純真發展而來，卻是其隳壞而來的結果，則對抗文明之戰應該使用新的武器，這武器不能取自理性的軍火庫(理性是同一墮落過程的產物)，而應該是情感、自然和自發。

盧梭在浪漫主義者心上留下決定性的持久印記。浪漫主義者眼前展開了康德在其崇高批判中刻意化小的一個天地。自然，相對於歷史的巨廈，是隱晦、沒有形狀，而且神秘的，不讓人以精確、明晰的形式捕捉，而以宏壯、崇高之景壓倒觀者。基於此理，浪漫主義不描寫自然之美，而是直接體驗之，躍入其中感受之。夜的憂鬱最足以表現人沈浸於瀰滿萬有的大自然中的情緒，浪漫主義者於是酷愛夜行，以及月下不安的漫遊。

憂鬱

康德

《美與崇高感覺的觀察》，II, 1764

有憂鬱傾向的人，定義並非他沒有人生樂趣，終日陰鬱愁思，而是說，他的感覺超過一個程度，或走上錯誤之路的時候，靈魂的感傷比較容易影響精神的其他條件。憂鬱者最主要的情懷是崇高。甚至美(他對美的感受同樣強烈)也不只令他陶醉，還引起他悦慕，令他感動。在他，快感比較鎮定，卻不減強烈。不過，崇高在他心中引起的所有情緒，都比美引起的情緒更吸引他。

不安的漫遊

雪萊

《知性之美頌》，1815-1816

美的精神，凡是你的色彩照見的
人類的所有思想和形式
都變神聖，——你哪裡去了？
你為什麼走掉，離開我們，
留我們在這幽黯的淚谷，空虛又荒涼？
為什麼陽光不永遠
編織彩虹懸在山河上，
為什麼曾經燦爛的要褪色和凋落，
為什麼恐懼和夢，死亡和出生
對人間的天光投以如此的陰影，
為什麼人如此愛和恨、失望和絕望迴環？

神秘的夜

諾瓦里斯

《夜之頌》，I, 1797

你喜歡我們嗎，黑暗的夜？
你的斗篷以無形的力量碰觸我，
斗篷底下藏著什麼呢？
珍貴的慰藉香膏
自你手中，自一束罌粟滴落。
你扶起我心靈的沈重翅膀。
我們被以黑暗而難以名狀的方式觸動。
懷著恐懼與喜悦
我看見一張嚴厲的臉，甜美而鎮定
俯向我，在無限糾結的鬈髮之間
啟示親愛的母親的青春。
現在，光
顯得是何其可憐且幼稚的東西，
白天的離去是多麼可喜，
多麼美好。

4. 浪漫主義與反叛

盧梭無意中表達了一股對時代的廣泛不安，這股不安非僅藝術家與知識分子為然，整個中產階級亦然。一個基本共通點將彼此大有差異，後來才凝聚成一個品味、態度、意識形態相類的同質社會階級的人連絡起來。這個共通點是，他們都知覺，貴族世界，連同其古典主義規則和高高在上的審美觀，是個冷冷的、心胸狹隘的世界。個人日益重要，加強了這個看法，作家與藝術家必須在自由市場競爭博取輿論好感，也使個人的重要性更加擴大。以盧梭為例，這場反叛表現為感傷主義，追求愈來愈激動的情感，以及極盡驚人效果之能事。

最直接表現這些潮流之地是德國，此即狂飆運動。狂飆運動反對啟蒙時代的開明專制，因為知識階級在道德與觀念上都已從宮廷貴族手中解放，而開明專制拒絕承認知識階級有正當存在的空間。

前浪漫主義者視世界為無法解釋與不可預測，而反對他們當代的審美觀：「文學上的無褲黨」(literary sansculottism，歌德語)遭受外在限

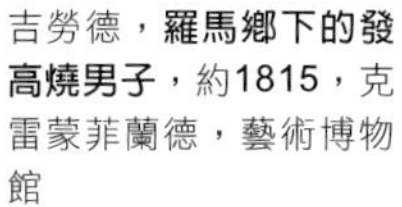

吉勞德，**羅馬鄉下的發高燒男子**，約1815，克雷蒙菲蘭德，藝術博物館

德拉克魯瓦，**自由領導人民**，1830，巴黎，羅浮宮

制，化限制為力量，滋養一種全屬內在的造反精神。不過，這內在性唯其拒斥理性規則，也變成既自由又專制：浪漫主義者人生如小說，無力抗拒情緒，任其擺布。浪漫主義英雄之憂鬱，源出於此。黑格爾以莎士比亞為浪漫主義之始，頗非偶然。黑格爾以哈姆雷特為多愁善感而欲振乏力的英雄的原型，莎士比亞在浪漫主義者尊他為師以前數百年就創造了這個人物。

情緒的力量

佛斯科洛

《致保羅科斯達》，1796

由於使我憂思不見天日的陰影已經消失片刻，由於我喪氣的心找到了一些安寧，我的想像也不再以其死亡的顏色刻畫一切，於是我想到友情，披上雅致的憂鬱，低吟歐湘與葛雷米爾動人的詩句，靜觀卡諾瓦、拉斐爾和但丁的意象，從中獲得樂趣；最後，我周身最甘美的興奮，陶醉於這個最美麗的女人的出現。我祝福自然的手，我膜拜崇高與美的形象，我沈醉於洶湧的激情和無一時安靜的快感。

5. 真理、神話、反語

浪漫主義的衝動獲得「正常化」，黑格爾自己在其中扮演一個有意識的角色，因為他提出一些美學範疇來討論浪漫主義，但那些範疇對整個浪漫主義的看法是扭曲的，影響甚久。黑格爾將對無限的嚮往與**美麗的靈魂**(beautiful soul)的觀念相連，此詞意指其人虛幻，躲入一個內在世界，避開與現實的一切道德對峙。

黑格爾嘲諷美麗的靈魂，但他未能掌握浪漫主義感性對美的觀念帶來的創革。浪漫主義者，尤其雜誌《雅典娜神殿》(*Athenäum*)的靈魂人物諾瓦里斯(Novalis)與施列格(Friedrich Schlegel)，以及赫德林(Friedrich Hölderlin)，尋找的並不是靜態、和諧之美，而是能動之美。能動之美寓於流變之中，因此是不和諧的，因為(如莎士比亞與風格主義者所示)美甚至可以來自醜、沒有形式，反之亦然。簡言之，問題在於如何重新安排古典主義裡的對立項，將它們置於一種能動關係的架構之中，從而減少主體與客體的距離，以更根本的角度討論有限與無限、個體與全體之間的隔閡。對傳統加以深刻的重新思考後，美

美麗的靈魂

黑格爾

《精神現象學》，1807

意識害怕以行動或存有玷污其內在的光華；為了保全其心之純粹，它避免與實際接觸，並頑固拒絕放棄它的自我，而這自我已削減到只剩極度的抽象，亦即它拒絕賦它自己以實質的存在，拒絕將自己化入存有，拒絕做絕對的區分(思想與存有之間)。

於是，意識產生的空洞對象就充滿了對空洞的知覺。其活動只是渴望，這渴望在變成一個沒有實質對象的過程裡失落，這對象返求自己，發現自己根本已經失落。在這閃亮的純粹裡，它成為一個憂傷的所謂美麗靈魂。它燃燒自己，消散，如某種沒有實質的薄霧般消失於空氣之中。

美即是真

濟慈

《希臘古甕頌》，1820

啊，希臘的形狀！美好的姿勢！周身
繁飾的大理石男女，雕著
森林的枝椏和足跡壓低的小草；
你，靜默的形式，的確如永恆般
令我們脫棄思慮：冷冷的牧歌！
當暮年令這個世代凋萎，
你將依然在此，在與我們不同
的煩憂之中，與人為友，並告之以
「美即是真，真即是美」——這是
人間所知的一切，和須知的一切。

夏瑟里歐，**兩姊妹**，局部，1843，巴黎，羅浮宮

現在成為「真」的同義詞。在希臘思想家，美與真互合，因為，在某一層次上，真產生美。浪漫主義者反過來，主張真由美而生。浪漫主義者不是以純粹的美為名逃避現實，而是秉持一種產生更大的真與實的美。

德國浪漫主義者的希望是，這種美能產生一個**新神話**，以一種具備現代內容的論述結合希臘神話的動人力量，取代古典世界的「故事」。施列格與年輕的赫德林、謝林(Friedrich Schelling)，以及黑格爾殊途同致，都致力於這個主意。後面三人留下一件文獻，出自黑格爾年輕歲月之手，但內容出處難以確定(一說黑格爾記述赫德林與謝林之間的討論；一說赫德林向謝林做一場論述，而後者向黑格爾述說其事，述說時或加注解與更正，或者未加注解與更正，黑格爾記錄成書)。年事漸長的黑格爾，對美、神話、解放之間關係何其激進，仍然了無領會。這理性的神話，功能規模空前：要普及全人類，實現人類精神的完全解放。此美有力量消解它自身的特定內容，使藝術作品開向絕對，同時超越這件藝術品，走向絕對的藝術品，成為徹底浪漫主義化的藝術表現。浪漫主義者，尤其施列格，將「反諷」或「反語」(irony)的概念與這種特殊的美相連。浪漫主義的反語並非一種主觀的運動，有力量消除一切客觀內容，直到一切化成純粹武斷。相反地，浪漫主義的反語，根本上是使用蘇格拉底方法：面對沈重且難以應付的內容，反語法以輕輕一叩一點，透露兩種彼此對立的觀點或見解，不作任何先入為主或偏頗的選擇。反語法因此是一種哲學方法，即使不是唯一的哲學方法。此外，反語的立場使主體能夠對客體做亦進亦退的雙重運動：反語法是一種解藥，能抑制與對象接觸而生的熱情，復能防止與對象保持距離而墜入懷疑主義。於是，主體能夠與客體互入，維持他或她自身的主體性，不變成客體之奴。主、客體的這種互

新神話

施列格

《談詩對話錄》，II, 1800

我只請你不要懷疑一個新神話的可能性。其他懷疑，無論其來源或意義，我都歡迎，而且能讓我更詳細，更自由發揮，來提升我的分析。現在，請你仔細聽我的假設，因為——目前——我只能向你提出假設。我希望你能將這些假設變成真理：它們其實就是真理，如果你願意將它們視為有未來發展潛能的提議。

如果新的神話真的能從靈魂最深處升起，唯心主義(我們時代最偉大的現象)就能為我們提供一個極有意義的指標，並且為我們所尋之物提供非常的證據。唯心主義就是這麼誕生的，彷彿從無中生出，就是在精神世界裡，它也有一個據點，人的元氣可以由此據點四面八方撒播，進步發展，而且確信不會喪失自我，也不會迷失回程。這偉大的革命將會散布到所有科學，所有藝術。其行動已經可見於物理學，在這裡，理想主義已經自發地迸發，甚至不待哲學以其魔杖來點它。

海耶茲，**有老虎與獅子的自畫像**，1831，米蘭，波迪培左利博物館

入，反映了對浪漫主義生命的主觀嚮往（超越現實的狹隘限制），與浪漫主義小說主角生命之間的互入，無論這主角是**歐爾提斯**，還是歌德的**維特**。

審美行動

黑格爾

《談詩對話錄》，1821

我可以確言，理性的至高行動，包羅全體理念的行動，是一種審美行動，真與善只有在美裡才密切融合。〔……〕

我現在要解釋一個觀念，據我所知還沒有任何想到的一個觀念：我們一定要有一個新神話，但這新神話必須為理念服務，必須變成理性主導的神話。神話必須變成哲學性的，以便人們變成理性的，哲學也必須變成神話的，以便哲學家變成感性的。我們如果不給理念一個審美的形式，亦即神話的形式，則人對它們就不會感興趣。〔……〕最後，已啟蒙者與尚未啟蒙將會相遇，不再有不屑的目光，人們不再畏懼他們的智者和祭司。沒有任何能力會再受壓抑：最後，普遍自由，眾心平等！這將是人的終極、最高貴工作。

雅各坡・歐爾提斯

佛斯科洛

《雅各坡・歐爾提斯最後的信》，1798年3月25日

我愛妳因此我愛妳，我仍然以只有我能想像的一種愛愛妳。啊我的天使，對一個聽過妳說妳愛他，和妳一吻而整個靈魂與奮狂喜，和妳一同哭泣過的人，死是一個小小代價：我一腳已在墳墓裡；但即使此刻，妳也像往常般回到我眼前，我這雙死時也盯著妳的眼睛。妳的美散放神聖的光。時間已盡！一切已準備好；夜已深——再見——我們很快就會被虛無，被永恆分開。虛無？對，對，對，因為我將會沒有妳。我祈求大能的上帝，求他為我們留個位置，好讓我能與妳一起團圓，永不分開。

我死得純淨，我至死是自己的主人，滿心想著妳，而且相信妳會為我落淚！原諒我，泰瑞莎，打起精神來，為我們可憐的雙親的幸福活下去，妳如果也死了，會成為對我的骨灰的詛咒。如果有人為我多舛的命運責怪妳，請拿我在投入死亡的黑夜時發的重誓反駁他們。

福斯里，《蒂塔妮亞、波頓與仙女》，1793-1794，蘇黎世，藝術博物館

維特

歌德

《少年維特的煩惱》，III，1774年12月20日

一位鄰居看見閃光並聽見槍聲，因為隨即一片安靜，他就沒有再多想。清晨六點，僕人持蠟燭入內，發現主人橫陳地上，他看見手槍和血。他喚他，搖他。他跑去叫大夫，叫亞伯特。綠蒂聽見門鈴聲，全身四肢顫抖。她叫醒丈夫，兩人起床，僕人邊發抖邊哭，說了消息。綠蒂昏倒在亞伯特跟前。

大夫趕到這位不幸的人身邊，發現他狀甚不堪；他還有一絲脈博，但四肢已經麻木。他是對準自己腦袋開槍的，從右側射入，腦漿迸裂。為了預防，他們在他胳臂血管刺洞：血不斷流出。他還有氣息。從椅背的血漬，他們看出他是坐在書桌前自殺，然後抽搐著滾落椅下。他仰臥窗邊，沒有知覺；他衣著整齊，藍外套，黄背心。閭里、全城驚動。亞伯特來到。維特已被抬到床上，額頭包紮了；他臉上蒼白得要死，一動不動。他的肺恐怖作響，時而薄弱，時而大聲，氣絕不遠了。

他只喝了一杯葡萄酒，劇本《艾蜜利亞・賈洛提》開著擺在桌上。

亞伯特的激動，綠蒂的痛苦難以言喻。老法官聽見消息，策馬趕來，流著熱淚親吻瀕死的維特。他兩個大兒子隨他之後徒步趕到，他們俯身到床上，面帶哀痛，吻他的手和他的嘴。大兒子，維特

德拉克魯瓦，《拉拉之死》，1820，洛杉磯，蓋提博物館

平日最疼的，吻著他不放，直到維特嚥下最後一口氣，被人拉開。維特正午絕命。法官主持局面，發號施令，諸事停當。當晚，接近十一點鐘，維特安葬於他遺言指定之處。老法官和他的孩子們送葬。亞伯特渾身無力，而且他們顧慮綠蒂有生命危險。工人抬棺，沒有牧師到場。

6. 陰暗、醜怖、憂鬱

從藝術的觀點看，盧梭造文明的反，表現於造古典主義規則的反，尤其是造正牌古典主義者拉斐爾的反。這場造反從康斯坦伯(Constable)延續到德拉克魯瓦(他偏愛魯本斯與威尼斯畫派)，一路而下，直到先拉斐爾派派(Pre-Raphaelites)。先拉斐爾主義者曖昧、道德主義、情色的美，以及其陰鬱、陰森的傾向，是美從古典主義正典解放而產生的效果之一。現在，美可以表現於對立事物的趨同之中，醜因而不再是美的否定，而是美的另一張臉。

施列格反對古典主義理想化的美，主張美應該令人感興趣、有特色，他並且由此提出醜的美學。莎士比亞的力量，相較於索福克里斯(Sophocles)的力量，正寓於後者表現純粹的美，前者的作品裡，則美、醜並在，而且每每伴以醜怖。

更一步接近現實地說，我們看到可厭、縱恣、可怖之事。雨果——浪漫主義藝術以醜怖對崇高的理論大師——給我們一系列令人難忘的畫

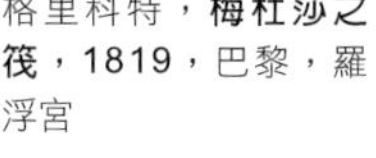

格里科特，**梅杜莎之筏**，1819，巴黎，羅浮宮

像，一系列令人退避的醜怖角色，從鐘樓怪人，到《大笑的人》(*The Man Who Laughs*)畸形的臉，到受盡貧窮與生活殘酷蹂躪而仇視天真青年那種纖柔之美的女性。前文提過，走向絕對的衝動，以及對命運的接受，能使主角之死不再只是悲劇，而是美麗：同樣這個形式，後來淘空自由與對世界造反等內容，構成二十世紀法西斯主義所說「美麗的死亡」的媚俗包裝。

甚至墳墓，無論夜間與否，也是美麗的：據雪萊之見，最值得在羅馬住一趟的美，無過乎他朋友濟慈安息的小公墓。酷嗜撒旦主義與吸血鬼主題的雪萊，見蛇髮女怪戈爾岡(Gorgon)之像，頗為所迷。此畫恐怖與美結合，當初曾被誤歸為達文西之作。

德維爾，**柏拉圖學園**，1898，巴黎，奧塞美術館

浪漫主義表達早先的觀念，而創造一個傳統：「美麗的死亡」背後，有《耶路撒冷得救》(*Jerusalem Delivered*)裡奧林多(Olindo)與克洛琳妲(Clorinda)之死的影子：撒旦主義隱含撒旦的人性化，背後是馬利諾解讀《屠殺無辜》(*Slaughter of the Innocents*)時看到的黑暗之子(Prince of Darkness)的陰鬱目光。尤其米爾頓(John Milton)筆下的撒旦(浪漫主義文學大多對之讚不絕口)，這個撒旦雖然墮落，卻沒有失去他光芒四射的美。

撒旦人性化

塔索

《耶路撒冷解脫》IV, vv. 56-64, 1575

高傲的暴君在高處皺眉俯視，
那神色令他所有怪物發抖。
他的眼睛滿是怒威與高漲的惡毒，
像號召人們武裝集合的烽火，
他厚氈似的頭髮披落胸前，
如嶙峋的山上的荊棘，
他大張的嘴冒著血塊，
豁開如冥河泛濫的大漩渦。

黑暗王子

馬利諾

《屠殺無辜》，1632

他的眼睛是邪惡與死亡所居，
發著暗紅的光。
他斜視的目光和扭曲的眼珠
像隕石，雙眉如燈籠。
他的鼻孔和沒有血色的雙唇
吐出煤煙與惡臭；
暴躁、傲氣與霹靂
是他的嘆息，
閃電是他的呼吸。

撒旦

米爾頓

《失樂園》，I, 1667

他超拔群魔之上
身形與姿勢傲然
聳立如塔；他的狀貌尚未失去
原有的光輝，望之亦未減損
其墮落之首席天使的模樣。
他滿溢的榮光蒙塵，如旭日東升時
從天邊的霧氣透出，光芒銳減，又如
昏暗日蝕之際，月亮背後灑下曖昧的光
照向半個萬國，天地變色的憂懼
令國君惶惑不定。首席天使雖已如此黯然，
但他的光芒依舊超出眾表：不過
他臉上留著雷殛的深疤，
憂慮也盤踞他憔悴的面頰，只是
眉宇之間保持著不屈的勇氣
和等待復仇的濃濃傲色。

戈爾岡

雪萊

《佛羅倫斯谷達文西的梅杜莎雕像》，1819

它仰躺在雲深的頂峰
凝望午夜的天空；
底下，遙遠的大地，望去
微微顫動；
它可怖如初，美如神。
它嘴唇與眼簾上
影子般躺著可愛，
這火熾陰森的神殿底下掙扎的
是死亡的苦楚與傷痛。

然而將凝視的精神化為石頭的
是那優雅，而非恐怖；
死亡的臉的五官刻著優雅，
思慮難追。
美以其旋律般的色彩
透過黑暗與痛苦的眼神
將那掙扎人性化，和諧化。

原始人的詩

德拉克魯瓦

《美的變化》，1857

我們從我們自己有限的眼界評斷其餘世界；我們不放棄我們小小的習慣，我們的熱情經常和我們的不屑一樣麻木。我們以同樣的專擅，評判藝術與自然之作。住在倫敦或巴黎的人，也許比住在文明未及之處的人更沒有正確的美感。我們只透過詩人與畫家的想像看美；野蠻人則在其漫遊的生活裡每一步都與美邂逅。我願意承認他沒有機會專注於詩的印象，我們都知道他時時刻刻都忙於避開死亡和饑餓。他必須不斷和敵意的自然搏鬥，以保衛他條件惡劣的生活。但是，壯觀的景物，以及一種原始的詩的力量，能使人心生一種悅服之感。

7. 抒情的浪漫主義

十九世紀歌劇對浪漫主義如何處理美，並不陌生。在威爾第(Verdi)的歌劇裡，美往往緊鄰黑暗、撒旦、醜怖：《弄臣》(*Rigoletto*)裡，吉爾妲(Gilda)之青春美貌與里格雷托(Rigoletto)之畸形並在，加上陰險之狀，來自最陰暗黑夜的史帕拉富西(Sparafucile)。里格雷托從尖銳的諷刺轉入屈辱，吉爾妲則表現三種不同的女性美形象。《遊唱詩人》(*Il Trovatore*)裡，愛情、妒嫉與仇殺複雜的激情旋渦更明顯。劇中，美透過令人激動的火的意象來表現：雷奧諾拉(Leonora)對曼利可(Manrico)的愛是危險的火焰(*perigliosa fiamma*)，伯爵的妒嫉是可怕的烈火(*tremendo foco*)：這是一種淒涼的意象，因為慘死女巫的火刑台也是美麗吉普賽少女**阿珠奇娜**(Azucena)的背景與命運。威爾第之高明，在於將這些意象火山似的、離心的力量收束於仍屬傳統的紮實音樂結構之中。

美與死亡的典型浪漫主義結合，經由華格納(Wagner)的悲觀而特見加強。在華格納的音樂裡，尤其《崔士坦與伊索德》，令人神搖心迷的情色與悲劇命運組成雙重主題，而以複音音樂賦予一元結構。美的命運不是在激情中獲得實現，而是在為愛而死裡完成：美從世界的天光退出，透過唯一可能的結合形式，即死亡，滑入夜暗力量的懷抱。

頁326：沙堅特，**艾琳泰莉扮馬克白夫人**，局部，1899，倫敦，泰特不列顛美術館

頁327：海耶茲，**羅蜜歐與茱麗葉的最後一吻**，1833，米蘭，私人收藏

阿珠奇娜

卡馬蘭諾
《遊唱詩人》，II, 1, 1858

烈火熊熊！
管不住的群眾
爭看火焰，
滿臉快樂；
歡樂的叫聲
回響全場；
在受雇打手包圍中，
一個女子舉步向前！
可怕的火光
在他們可怕的臉上
投下陰森刺目的光，射亮天宇！
烈火熊熊！
受刑人來了，
一身黑衣，
襤褸，赤足！
要她受死的猙獰叫聲
響起，迴聲傳遍絕崖峭壁！
可怕的火光
在他們可怕的臉上
投下陰森刺目的光，
射亮天宇！

第 13 章

美成為宗教

1. 美學宗教

在他1854年小說《艱苦時代》(*Hard Times*)裡，狄更斯描寫一個典型的英國**工業鎮**：感傷、千篇一律、陰鬱、以及醜陋。小說寫於十九世紀下半葉之初，當時，十九世紀早數十年的熱情與失望已換成一些較為節制但有效率的理想(在英國是維多利亞時期，在法國是第二法蘭西帝國)，居於主導地位者是紮實的資產階級美德，與不斷擴張的資本主義原則。勞動階級則已知覺自身處境：《共產黨宣言》1848年問世。

藝術家面對工業世界的壓迫、帶著巨大無名群眾而擴張的大都會，以及認為美學乃不急之務的新階級。新的機器純粹只強調新材料的功能，藝術家多有不滿。在此情勢之下，藝術家覺得他們的理想備受威脅，而且認為逐漸得勢的民主觀念是有害的。他們於是決定「**與眾不同**」。

工業城

狄更斯

《艱苦時代》，1854

科克鎮是事實的勝利。那是個紅磚城，或者說，如果煙塵讓它的話，它本來會是紅磚城；以實況來說，它是一種不自然的紅和黑，像蠻族畫的臉。全城機器和高聳的煙囪，煙囪噴出一條條煙蛇，煙蛇永遠在拉長，從不盤曲。〔……〕全城是幾條幾乎一式的大街，以及幾乎更一式的小街，住著同樣一式的人，他們在同樣的時辰出入，用同樣的聲音走在路上，做同樣的工作，對他們，每天都和昨天與明天一樣，每年也和去年與明年一樣。

羅塞蒂，**貝塔碧翠克斯**，1864-1870，倫敦，泰特不列顛藝廊

上：多雷，**倫敦貧民區**，取自多雷與傑洛德，《倫敦歷程》，1872，威尼斯，畢沙羅國際現代藝術館

右頁：庫徹，**頹廢時代的羅馬人**，1847，巴黎，奧塞美術館

一個道地的美學宗教由於形成。在為藝術而藝術的精神之下，美成為一種要不計代價實現的價值，洵至許多人認為生命本身也應該過得像藝術作品。藝術脫離一切政治與道德之際，又生出一股日益增長的驅力——在浪漫主義裡已經可以看到——要為藝術的世界征服最令人不安的人生層面：病、違法犯紀、死亡、黑暗、魔性、恐怖事物。此中差異是，藝術不復為了存文獻、下判斷而刻畫。現在藝術刻畫上述層面，目的在以藝術之光救贖它們，甚至將之變成令人陶醉的人生模型。

這趨勢引進一個唯美世代，這個世代將浪漫主義感性推至極端，誇大其每一層面，到達頹廢之境。其提倡者對這一點極為自覺，竟至於自認他們的命運與古代偉大文明的式微階段可以並觀：如蠻族入侵後垂死掙扎的羅馬文明，以及千年垂老的拜占庭帝國。這股對頹廢時代的渴望，導至「頹廢主義」通常被用來稱呼十九世紀下半至二十世紀初十年的文化階段。

差異

波特萊爾

《談現代的進步觀念應用於藝術》，1868

美永遠是詭異的，我不是說它刻意如此，冷冷地詭異，那樣的話，它是一隻偏離生命的怪物。我是說，它永遠會有一絲詭異，使之成為殊相之美。

病

道瑞維里

《蕾亞》，1832

「我的蕾亞，妳真美，妳是全世界最美的，我不會放棄妳，妳無神的眼睛，妳的蒼白，妳生病的身體，拿天上天使的美來換，我也不放棄。」〔……〕他觸摸她的衣服，這個瀕死的女人像無比熱情的女人般燃燒他。隔著手套，他感覺到那隻纖細、熱燙的手微微冒汗，比起這簡單的接觸，恆河岸上的幽魍，伊斯坦堡澡堂的女奴，酒神的赤裸女祭司的擁抱，都不可能令他的骨髓燃燒得更熾烈。

死

維維安

《致他所愛》，1903

最長的神聖蒼白的百合
在妳手中死去如燒盡的蠟燭。
在至高的痛苦的氣絕裡
妳的手指發出愈來愈弱的香氣。
從妳的白衣服
愛與苦楚
逐漸消褪。

頹廢

維爾倫

《慵懶》，1883

我是衰落已至末日的帝國，
看著高大金髮的蠻族通過，
我，慵懶地，以充滿金色
與陽光之舞的風格寫離合詩。
〔……〕
啊，不再有意志，只等死！
一切已經飲盡。巴提勒斯
笑完了！
一切已經飲盡，一切已經吃完。
沒有什麼好說的了！

柯爾貝，**塞納河岸的年輕女子**，1857，巴黎，小皇宮美術館

沈迷於三種形式

達能奇歐

《快感》，1889

沈迷於三種形式，都雅致，不同的雅致；一個女人，一只杯子，一隻灰狗，水彩畫家發現一種以最美的線條構成的畫面。女人，裸體，站在浴盆內。她一手支在怪物的突起上，另一手支在柏樂洛豐的突起上，彎腰逗弄那隻狗，狗弓起身體，前爪低壓，後爪提起，如作勢欲撲的貓，朝她抬起細長如矛尖的口鼻。

2. 丹第主義

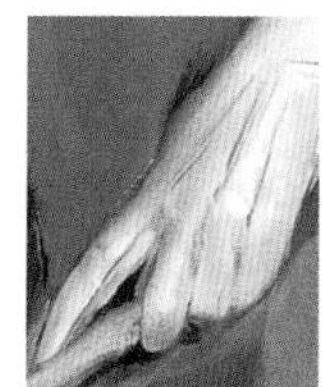

對例外者的崇拜，第一個徵象是丹第主義(dandyism)。丹第主義出現於英國史上的攝政時期，即十九世紀初數十年，主角是喬治「美男子」布魯梅爾(George "Beau" Brummel)。布魯梅爾並非藝術家，亦非思考藝術與美的哲學家。在他身上，對美與例外之愛表現為一種穿著——與生活——藝術。他將雅致等同於單純——有時單純過甚，流於荒怪，並與似是而非的妙語及挑激世俗的行為結合。茲舉一貴族無聊及鄙蔑尋常事物之例：布魯梅爾攜一僕役出遊，自山頂望見二湖，即問僕役：「兩個湖，我喜歡哪個？」後來，維利耶(Villiers de l'Isle-Adam)曾有此言：「生活？我們的僕人可以代勞。」法國的復辟時期與路易菲利普在位期間，丹第主義(搭著英國風的浪潮)深入法國，風靡上流社會、名詩人與小說家，而由波特萊爾與道瑞維里(Jules-Amédée Barbey d'Aurevilly)為主將。十九世紀末，丹第主義在英國再興，這回是模仿法國風氣，而以王爾德與畫家畢爾茲利(Aubrey

王爾德，1880

Beardsley)為主將。在義大利，則達能奇歐的行為顯出丹第主義的成分。

不過，十九世紀一些藝術家為藝術而藝術的理想，是崇拜一件作品，視作品為他們獨專、苦心孤詣、手工藝般的東西，值得奉獻生命，以實現作品之美，丹第(藝術家中以丹第主義自居者亦然)則視這理想為在公開生活中追求的理想，要下工夫，如藝術品般打造，將公開生活變成美的至高範例。不是人生奉獻於藝術，而是藝術應用於人生，人生成為藝術。

丹第主義作為社會現象，有其矛盾。丹第主義不是反叛資產階級社會及其價值(如崇拜金錢與科技)，因為丹第主義從來不過是一種邊緣層面，斷無革命性，只是貴族風氣(作為貴族的奇特裝飾)。丹第主義有時與流行的成見與風俗習慣對立，例如丹第主義者有些是同性戀，而同性戀在當時全無容身之地，社會視之為罪犯(王爾德遭受殘酷審判，就是著名例子)。

完美的丹第

波特萊爾

《現代生活的畫家》，1869

一個人的美的理想，全在他衣著上留下印記，使他的衣服起縐或熨平，使他的手勢圓順或僵硬，最後甚至微妙進入他的五官。人想成為什麼，最後就會成為那個模樣。

富裕的人，雖然厭飫一切，在人生裡除了追求財富，也別無所事，生來享受奢華，自小習慣別人服從的人，除了斯文就別無職業的人，永遠有其與眾不同的樣貌。丹第主義是一種難以界定的建制，和決鬥一樣奇怪。〔……〕這些個人的唯一義務，是以他們自己的人身培養美的觀念，滿足他們的激情、感覺和思考。

丹第不把愛情本身視為一個特殊的目的。〔……〕丹第不把財富當成基本要務來企望；沒有限制的銀行信用，對他就夠了；他心甘情願將這庸俗的嗜好讓給粗俗之輩。和許多欠思考的人的想法相反，丹第主義的精華不酷嗜衣服和物質上的斯文。對完美的丹第，這類事物只是他心靈的貴族式優越的象徵。因此，依他之見，他雖然最想與眾不同，衣著的完美卻寓於簡單，簡單是突出眾表的不二法門。

丹第主義首先是想在社會的約定成俗邊緣創造獨一無二的外表。那是一種自我崇拜，用不著在別人身上(例如在女人身上)追尋的幸福，甚至不用我們說的各種幻覺。丹第主義是引起他人驚奇時的快感，是只驚奇於自己時的滿足。

波狄尼，**孟德斯鳩斐仁沙克伯爵**，1897，巴黎，奧塞美術館

美作為裝束

王爾德

《多里安・葛雷的畫像》，1891

沒錯，這小子早熟。他春天未到，就在收成。他身體裡有青春的脈動和激情，但他愈來愈自覺。觀察他，是樂事一件。以那美麗的臉，美麗的靈魂，他令人看了稱奇叫絕。無論如何結束，或注定如何結束，都不關緊要。他像化裝舞會或一齣戲裡的一個優雅人物，他的喜悅我們搆不著，但他的哀傷撩動我們的美感，他的傷口則像嫣紅的玫瑰。

3. 肉體、死亡、魔鬼

在達能奇歐，丹第主義以英雄形式表現(大膽的行事)；在其他藝術家，尤其法國頹廢派，則表現為傳統主義的、反動的天主教信仰，以及反現代世界。不過，他們返取宗教，不是要恢復道德價值與哲學原則，而是著迷於華麗、古老的禮拜儀式、晚期拉丁腐敗、令人亢奮的氣味，拜占庭基督教的華美，中世紀初期野蠻部落的奇妙珠寶。宗教上的頹廢主義徒知擁抱儀式層面，而且偏取其曖昧成分，提及神秘主義傳統，則專重其病態肉慾。

頹廢主義者那種走偏鋒的宗教性，另外還有一路，即撒旦主義，因此而熱衷超自然現象，發掘魔術與神秘傳統，一種與真正的猶太傳統全無關係的秘術，以及如于斯曼(Huysmans)的《每下愈況》(*Down*

對恐怖的品味

波特萊爾

《愛的慰藉箴言》，1860-1868

對一些比較好奇且墮落的精神，醜的快感源自一種更神秘的情操，亦即對未知的渴求，對恐怖的品味。是這股情操驅使詩人奔向解剖實驗室或診所，驅使女人爭睹公開處決。我們人人心裡都有這情操的種子。

歌頌一切逾度

藍波

《給德米尼的信》，1871

詩人以漫長、無邊、按部就班的工夫將所有感官解組，以此把自己變成靈視者。一切形式的愛、痛苦、瘋狂；他搜尋自己內在，他窮搜他自己內裡所有的毒，保存它們的精華。莫可名狀的折磨，超人的力氣，大病人、大罪犯、大被告——至高的科學家，因為他臻至未知！因為他比誰都勤於培養他原本即已豐富的靈魂！他臻至未知，如果他精神錯亂，失去對他靈魂景象的理解，那他至少已經看過那景象！

惡的美學

王爾德

《多里安‧葛雷的畫像》，1891

有些時刻，他將惡單純地視為一種模式，他可以透過模式實現他的美的觀念。

莫洛，**顯靈**，1874-1876，巴黎，羅浮宮

There)所示，在藝術與生活中狂熱追求魔性。不僅如此，他們還參加法術，召喚魔鬼，頌揚一切形式的漫無節制，從虐待狂到被虐狂，喜好恐怖，訴諸惡習，以及變態、令人不安或殘忍的吸引力：亦即惡的美學。

普拉茲(Mario Praz)名作《浪漫的痛楚》(*The Romantic Agony*)討論肉慾快感、戀墓癖，對挑釁一切道德規則的興趣，對疾病、罪孽及痛苦快感的興趣，為曲盡其蘊，他為此書所取本名是*La Carne, la Morte e il Diavolo*(肉體、死亡與魔鬼)。

4. 為藝術而藝術

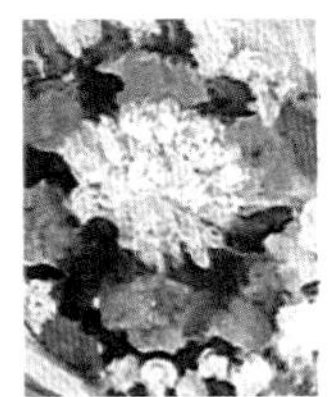

將十九世紀末葉美學所有層面盡歸頹廢主義一詞之下，有其窒礙。別忘了，摩里斯(William Morris)將審美理想與社會主義結合為一。我們也不能忽視，唯美主義極盛之際，托爾斯泰在1897年寫出《何謂藝術？》(*What is Art?*)，極言藝術與道德、美與真理的深刻關聯。其說與王爾德適成兩極。當時有人問王爾德，某本書是否不道德，他答道：「比不道德還糟，這本書沒寫好。」

頹廢派感性形成之際，柯爾貝(Courbet)、米勒(Miller)等畫家仍然傾向於以寫實精神詮釋現實與人性，將浪漫主義風景民主化，將之帶回由勞動、苦作、寒微鄉下人與尋常百姓構成的日常現實。而且——下文就會談到——在印象派作品裡，不只有模糊的「美」之夢，還以不

右頁：米雷，**晚禱**，1857-1859，巴黎，奧塞美術館

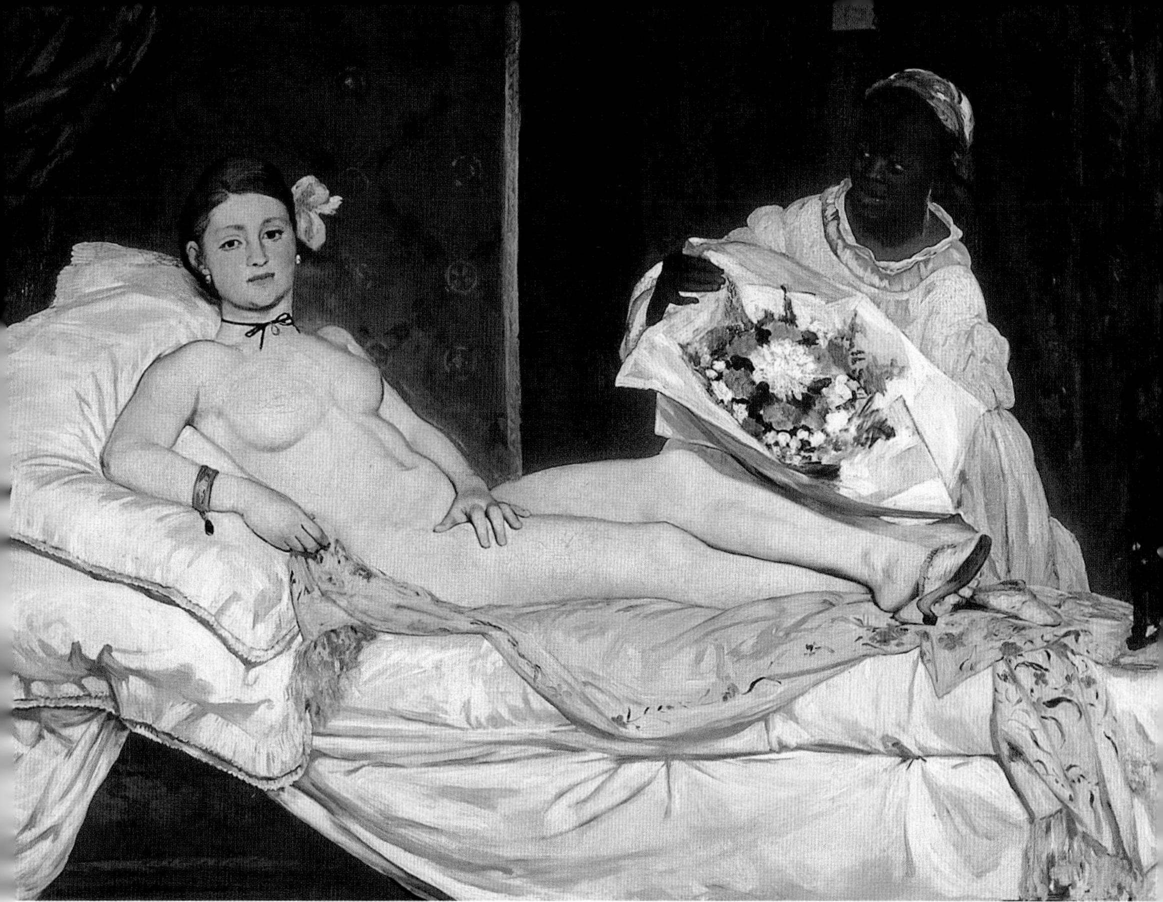

馬內，**奧林匹亞**，1863，巴黎，奧塞美術館

厭精細、擬科學的精神研究光與色，想更深刻透入視覺世界。此外，同一時期，戲劇家易卜生則在舞台上處理當代的重要社會衝突、權力鬥爭，世代之間的衝撞、婦女解放、道德責任與愛的權利。

我們也不要以為唯美教就是後期丹第主義那些智巧，或者，就是妖魔派的惡毒，況且那些惡毒往往口頭多於精神。單看福樓拜，即見名家之雅好正直，以及為藝術而藝術的宗教裡有多少禁慾主義。福樓拜以崇拜文字出名，認為和諧乃美學之絕對必要，而且成此和諧之準確字眼只有一個。他無論是不厭精確觀察當代日常生活的凡庸與惡端，如《包法利夫人》（*Madame Bovary*），召喚一個異國風味、華麗、充滿感官性的、野蠻的世界，如《薩朗波》（*Salammbô*），或朝向魔性視境，將惡頌揚為美，如《聖安東尼之試探》（*The Temptation of Saint Anthony*），都維持不涉個人的、精確的語言理想，純粹以風格的力量使一切題材皆美：「題材無所謂美麗或病態。我們幾乎可以成立一條公理，說，從純藝術的觀點，沒有題材這回事，因為風格自身就是絕對的觀物方式。」

另一方面，愛倫坡(主要由於波特萊爾引介，他對歐洲頹廢主義發生深重影響)在1849年寫出《詩的原理》(*Poetic Principles*)，主張詩不應以反映或發揚真理為務：「有一首詩，這首詩不是別的東西，就是一首詩，是為此詩之故而寫的詩，世上沒有，也不可能有任何作品比這麼一首詩更徹底有尊嚴、更至尊高貴。」智識處理真理，道德意識管義務，品味教我們以美；品味是自主自律的能力，自具法則，如果品味引導我們鄙視邪惡，也只因為邪惡與美相反，是畸形的東西。

藝術與美之間的關聯，我們今天認為十分明顯，過去卻似乎難以了解。這個時期，出現一種鄙夷自然的態度，美與藝術結合成化不開的一對。無美而非人為之作；唯人為之作可能是美的。「自然通常是錯的。」惠斯勒(Whistler)如此說。王爾德則宣稱：「我們愈研究藝術，就愈不喜歡自然。」愚魯如自然，不能產生美，藝術必須動手，從沒有秩序之中創造一個必然、不可更易的有機體。

對藝術創造的這個深刻信念，不但是頹廢主義的典型態度，而且，頹廢主義者承續「美只能是漫長、充滿愛的勞動的對象」之說，領會一個經驗愈是出於人為，愈是可貴。藝術創造第二自然之說，現在變成，一切違反自然之作——而且最好盡可能怪異且病態——都是藝術。

自然安魂曲

于斯曼

《逆理而行》，1884

自然已經走完它的時代，她的地景與天景令人惡心的單調已經明確、徹底竭盡有素養的耐心。

不顧自然

王爾德

《說謊之式微》，1889

我自己的經驗是，我們愈研究藝術，就愈不喜歡自然。藝術真正向我們啟示的，是自然的缺乏組織，她奇怪的粗糙，她非常的單調，與她絕對尚未完工的狀態。

詩是一切

達能奇歐

《伊索提歐》，約1890

詩人，神聖的字眼：
上天將我們所有喜悅置於
純粹的美之中：詩是一切。

5. 逆理而行

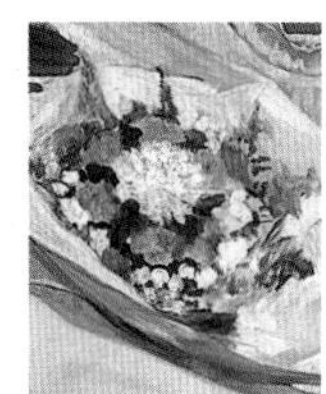

德埃聖(Floressas Des Esseintes)是于斯曼1884年小說《逆理而行》(*A rebours*)的主角。À rebours意思是「違逆紋理、倒行、歧途、反主流」，書與書名都合乎頹廢主義感性。為逃離自然與生活，德埃聖將自己以牆圍入一處別莊，居處飾以東方布料，充滿禮拜氣氛的織錦，以及模仿修道院那種清涼，卻以奢華材料做成的掛帘與木作。他只種真實但望之如人造的花，陷入畸戀，以藥物刺激想像，喜愛假想旅行而不喜真實出門，嗜讀以衰疲而浮夸的中世紀末期拉丁文寫的作品，構作烈酒與香水的交響曲，將聽覺的悸動轉移至味覺與嗅覺：易言之，在人造環境裡，他建構一種以人造悸動形成的生活，裡面的自然不像在藝術裡以經過再造的面貌出現，而是既受模仿，又受冷落，經過重新衍釋，無精打采，令人不安，病懨懨……

烏龜悅目，偉大雕刻家複製之龜則具備真實烏龜從未曾有的象徵能力；這一點，連希臘雕刻家也知道。但是，在頹廢主義者，其中過程

竇嘉，**咖啡館**，1875-1876，巴黎，奧塞美術館

不同。德埃聖將龜置於淡色地氈，觀看纖維之金銀色澤與龜甲生鮮濃黃色調對比，觀之不足，將龜背諸色寶石，構成令人目眩的繁複圖案，輝光照眼「如西歌德人鑲以明亮鱗片之小圓盾，蠻族巧匠之手工藝品」。德聖埃以違反自然來創造美，因為「自然的輝煌時代已經過去；她天上地上風景令人噁心的單調已經明確、終於令精雅的氣質忍無可忍」。

頹廢主義感性的所有重大主題都環繞一個中心觀念，此即改變自然。英國唯美派，自史溫朋(Swinburne)至佩特(Pater)，以及其法國同輩，重新發現文藝復興，視之為無盡寶藏，從中尋找殘酷、以病態為甜美的夢：在波堤切里與達文西所畫的臉孔裡，他們搜求陰陽人的面相，亦男亦女那種不自然而莫可定義的美。他們幻想女人的時候(也就是不把女人視為得意揚揚的惡，不把她們視為撒旦化身，由於沒有愛、不能正常而難以捉摸，因為充滿罪孽而可欲，以帶有腐敗之跡而美)，則他們所愛的是她已經改變的女性本質：她是波特萊爾夢中佩飾珠寶的女人，是花／女或珠寶女人，是達能奇歐的女人，這女人唯有比擬於人造模型，比擬於一幅畫、一本書或一個傳奇中的理想刻畫，才盡顯其魅力。

至於品味，這段時期倖存而得意的自然事物是花。花甚至產生一種風格，即義大利文*floreale*說的花體裝飾風格。頹廢主義者愛花成癡：不過，真相是，他們所愛於花者，是花可以被風格化，成為裝飾、精緻的紋樣，是植物世界裡生命很快過渡到死亡而給人的脆弱與腐敗感。

羅塞蒂，**莉莉絲**，局部，**1867**，紐約，大都會藝術博物館

達文西的曖昧

史溫朋

《論達文西》，1864

關於達文西的例子，雖少而精：他最好最強烈的作品充滿無可界定的優雅和深刻的神秘。女子美好奇怪的臉充滿隱隱約約的懷疑，與似有若無的不屑；不為人知的命運像影子般染上臉上；他筆下的女子，眼睛與心思則焦慮而兼疲倦，蒼白而帶著耐心與激情的熱氣，受到引誘，又一臉困惑。

波堤切里的曖昧

羅倫

《羅馬》，1895-1904

波堤切里的人物，那些嘴巴，那些肉感的雙唇，圓飽如果實，反諷而憂傷，迂迴的綿綿的謎，絲毫不透露是在壓抑純潔還是憎惡。

陰陽人

于斯曼

《藝術與建築論集》，1889

聖徒的整個神態引人夢想。那些少女身形，臀部還瘦瘦的，那個少女的脖子，肉白如老樹叢的木髓，那雙唇如猛禽的嘴，那柳條似的身材，那些沒入武器握把裡的奇怪手指，甲冑在胸乳位置的突起，保護並強調上身，肩甲與頸甲之間露出讓人窺見的亞麻布，甚至那緊挨下巴的少女的藍帶，都令我目不轉睛。索多姆所有令人不安的影響，似乎都被這個陰陽人接受，那種微妙的美看來已經淨化，彷彿一個慢慢接近上帝的變容。

不自然而無可界定的美

高迪耶

《琺瑯與寶石浮雕》，1852

他是青年嗎？她是女人嗎？
她是女神還是男神？
愛情，害怕不高貴，
猶豫著，擱置它的坦白。
為使此美可惡，
各種性別都貢獻一份。
熾燃的幻象，
藝術與官能性的
至高努力，
迷人的怪物，我何其愛你，

愛你多層面的美。
你是詩人與藝術家的夢想
許多夜晚你
捕捉我的幻想，這幻想持續，
就是不受騙。

最好的藝術性別

培拉丹

《死寂的圓形劇場》，1892-1911

在波里克利特斯的《正典》裡，達文西找到所謂的陰陽人〔……〕陰陽人是最好的藝術性別，它混合兩種原則，即男性與女性原則，使兩者均衡〔……〕在《蒙娜麗莎》裡，天才男人的腦性權威與貴婦的官能性融合；那是道德的陰陽主義。在《聖約翰》裡，其形式混合的結果，性別成為一個謎。

佩珠寶的女人

波特萊爾

〈憂鬱與理想〉，取自《惡之華》，1857

我所歡是裸體的，她知道
我的心，只佩叮噹作響的珠寶
它們的光華給予她
摩爾女奴在她們歡悅的日子裡
那種勝利的氣勢

它們的顫動發出生動的反諷聲音
真正令我沈迷：我愛上了這個
光與音樂的同盟。

左頁：畢爾茲利，**約翰與莎樂美**，取自王爾德《莎樂美》插畫，1907，米蘭，布雷登斯國家圖書館

花／女

左拉

《莫雷神父的罪孽》，1875

底下，一列列蜀葵似乎以紅、黃、綠、白花拼成的花籬擋住入口，它們的莖梗消失於銅綠色的巨大蕁蘇之間，蕁蘇靜靜地淌出熾熱的毒螯。然後，出現一陣奇異的波動，突然的一連串上躍：茉莉叢，它們的香花如繁星；葉子纖細的蕾絲；厚密的常春藤，彷彿以上了漆的鐵皮切成，香甜的忍冬，淡色的珊瑚貫穿其間；愛情的鐵線蓮，伸出它以白羽裝飾的手臂。其他更纖細的植物緊附後面這些植物，與它們交織成一種帶有香味的編織物。〔……〕一大頭綠髮，花朵覆蓋，鬈髮四處漫溢，凌亂一片，使人想起一個巨大的處女，頭在一陣激情的抽搐裡往後仰，秀髮披散，彷彿散入一口加了香味的池子。

珠寶／女人

于斯曼

《逆理而行》，1884

從菱形琉璃開始，阿拉貝斯克形狀沿著圓頂迂迴，圓頂上，熠耀的彩虹與三稜鏡般的閃光沿著珍珠母的鑲嵌細工滑行。〔……〕她幾近赤裸：酣舞之中，她面紗鬆脫，以細絲編織的長袍掉落：現在，她身上只餘珠寶與閃爍的鑽石，腰間一條束帶，一枚絕妙寶石在乳溝閃耀；往下，臀部一條寬帶遮至大腿頂端，大片以紅玉與翡翠編綴的錦帶如瀑布飛盪。最後，頸腰之間一片裸肌，她肚腹弓起，渦狀的肚臍泛紅，如乳白色的截子瑪瑙封印。在施洗者約翰的首級四周發出的火熱亮光底下，寶石發光如焰：那些寶石活過來了，以一種白熱的氛圍襯映這女子的身體；她的脖子，雙腿，胳臂閃爍著尖銳的光點，時而紅如悶燃的餘燼，時而紫似瓦斯噴氣，時而藍比燃燒的酒精，時而白如星光。

為花執迷

王爾德

《多里安・葛雷的畫像》，1891

畫室滿是玫瑰的濃味，當夏日的微風撩動花園裡的樹木，從開著的門透來丁香的烈香，或是開著粉紅花朵的荊刺的更細緻香味。沃頓爵士歪在波斯鞍囊几榻上，和平日一樣抽數不盡的菸，由几榻一角，他剛好能瞥見蜜香和蜜色的金鏈花的閃光，那金鏈花顫危危的枝葉彷彿承受不住那些火焰似的美。

脆弱與腐敗

梵樂希

《水仙說話》，1891

弟兄們，哀傷的水仙，我在美之中
憔悴。〔……〕

6. 象徵主義

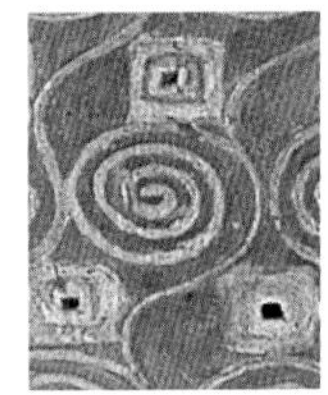

頹廢主義的美瀰漫腐爛、昏暈、倦怠、慵懨之感；懨懨(Languor)正是維爾倫(Verlaine)一首詩的標題。此詩堪稱整個頹廢主義時期的宣言(或溫度計)。詩人知覺他與羅馬的頹廢世界及拜占庭帝國的頹廢時期血脈相連；歷史太長、太大，壓得他透不過氣；一切都已有人說過，一切快感都已經人體驗，如已飲之酒，唯餘渣滓，地平線上，一個老病文明無力抵擋的蠻族成群出現：如今能做之事，只欠以過度興奮的想像，投入感官之快適，列舉藝術收藏，以疲憊的手摩挲歷來世代累積的珠寶。拜占庭，金頂輝煌的拜占庭，就是美、死亡、罪孽會合的十字路口。

頹廢主義產生的最重要文學與藝術運動，是象徵主義。象徵主義詩學同時建立一種藝術觀與世界觀。象徵主義植根於波特萊爾的作品。詩人魂遊於一個工業化、商品化、機械化、沒有人屬於自己、任何靈性都受抑制的城市：出版業(巴爾札克已經以之為腐敗的例證，以及觀念與品味虛偽的例證)將個人經驗捺平，使之千篇一律；當令得意的攝影則殘酷地使自然靜止不動，將人臉固定，人的目光著魔般盯住鏡頭，任何刻畫都剝盡具體觸感，並且——許多當代人認為——扼殺所有想像的可能。要如何來重新創造更強烈的經驗可能性？要如何來使經驗更深刻、更具體？

在《詩的原理》裡，愛倫坡說，美是一種永遠在我們掌握之外的真實，我們無從將之固定。在柏拉圖主義背景上，美成為一個秘密世界，通常秘藏於自然之中，只向詩人之眼顯露。我們在波特萊爾著名十四行詩《通感》(*Correspondences*)裡讀到，自然是一座神殿，其中活生生的柱子有時發出渾茫之語；自然是一座象徵森林。色彩與聲音、意象與事物彼此參化，流露神秘的關聯與呼應。這是宇宙的秘密語言，詩人即其解讀者，美則是他將揭示的真理。如果每一事物都擁有這種啓示力量，則向來見為禁忌的經驗，如罪惡與墮落的深淵等經驗，必定更加強烈，而且從中生出最劇烈且豐富的組合，幻覺在其中也比在其他地方啟示更多真理。在《通感》裡，波特萊爾言及「隱密

克林姆特，**莎樂美**，1909，威尼斯，畢沙羅國際現代藝術館

珠寶

王爾德

《多里安‧葛雷的畫像》，1891

他經常花一整天，在盒子裡擺他收集的各種寶石，擺好，又重擺。其中有橄欖綠的寶石，燈光一照就轉紅，有帶者銀絲的波光玉，有阿月渾子色的橄欖石，玫瑰粉紅與葡萄酒黃的黃玉，有著火紅四芒星的紅玉，火焰紅的肉桂石，橘色與淡紫色的尖晶石，以及紅寶石與藍寶石相間的紫晶。他愛日長石的紅金色，月長石的珍珠白，以及乳色貓眼石的碎彩虹。

象徵的森林

波特萊爾

《惡之華》，1857

大自然的神殿裡，活生生的柱子
不時喁喁渾融而語；
人行過其象徵之森林
森林凝視他以熟悉的眼神。

餘響悠長的回聲從遠處
匯合成深遠幽奥的和諧，
廣浩如黑夜，光明如白日，
香味、色彩與聲音彼此應和。

芳香清新如嬰孩，
甘如雙簧管，綠似草地，
其餘則腐朽、豐富、輝煌，

擴展如無限之事物，
如龍涎香、麝香、安息香、線香，
歌頌靈魂與精神的狂喜。

芳丹拉圖，**桌角**，人物左起：維爾倫、藍波、波尼耶、瓦拉德、布雷蒙、阿卡德、德維里、培爾坦。1872，巴黎，奧塞美術館

啟示

波特萊爾

《我裸袒的心》，1861

在某些近乎超自然的心理狀態裡，生命的深遠整個在我們眼前的景象中啟露，雖然這景象可能很常見。這景象就成為生命的象徵。

詩的藝術

維爾倫

《詩的藝術》，1882

音樂高於其他一切
偏好不均勻的線條
更容易化入空氣中
沒有絲毫重量，沒有固定。
〔……〕
因為我們要純粹的文外曲致
不是色彩，只要文外曲致！
啊，唯文外曲致能連夢於夢
合長笛於法國號！
〔……〕
要更多，更多音樂！願我們的歌是偷來的東西
彷彿要逃離一個不受讚美的靈魂
逃向天空和其他的愛。
願你的歌是一場美好的探險
轉向面對清晨的微風
那兒綻放薄荷與百里香……
其餘都是文學。

暗示

馬拉美

《文學演進的探討》，1897

高踏派取事物的整體並表現之：但這樣一來，他們就缺乏神秘，精神相信自己能創造，因而喜悅，他們偷走了精神的這個喜悅。為一物命名，詩趣即四去其三，詩趣寓於點點滴滴暗示。暗示是詩夢寐以求之境。完美運用這種神秘，即構成象徵：喚起一物，以顯示一種心理狀態選擇一物，使之散放一種心理狀態——透過一個漸進的解讀過程而致。

且深邃的和諧」，語涉人類與世界的奧妙統一。一個現實宇宙之外的宇宙向我們啟示事物內在的神秘靈魂，易言之，詩人之詩為事物賦予它們先前所無的價值。

如果美要來自日常事件的質地之中，無論日常事物是掩匿美，或指向它們自身以外的美，則詩人的課題就是如何將語言變成一種完美的指涉機制。我們不妨看看象徵主義在這方面的最完整之作，就是維爾倫的詩的藝術(*The Art of Poetry*)：透過語言的音樂化，以及一定程度的明暗法和指涉，可以觸發事物之間的通感，其間種種關聯也由是顯豁。

不過，為詩的創造提出一套形上論，用力最大者不是維爾倫，而是馬拉美(*Stéphane Mallarmé*)。在一個由機緣支配的宇宙裡，唯有詩的語言能實現絕對，方法是透過詩不可移易的節奏韻律(這是悠長的耐

馬內，**馬拉美畫像**，1876，巴黎，奧塞美術館

心，和英雄式的，直指本質的努力工夫的成果)。馬拉美生平孜孜於他的《大作》(*Grand Oeuvre*)，而至死未完。他自視此作為「以奧菲斯(Orphesus)的方式解釋世界，這是詩人與文學遊戲的唯一職責。」問題不在面面俱到，以古典詩的清明與嚴謹顯示事物；馬拉美在其《離題》(*Divagations*)裡說，「說出一物之名，一首詩之樂趣即四去其三。詩主暗示，這是詩夢寐以求之境。完美運用此種神秘，可以構成象徵，點點滴滴喚起一個對象。在精確的意象之間建立關聯，在它們之外另生第三個層面，一個能融釋而清晰的層面，呈現以供忖臆。我說，一朵花！從隱暗之中，我的詩的音聲逐出某種形狀，不同於所有已知的花萼。由此隱暗之中，所有花束都沒有的那朵花，花的理型本身，帶著音樂性，悅耳地升起。」一種掩隱的詩法，留白暗示而不明言，恍惚有物；唯有如此，《大作》才能啟示「無可移易的美的花邊

細工」。此中有柏拉圖主義那種超越現實的探索，但同時也知覺詩是一種神奇的行動，一種猜測的技巧。

在藍波(Arthur Rimbaud)，忖臆的技巧與作者的生命合一：感官的放縱成為天眼通之路。在藍波，頹廢主義的唯美宗教並不導致丹第主義的怪異。放縱的代價是受苦，唯美的理想是有代價的。他窮其青年時代尋找絕對的詩的語言，了悟此事難有進展之後，他以不到二十歲的年紀，從文化界抽身，遠走非洲，三十七歲在非洲去世。

我膝蓋之美

藍波

《地獄一季》，1873

有天晚上，我誘引美到我膝蓋上。我發現她不友善，於是我欺負她。我反抗正義。我逃開。啊，女巫。啊，悲慘。啊，怨恨。我將寶藏託付於你，我將一切人類希望逐出我的靈魂。像一隻野獸，我撲向任何喜悅，想法扼殺它。我呼引劊子手，因為我希望啃著他們的槍托而亡。我呼引鞭子，我想在沙裡和血裡窒息。不幸是我的神。我在泥沼中顛簸而行。我在犯罪的空氣裡吹乾自己。我與瘋狂肆意調情。春天帶給我一個白痴令人心驚的大笑。

相信一切魔術

藍波

《地獄一季》，1873

有很長一段時間，我自誇是一切可能的風景的主人，我認為現代繪畫與詩的所有名家都是笑話一個。我愛殊方異域的圖象，我愛門廊頂上掛的畫，舞台布景，街頭藝術家使用的風景，褪色的文學，教堂的拉丁文，錯字百出的色情書，我們祖父念的傳奇，童話，幼童看的書，老舊的鬧劇，簡單愚蠢的詩，天真的節奏。

我夢見十字軍，無人記載的發現，沒有歷史的共和國，被壓制的宗教發動的戰爭，被革了命的風俗習慣，種族與大陸的遷徙：我相信一切種類的魔術。

7. 唯美的神秘主義

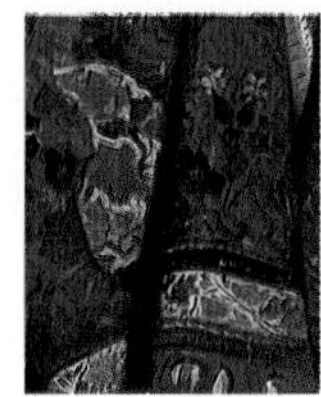

波特萊爾的《通感》1857年出版，收入其詩集《惡之華》(*The Flowers of Evil*)。他寫《通感》之時，英國的文化社會由拉斯金(John Ruskin)管領風騷。拉斯金一貫的主題是力斥工業世界污穢無詩意，力倡返回中世紀與十五世紀帶著愛心與耐心從事的手工藝世界。不過，在這裡，拉斯金令我們感興趣的是他對美的思考裡處處瀰漫的熱烈神秘主義與宗教性。對美的愛，是對大自然的奇蹟與大自然裡無處不見的神的標記的敬愛；大自然在凡常事物裡向我們啟示「深刻事物的寓言，神的類似物」。「一切都是崇拜」，「最高的完美摻糅一些黑暗，才能存在」。「柏拉圖主義」式對超越的美的探求，呼喚中世紀藝術與拉斐爾以前的藝術：這些就是拉斯金的要義，宗旨則在啟發當時的英國詩人與畫家，尤其羅塞蒂(Dante Gabriel Rossetti)成立於1848年的先拉斐爾畫會(Pre-Raphaelite Brotherhood)。拉斯金、柏恩瓊斯(Edward Burne-Jones)、韓特(William Holman Hunt)及米雷斯(John Everett Millais)運用前文藝復興的主題與技巧——這些主題與技巧在十九世紀初已令德國「拿撒勒派」(Nazarenes)著迷——來表現一種充滿感官性的微妙神秘主義。

羅塞蒂說：「畫你所想畫，而且簡單為之。上帝在萬物之中，上帝即愛。」但羅塞蒂筆下的女人，他的碧雅特麗切(Beatrixes)，他的維納斯，雙唇豐滿，慾焰逼人。她們令人想起的不是中世紀的天使般的女人(*donna angelicata*)，而是史溫朋(英國頹廢主義詩壇盟主)詩中的帶著邪氣的女子。

米雷斯，**盲女**，局部，1856，伯明罕，市議會

8. 事物內在的狂喜

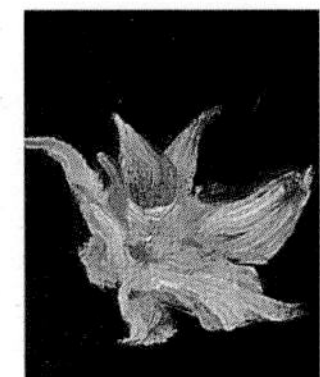

象徵主義濡透整個歐洲文學，至今仍在開花。由象徵主義的主流，一個新的現實觀浮現出來：事物是啟示之源。這是一種新的技巧，年輕的喬埃斯(James Joyce)在二十世紀頭20年裡，在《英雄史蒂芬》(*Stephen Hero*)與《一個青年藝術家的畫像》(*A Portrait of the Artist as a Young Man*)裡，為此技巧作了理論上的界定，但這技巧也以不同形式出現於當時其他偉大小說家筆下。這種新現實觀的根，則在佩特的思想裡。

佩特的批評著作裡，可以找到所有頹廢主義感性的主題：生活於過渡時期的意識(他的角色，伊壁鳩魯主義者馬流斯〔Marius〕，是唯美主義者，一個羅馬帝國末季的丹第)；一個文化進入秋天的那種慵懨的甜美(雅致的色彩，纖柔的色澤，精細、微妙的悸動)；對文藝復興世界的悅慕(他有文章討論達文西，皆負盛名)；以及所有價值附屬於美(有人問他，「我們為什麼要向善」，他答曰，「因為善如此美麗」)。

在《伊壁鳩魯主義者馬流斯》(*Marius the Epicurean*, 1873)，特別在其名文《文藝復興》("*The Renaissance,*" 1973)裡，佩特發展一套精確的「頓悟靈視」(epiphanic vision)美學。他沒有使用「頓悟」(epiphany)一詞，此詞後來喬埃斯使用，意指「顯現」(manifestation)。佩特未用此詞，但其義只是含蓄未發：有些剎那，尤其情靈感動之際(一天某個

柏恩瓊斯，**被鍊子鎖在樹幹的公主**，1866，紐約，原富比世收藏

頓悟的靈視

佩特

《論文藝復興》，1873

每剎那都有某種形式在手中與臉上臻於完美；山上或海上某個音樂比其餘更精美；某個心情、激情或洞見或思想上的興奮對我們是那麼莫可抵禦地真實——只在那一剎那。目的不在經驗的果實，而在經驗本身。〔……〕

永遠以這般硬實的、寶石似的火焰燃燒，維持這狂喜，即是生命之成功。就某一意義而言，甚至可以說我們的失敗就在於形成習慣；畢竟，習慣關係一個刻板化的世界，同時，唯有眼光粗糙，才使任何兩個人、兩件事物、兩個情況看來一樣。一切都在我們腳下鎔掉之際，我們盡可以把握任何纖細的激情，任何似乎在提升了的眼界裡使精神自由一剎那的新知，或感官的任何悸動，奇異的染料、奇異的色彩，令人好奇的氣味，出自藝術家之手的作品，或一個朋友的臉。

艾柏特，**喬埃斯**，1928

時辰，或一個出乎意料的事件突然使我們貫注於一個對象），事物顯得面貌全新。這時，事物並非指向我們自身以外的美，也不是引起「通感」，而是以前所未有的強度出現，意義飽滿，使我們了悟，只有在那一剎那，我們才有了完全的體驗——人生只有累積此等體驗，方才值得。頓悟是狂喜，不過，是沒有上帝的一種狂喜：它不是超越，而是這個世界的事物的靈魂，論者嘗謂，這是一種唯物主義的狂喜。

史蒂芬・德達勒斯（Stephen Dedalus），喬埃斯早期小說的主角，不時被看來微不足道的事物吸引，一個女人唱歌的聲音，腐爛甘藍菜的氣味，街頭一口突然從夜暗中浮現的鐘，鐘面浮光明晃，卒至史蒂芬「左顧右盼一個個偶然入目的字眼，木然納悶它們如此悄沒聲息失去當下的意義，直至每個庸鄙的店招如符咒般纏縛他的心靈，縛得他的

海鳥女孩

喬埃斯

《一個年輕藝術家的畫像》，1916

一個女孩站在中流，獨自一人，一動不動，凝望大海。她彷彿被法術變成一隻奇異又美麗的海鳥。她修長光裸的小腿纖細如鶴足，而且純淨，除了一縷翠綠的海草黏在那肌膚上，像個標記。她的大腿要豐滿一些，色澤輕柔如象牙，幾乎裸露到臀部，內褲的白縫鑲邊像柔軟的白羽。她深藍灰色的裙子大膽撩到腰間，在下背挽個結。她胸脯如鳥，細柔而微隆，微隆細柔如黑羽鴿。但她長長的秀髮仍是少女模樣：她的臉，少女模樣，帶著一抹神奇的人間絕美。

她獨自一人，一動不動，凝望大海；當她感覺到他的存在以及他眼睛的崇拜，她轉身向他，靜靜容受他的注視，沒有羞恥，也不帶放浪。〔……〕

天國上帝！史蒂芬的靈魂在突來一陣褻瀆的喜悅中大喊。

一個狂野的天使向他顯現，青春絕美的天使，從生命的美麗之庭來的特使，在狂喜的剎那，在他面前一把打開大門，通向一切錯誤與榮耀之路的。往前，往前，再往前！

布朗希，**普魯斯特**，約1892，巴黎，奧塞美術館

靈魂枯縮於終古一嘆」。

在其他地方，喬埃斯式頓悟仍然連結於美學神秘主義，一個行走海邊的少女，在詩人眼中有如一隻傳奇中的鳥，「有形的美的精神」「如同披風」般包覆它。在其他作家，如普魯斯特(Proust)，啟示來自回憶：一個特定意象或觸覺勾起另外一個意象、另一時刻裡另一個悸動的悸動，如是層層漸出，然後，「不由自已的回憶」發生短路，引發啟示，當事人悟見生命中諸般物互聯相屬，成為一個統一體。在這裡，人生是對美的追求，使這樣的人生有意義的也是這些剎那的特殊經驗，而我們唯有學習狂喜地進入周遭事物之心，才可能有此剎那。

這幾位作者將頓悟靈視結合於「頓悟即創造論」：如此稍縱即逝的體驗，唯有藝術能將之傳達他人。藝術使此體驗自無中生出如泉湧，從而賦我們的經驗以意義。

如喬埃斯所言，史蒂芬認為「能最精確將意象的靈魂自其環境網罟中解脫出來，精選最準確的藝術環境，將此靈魂重新體現於此新境中的藝術家，是至高無上的藝術家」。但這一切必須指歸波特萊爾，他才真正是這所有潮流之祖：「整個有形宇宙只是一座意象與符號的倉庫，想像派給這些意象與符號一個適其位置的價值，這是想像力必須消化與轉化的一種營養。」

9. 印象

作家以頓悟開出一種視覺技巧，時而大有取代畫家之勢；不過，頓悟基本上是文學技巧，在視覺藝術的理論上並無銖兩悉稱的對等物。在《在少女們身旁》(*Within a Budding Grove*)裡，作者普魯斯特長篇描寫不存在的畫艾斯蒂爾(Elstir)，頗非偶然。艾斯蒂爾的作品類如印象派。他刻畫我們乍然與景相遇的第一剎那，唯一的真相剎那，在那一剎那，人智尚未介入來解釋此景此物是什麼，我們尚未將我們擁有的概念覆加於景物給我們的印象。艾斯蒂爾將事物還原於當下印象，使之「蛻變」。

馬內(Manet)說，「實物並不存在，我手畫我見」，「我們畫的不是一個風景、一個港口、一個人，而是一個風景、港口、人在一天某個時辰給我們的印象」；梵谷要用人物表現永恆，但是要透過「色彩的悸動」來達成；莫內(Monet)為他一幅畫取名《印象》(*Impression*)，而此詞不經意成為整個繪畫運動的名稱；塞尚說，他畫蘋果，就要畫出其靈魂，其「蘋果性」：以上藝術家都顯出他們與晚期象徵主義裡不妨稱為「頓悟」潮流的血緣。

印象派的大趨勢不在於創造超越的美，他們主要志在解決繪畫技巧的

莫內，**盧昂教堂三景**，1892-1894，巴黎，奧塞美術館

右頁：雷諾瓦，**金髮浴女**，1882，杜林，安尼里藝廊

左頁：梵谷，**星夜**，局部，**1889**，紐約，現代藝術館

右：塞尚，**蘋果和餅乾**，約1880，巴黎，奧倫吉里博物館

難題，發明一種新空間、新的體物可能性，就如普魯斯特志在啟示時間與知覺的新層面，又如喬埃斯決心深度探索心理聯想的機制。

這時候，象徵主義已產生了接觸現實的新方式，對美的追求已經不是追求天國，藝術家沈浸於活生生的題材。這個過程持續前進之際，藝術家甚至忘卻原初引導他們的美的理想，不再視藝術為美學狂喜的紀錄與原因，而是視之為知識工具。

METROPOLITAIN

第 14 章

新的對象

1. 殷實的維多利亞式審美

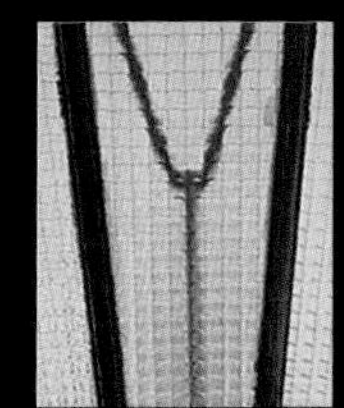

美的觀念不只隨多樣的歷史時代而變。同一時代，甚至一國之內，可能有多樣的審美理想並存。頹廢主義的美學理想問世之際，另一個美的理想也駸駸而盛。這個理想，可以稱為「維多利亞式」理想。上起動盪的1848年，下迄十九世紀末葉的經濟危機，史家通稱「資產階級時代」。這時期，資產階級在貿易、征服殖民地諸事上伸張其價值的能力達於極盛，在日常生活亦然：這時期的道德觀、審美與建築規則、何謂良知良識，以及主宰衣著、公共行為、家具的規則，全以資產階級為依歸——如果考慮英國資產階級的霸權，則可以更明確地說，這些規則都是「維多利亞式」。資產階級以其軍事強權(帝國主義)與經濟力量(資本主義)自得，也以其審美觀念自得，這觀念結合實用、堅固、耐用，正是資產階級心態有別於貴族的特徵。

左頁：吉馬爾德，巴黎地鐵，1912

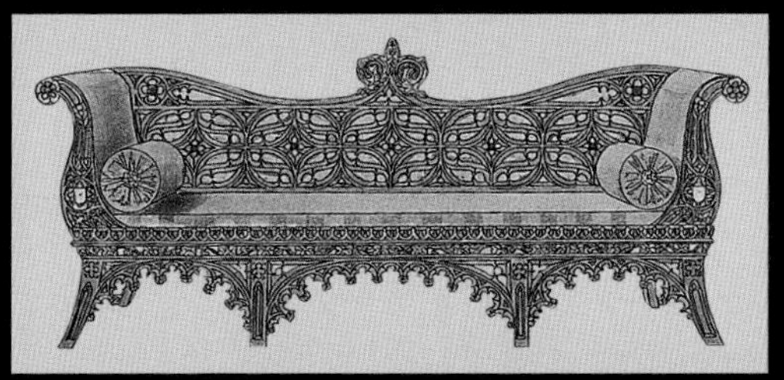

普京，《歌德式沙發》，約1845

維多利亞世界(尤其資產階級部分)，基本上講究實用，而簡化生命與經驗：凡事非對即錯，非美即醜，不許耽溺無用的混合特徵或多義曖昧。資產階級沒有利他和自利的兩難困境：他在外(股票市場、自由市場、殖民地)是自利主義者，在家中四壁之內是好父親、教育者、慈善家。資產階級沒有道德兩難式：他在家裡是道德主義者和清教徒，出了家門是偽君子，對年輕的勞動階級女子則道德蕩然。

這種實用的簡化並不構成兩難：這種簡化反映於**資產階級住家**內部，反映於其器物、家具及其他品項，其中表現的美既奢侈又堅固。維多利亞式的美沒有在奢華與功能、表相與實存、精神與物質之間選擇的困擾。從精雕的相框到教育女兒用的鋼琴，無一而非用心安排：任何物件、表面、裝飾，無不同時表現其費用成本與經久耐用之意，一如英國砲艇與銀行向世界各地輸出的「大英生活方式」。

因此，維多利亞美學表達的是一種根本雙重性，起自實用功能，進入美的領域。在一個所有物品都變成貨物，交換價值(一件物品等於一定

資產階級住家

霍布斯邦

《資本時代，1848-1875》，1975

家是資產階級世界的精髓，因為在這裡，只有在這裡，人始能忘記或以人為方式壓下社會上的問題與矛盾。在這裡，只有在這裡，資產階級家庭(小資產階級更是如此)才能維持和諧而階級分明的幸福的假相，周圍是證明這種幸福的人工製品，夢幻似的生活，其極致表現，則是有系統地為此目的而發展出來的家庭儀式，亦即慶祝耶誕。耶誕晚餐(狄更斯歌頌)，耶誕樹(發明於德國，但很快由王室之獎掖而同化於英國)，耶誕歌曲(源出德語地區的《平安夜》最著名)：這些事物象徵外面世界的冷酷，家庭的溫暖，以及這兩個世界的對比。

世紀中葉，資產階級家庭內部給人的最直接印象，是過度的擁擠與掩飾：一大堆物件，以布幔、坐褥、衣服、壁紙掩飾，而且經常十分繁縟。圖畫必有鍍金、格子細工雕鏤的畫框，畫框有時甚至覆以天鵝絨，坐椅必用椅套或椅布，絲織品必有流蘇，木製品必經旋削，任何表面上必有布或某種物件。這無疑是財富與地位之徵。〔……〕物品表現其成本。在家中物件大致仍是以手工製作的時代，繁縟大多為成本兼材料昂貴的表示。成本帶來舒適，舒適要肉眼可見，而且是產生來供人體驗的。但物件不只有功利作用，也不只是身分與成就的象徵。它們本身還是人格的表現，是資產階級生活的現實，甚至是改變人的氣質的東西。

數額的金錢)凌駕一切功用價值的世界，連美麗對象的審美樂趣也變成其商業價值的表現。過去由模糊、不定所占的空間，如今被物件的實用功能充滿。從此以後，形式與功能的區別愈來愈不分明，都帶著這種雙重性。

兒童茶會，約1880，倫敦，國家歷史照片檔案

2. 鐵與玻璃：新的美

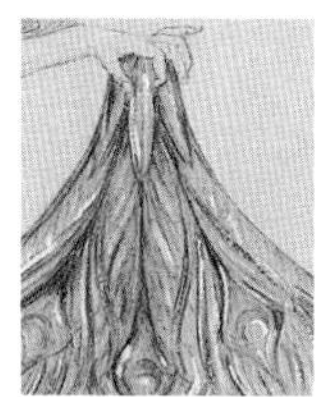

這種雙重性也見於內部(住家、道德、家庭)與外部(市場、殖民地、戰爭)的截然區分之中。史邁爾斯(Samuel Smiles)座右銘說「事事有其位，事事適其位」。史邁爾斯以清晰、善誘的文字表達資產階級的「自助」論，有名於時。

但這區分在十九世紀的漫長經濟危機(1873-1896)中一片大亂。大眾本來相信一個由「看不見的手」支配的世界市場會不斷進步、無限成長，如今不復如此信心滿滿，甚至不再確信經濟過程是理性、規律的。同時，新的材料出現，用以表現建築之美，促成維多利亞形式發生危機，並且催生十九世紀末期至二十世紀初期的新形式。不過，這場兼用玻璃、鐵、鑄鐵的建築品味革命，有其更早的起源：聖西蒙(Saint-Simon)信徒的烏托邦實證主義。十九世紀中葉，聖西蒙之徒深信人類正在走向歷史頂峰，即有機階段。第一個新穎的徵象出現於世紀中葉，就是拉布洛斯特設計的公共建築：聖吉尼維也夫圖書館(Bibliothèque de Sainte-Geneviève)，所謂「新希臘運動」(Neo-Greek movement)的發軔之作，以及國家圖書館(Bibliothèque Nationale)。

拉布洛斯特1828年以一篇精詳論文說明培斯頓(Paestum)有一座神殿其實是公共建築，驚動各方。他力斥理想美，深信建築不應表現理想美，應該表現使用建築者的社會志望。他設計的偉大圖書館，以大膽

左頁上：拉布洛斯特，巴黎，法蘭西國家圖書館，1854-1875

新希臘風格

里察遜

《建築評論》，1911

《前略》真正的新希臘風格，乃漫長規畫過程之大成，反映了設計者孜孜不倦的心智，他收集許多觀念，將它們投入他想像力之爐而鎔之，煉之，直至新鑄之鐵光華閃耀。沒有他不能冶煉的材料。如此，唯有如此，獨創的設計方始可能。

上：巴黎，局部，艾菲爾鐵塔，1889

下：派克斯頓，**水晶宮設計圖**，1851，倫敦，國家科學與工業博物館

的照明系統與鑄鐵柱子，為空間與容量賦予形式，是一種內在濡滿社會、實用、進步精神的美的模範。藝術之美純粹由結構之美來表現：一直到最小的一栓一釘，沒有任何材料不是一種新創的objet d'art（藝術品）。

英國也愈來愈多人認為，在二十世紀，美應該透過科學、貿易、工業的力量來表現，這些力量注定要取代已經勢窮力竭的道德與宗教價值：這正是水晶宮(Crystal Palace)設計人瓊斯(Owen Jones)的立場。在英國，以玻璃與鑄鐵表現的美，深為一些人所不喜，他們一心要返回中世紀，如普京(Pugin)與卡萊爾(Carlyle)，返回新歌德，如拉斯金與摩里斯，他們並且促成「中央藝術與工藝學校」(Central School of Arts and Crafts)。這股厭惡，追求的是倒退性的烏托邦，要返回大自然之美，拒絕在機器文明裡看出一種新的美。不過，王爾德質疑「美應該表現於社會功能」之說，上舉諸人於此並無疑問，他們爭的是：建築

普京，新歌德式室內設計

物的門面應該表現哪種功能。

據拉斯金之見，建築的目的在於使建築物在風景內部臻至和諧，從而實現一種自然之美：這種鄉村式的美取木、石之自然而拒斥新建材，是唯一能表現一個民族生命精神的美。這是一種具體、可觸而感的美，表達於身體與建材的接觸之中，建材則透露建材生產者的歷史、激情與本質。「好的建築」背後站著快樂的人，而不是被工業文明異化的人，才能產生美麗的房子。摩里斯的烏托邦社會主義夢想重返中世紀社會形式，鄙棄大都市的異化，鐵那種冷酷且人工的美，以及大量生產的千篇一律。

3. 從新藝術到裝飾藝術

「中央藝術與工藝學校」歌頌工匠之美，鼓吹重返手工，反對工業對自然的一切污染。在藝術領域，這個運動的最直接結果之一，就是「新藝術」(Art Nouveau)。新藝術在兩個世紀之交迅速傳播，尤其在裝飾、設計及奢侈品方面。

有意思的是，有異於其他運動之由事後歸納而得名(如巴洛克、風格主義)，新藝術從「草根」興起並成形，是自發而來，名稱隨其所從來的國家而不同：在德國叫“Jugendstil”(青年風格)，在奧地利叫“Secession”(分離派)，在義大利稱“Liberty”(取自倫敦一家著名百貨公司老闆之名)。新藝術由書籍裝飾起步：花體字、框邊、字頭變化，將精緻考究的裝飾之美與物件的習見功能結合為一。如此常見之物之如此精工裝飾，來自一股難以抑制的，要以新式蜿蜒的線條緣飾結構形式的衝動。這是一個徵候：果然，這種美未久即占據鐵製窗框、巴黎地鐵入口、建築及家具。這甚至可以稱為一種自戀式的美：一如納西

沃爾佛斯，**電燈**，取自《美女孔雀》，約1901

修斯(Narcissus)看見他在水中的倒影，而將自己的形象投射出來，新藝術將其內在之美投射於外物，撥用外物，以其線條將之包覆。

青年風格之美是線條之美，並不鄙夷肉體、感官層面：此派藝術家很快發現，甚至人體，尤其女體，也包在柔軟的線條與非對稱的曲線裡，人體由此形成一種充滿慾感的渦動。人體的風格化不只是一個裝飾元素。青年風格的衣著，迎風飄揚的圍巾，不只是外在風格，而是一種內在風格：舞蹈女王鄧肯(Isadora Duncan)是當代的真實偶像。青年風格的女人是情色解放的、肉感的女人，她們拒斥緊身胸衣，喜愛化妝品：新藝術從書籍與海報裝飾之美，進向人體之美。

新藝術毫無先拉斐爾派與頹廢主義的懷舊憂鬱與死亡暗示，也不帶達達主義對商業化的造反。不過，新藝術有明顯的功能主義特徵，具見於它對材料重視，其物件有一種精細功用，形式則盡去奢華與冗贅。導源於藝術與工藝運動的元素，對它的這些特徵當然有其貢獻，但新

青年風格

史登柏格

《十九世紀全景》，1977

青年風格因此並非一個時代的代表觀念，但的確界定了一種劃時代現象。在心理層次，它大致傳遍西方世界：英國、比利時、荷蘭、法國、德國、奧地利、瑞士、斯堪地那維亞、美國，有些母題則及於西班牙、義大利，甚至俄國。同時，這些國家裡都有一些非常不同，而且更為重要的運動：然而青年風格是新奇的表徵，創新與更新則是青年風格的徽記(從此以後，凡是獲得評價、名氣、市場，以及要在歷史上占一席之地的藝術，都以新奇為特徵，甚至必備條件。這個特性，由其傳遍德國以外整個西方的另一個名稱表現無遺：新藝術。當然，除了流派、集團、個人之別，各個重鎮也必須有個區辨：倫敦、格拉斯哥、布魯塞爾、巴黎、南西、慕尼黑、達姆斯達特，以及維也納；維也納自己有一個名稱，叫「分離派」。

〔……〕我不打算在「象徵主義」與青年風格之間劃一條清楚的分界線：如此劃分，將失之牽強。我寧可尋找作品之間、個人之間的差異。我們在這裡談的，是一個內在各部分相通而彼此交織的宇宙，裡面兼有正面與反面層次。青春、光明、健康等母題，與夢、渴望、童話及偏邪互反；有機裝飾的原則既表示自然的人性化，也表示人的去自然化。我們如果將矛盾分解開來，說它們屬於哪些潮流或發展階段，會錯失那種深刻的，豐富的，既吸引我們，又令我們不安的曖昧多義。青年風格不能失去曖昧多義。建築上，凡德維德的「理性」與高迪在巴塞隆納的奇想，麥金托許在格拉斯哥的謙抑，與吉馬德在巴黎的豐沃之間，多少矛盾！王爾德的諧謔，和德國人德梅爾詩中的理想化悲情，梅特林克的靈視與維德京的尖酸，多大的對照！繪畫上，克林姆特的淫猥奢華，與孟克的強烈絕望，是相隔多遠的世界！但是，以上種種之間還是有個統一；這些畫家、詩人、建築師與設計家有其共通之處：我們以「青年風格」一詞所界定的，就是這個印象。

藝術明顯與工業社會妥協而淡化這影響。原來的青年風格沒有免於某些反資產階級的趨勢，只是其動機主要在於使資產階級駭異，也就是法國人說的 “épater les bourgeois”，而不在於推翻當權秩序。這個趨勢的衝擊可見於畢爾茲利的版畫、維德京(Frank Wedekind)的劇場，以及杜魯斯－羅特列克Henri de Toulouse-Lautrec的海報，但老舊的維多利亞陳腔濫調消失，這衝擊很快隨之化小。1910年起，新藝術的形式要素由裝飾藝術接續發展。裝飾藝術繼承新藝術的抽象、扭曲與簡化等特徵，同時走向更明顯的功能主義。裝飾藝術(此詞1960年代才問世)保持新藝術的畫像學母題，如風格化的花束，年輕、細柳似的女形，幾何圖案、蛇紋、鋸齒形，而以取自主體主義、未來主義、建構主義的元素加以提升，並且隨時著眼於形式追隨功能。新藝術的多采豐富由一種不重審美而重功能的態度取代，這種功能之美由品質與大量生產精緻結合而來。這種美的特色，是將藝術與工業兩者調和：這至少有一部分可解釋，何以裝飾藝術甚至在1920與1930年代的義大利也異常流行，當時義大利的官方正典是**法西斯主義的女性美**，與裝飾藝術苗條似柳的女子截然相反。裝飾藝術不強調裝飾成分，遂成為二十世紀初葉歐洲設計界一種普遍共通之心緒。這種功能主義的美，共通特色是接受金屬與玻璃素材，以及誇張的幾何線條與理性成分(取自十九世紀末葉奧地利分離派)。青年風格將技術元素做成風格化裝飾，從貝倫斯(Peter Behrens)設計的日常物品(縫紉機、茶壺)，到慕尼黑「工廠聯合會」(Werkbund, 1907年成立)的產品，從德國包浩斯(後來被納粹

左頁：露易絲布魯克斯

右：凡德維德，**哈巴納百貨公司**，布魯塞爾

上：杜多維奇，**巴利拉汽車海報稿**，1934，杜林，飛雅特檔案

右頁：阿吉雍，**時尚精華**，1920，蘇珊派克收藏

關閉)到以希爾巴特(Paul Scheerbart)為先聲的玻璃房子，一直到魯斯(Adolf Loos)的建築，其中浮現的那種美，就是對這種技術元素風格化的反動(青年風格不將科技視為威脅，因而能與之妥協折衷)。反對這種裝飾元素——班雅明(Walter Benjamin)稱之為「龍的裝飾」——是這種美的最明顯政治特徵。

法西斯主義的女性美

總理新聞室

《以婦女時尚為題的畫作與攝影》，1931

根據領袖對醫學界發表的重要講話，法西斯主義女人一定要健康，要能成為健康孩子的母親。絕對禁止畫以人為手段變瘦而顯出男人性質的女子身形，以及頹廢的西方文明裸露婦女。

4. 有機美

上文說過，維多利亞時代有一個正典，是內部與外部清楚有別。新藝術，連同當時其他文化領域裡的事件——如尼采與柏格森(Henri Bergson)的哲學，喬埃斯與維吉妮亞・吳爾夫(Virginia Woolf)的文學作品，以及佛洛伊德發現潛意識——促成這正典毀壞。這趨勢最充分表現於二十世紀建築，其中又以萊特(Frank Lloyd Wright)之作最值一提。萊特的「有機」草原風建築(Prairie House)，內部空間擴伸而與外部空間重疊，表現了一種以個人主義為基礎，以恢復人與自然關係為基礎，但拿掉了倒退式烏托邦的「新民主」。德勞奈(Robert Delaunay)畫的艾菲爾鐵塔與周圍環境密合，異曲同工。在萊特以玻璃與鐵為材質的「小木屋」裡，美國人體驗一種既是建築之美，也是自

高迪，**卡沙公寓**，樓梯局部，1906-1910，巴塞隆納

右頁：萊特，落水山莊，1936，熊溪

然之美的美，一個自然之地與人工之作統合無間的美。

這種令人神安氣定的美，與高迪(Antoni Gaudi)設計之作那種亂人心意，追求驚異的美，南轅北轍。高迪以迷宮式空間取代線性結構，捨鐵與玻璃之凝煉，取岩漿作用般變化的塑膠材質，這些材料在語境與表情上都不做任何綜合的企圖。其作品外表有如醜怪的拼貼，將功能與裝飾的關係顛倒過來，從而根本否定建築體與現實之間的任何關聯：高迪的建築故示無用，抗拒分類，表現了內在美的極端反抗——反抗機器以其冷酷的美將生命變成它的殖民地。

5. 日用物品：批評、商業化、大量生產

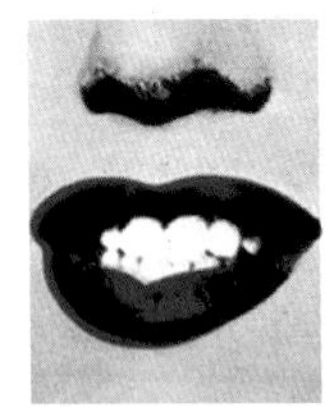

二十世紀藝術有個特徵是，一個生活與事物都商業化的時代，對日用物品十分留意。凡物皆化約成貨物，世界純受交換價值支配，使用價值逐漸消失，日常物品的性質由是根本改變：日常物品必須有用、實用、相對便宜、具標準品味，而且重生產。此事的意義是，在貨物流通之中，實用性決定一物的流行程度；實用性和流行程度與物品根據基本模型生產的數量成正比。易言之，物品失去某些決定其美與重要性的特徵所賦予它們的「氛圍」。新的美可以複製，但也短暫易逝：它必須說服消費者快速更換物品，更換的理由或為用舊用壞，或是對產品不滿意，如此，貨品的生產、配銷、消費循環才不會停止成長。有些大博物館，如紐約現代藝術博物館、巴黎裝飾藝術博物館，以專

夏文斯基，為波格里工作室之奧里維提月曆所做的照片蒙太奇，1934

門空間展示家具與配件之類日用物品，也是這個時代的一個徵候。

對這種潮流的反應，是達達主義對日常物品提出凶猛的諷刺批判。達達主義最理性的主將杜象(Marcel Duchamp)的《現成品》(*Readymades*)即其中力作。他以腳踏車輪或尿斗——取名《噴泉》(*Fountain*)——就物品從屬於功能這一點提出弔詭的批評：如果一物之美是商業化過程的結果，則任何日常物件都可以去掉其作為日常用物

右：杜象，**自行車輪**(複製品)，1913，費城，費城藝術博物館

右：杜象，**晾瓶架**(複製品)，1914，斯德哥爾摩，現代博物館

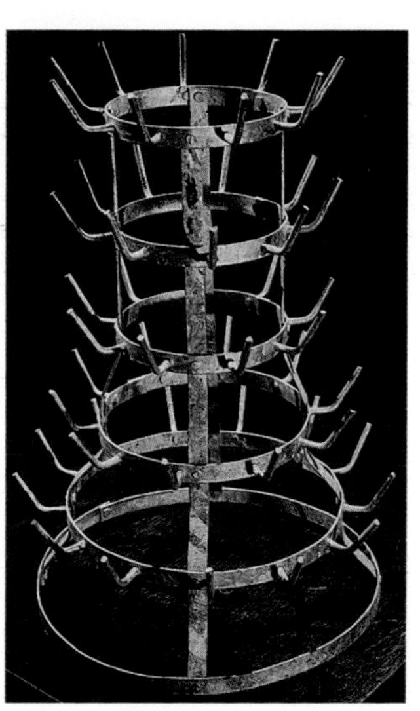

的功能，重新恢復其作為藝術品的功能。

杜象的作品仍然著意批評現狀並反抗商業世界，普普藝術運動(Pop)對日常物品的態度則既不抱烏托邦式憧憬，也不抱任何希望。普普藝術家冷眼觀物，有時自承憤世嫉俗，但最重要的是，他們承認意象、美學創造與美已非藝術家專利。

商業世界以其不容否認的本事，將人的感覺裝滿商業世界的意象，無論你的社會地位為何：藝術家與一般人的區分於是愈來愈不明顯。批評從此沒有容身之地，藝術的工作是確定，任何對象——從瑪麗蓮夢露的臉到湯罐頭，從卡通形象到公車站候車的沒有表情的人群——具不具備其本身之美，不是根據對象自身性質，而是根據那些決定其呈現方式的社會坐標：一根黃色香蕉，看起來與其所「代表」的實物並無關聯，還是被選為前衛合唱團Velvet Underground的專輯封面圖案(安迪・沃荷之作)。從里希登斯坦(Roy Lichtenstein)的漫畫，到塞格爾

莫蘭迪，**靜物**，1948，杜林，市立近代與當代藝廊

(George Segal)的雕塑，到安迪・沃荷的藝術生產，都是大量生產的美：都從一個產品系列延伸而來，或者本來就適合包含在一個產品系列之中。

這麼說來，大量生產是不是美在「藝術可用技術複製的時代」裡的命運？並非人人皆持此見。莫蘭迪(Giorgio Morandi)畫出一批批普通瓶子。但是——帶著普普藝術的憤世嫉俗所不知的一種悲情——他不斷超越大量生產造成的局限。他不斷尋找日常物品之美在空間中的方位，以此決定空間，同時，空間也決定這物品的位置。此是瓶子、罐頭或舊箱子，皆無不可。莫蘭迪至死追尋的美，其奧秘或許就在這裡：美出人意表，從覆蓋日常物品的灰銹裡源源湧出。

上：歐登柏格與凡布魯根，**湯匙橋與櫻桃**，1988，明尼亞波利市，華克藝術中心

下左：安迪．沃荷，**綠松石瑪麗蓮夢露**，1962，史蒂芬艾利斯收藏

下右：安迪．沃荷，**毛**，1973，私人收藏

我們今天已習慣用「美麗」形容機器，無論其為汽車或電腦。但機器而以「美麗」稱之，是個相當晚近的觀念。人隱約知覺此點，可以說是十七世紀左右，但真正的機器美學的發展，至今不過一個世紀又半。當初織布機問世，許多詩人還駭異莫名。

總的說來，任何延伸並擴大人體可能性的人為構造，都是機器，從第一塊磨利的燧石，到槓桿、手杖、槌、刀劍、火炬、眼鏡、望遠鏡，一直到開瓶器或榨果汁機，皆是。以這層意義而論，椅、床、衣服莫不皆然。動物以毛、羽為天然護身物，衣服是人為代替品。人類實際上與這些「簡單的機器」合一，它們都與我們的身體直接接觸，是人

左頁：**薄片連鑄機模具**，2000

菲尼基儀式用斧，金與銀，18世紀BC

體的自然延伸，我們照顧並裝飾它們，一如我們照顧並裝飾身體。我們製作握把縟飾而昂貴的武器或手杖，奢華的床，細心裝飾的馬車，精緻的衣服。有一種機器與人體沒有直接關聯，也不模仿手臂、拳頭或腿，此即輪子，但輪子是日、月形狀的複製，是絕對完美的圓形，輪子也因此而常含宗教意義。

不過，打從開始，人也發明「複雜的機器」，我們的身體與這類機器沒有直接接觸，如風車、聯斗式輸送機，或阿基米德螺旋泵。這類機器的機制隱藏於機器內部，一旦發動，就自行持續工作。這類機器引起恐怖之感，因為它們使人類器官的力量倍增，隱藏其內的齒輪對身體又危險(誰將手伸進一部複雜機器的齒輪裡，都會受傷)，尤其複雜的機器彷彿活生生似的。你看見風車的手臂，鐘裡鈍齒輪的輪齒，或夜行火車的兩隻紅眼，很難不把它們想成活生生的東西。

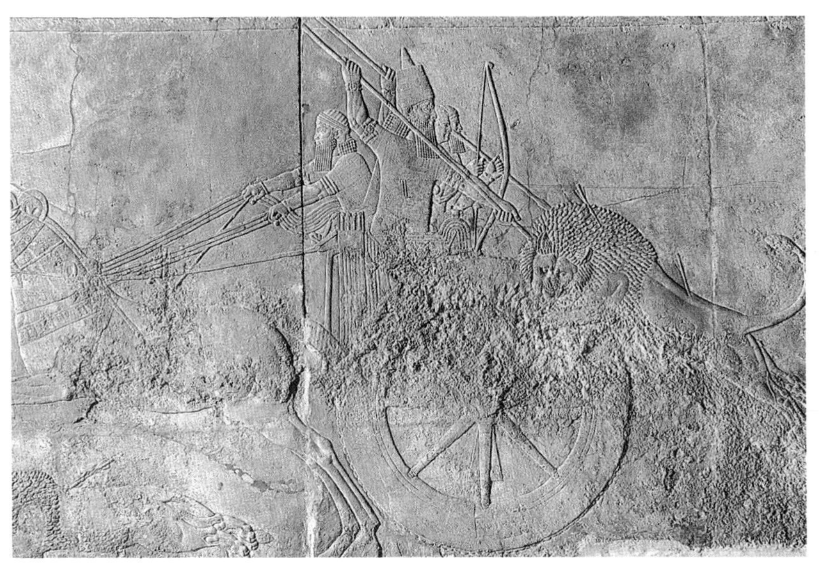

獵獅，尼尼微，阿敘巴尼帕宮浮雕，約650BC，倫敦，大英博物館

輪子

威廉・布雷克

《四個活物》，1795-1804

生命的所有藝術
他們都拿來變成死亡術
沙漏受到鄙視
因為它簡單的技術
就像農夫的技術以及
那將水送上水槽的水車
因為它的技術就像
牧羊人的技術
他們不要沙漏
反而發明複雜的輪子
沒有輪子的輪子
好迷惑青年，
好將無數人綁縛於
日日夜夜的勞動
讓他們一小時又一小時
銼磨銅和鐵
辛勞苦作而不知其用

機器望之半人，或半動物，這「半」就是它們形同巨怪之處。這些機器有用而令人不安：人利用自己所造之物，卻又視其隱約有如魔鬼，無「美」可言。

希臘文明知道這些簡單機器和複雜機器，例如水磨；希臘人也知道一些堪稱精密的機器，因為戲劇設計裡有神從機器裡出來(deus ex machina)一詞。但古希臘人不提這些機器。那個時代，人對那些機器的興趣，不比他們對奴隸的興趣多。奴隸從事肉體之勞，奴事他人，不值得我們花腦筋思考。

左：杭恩，**發電廠機工**，1920

右：**鑽孔與旋削機**，見狄德羅與達冷柏，《百科全書》圖版XC，1751

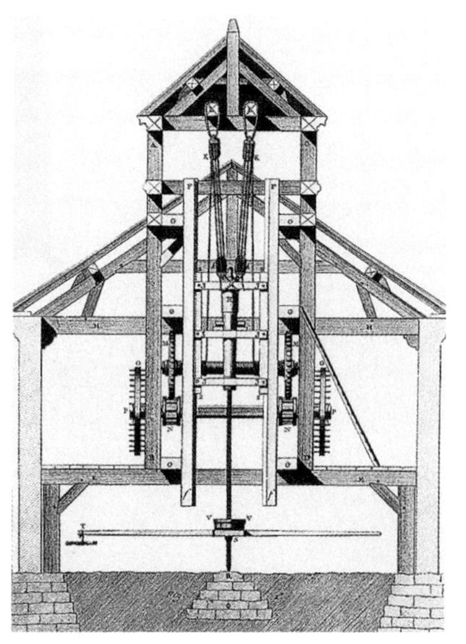

讓他們在悲苦的賤役裡
獲取微薄的麵包
在無知之中看那小小一塊
以為那就是人生一切。

還魂屍說對了？
蒙泰爾
《詩》，1939
再會，夜暗的笛聲，波浪，咳嗽
窗子放下。時間到了。也許
還魂屍說對了。鬼影憧憧
靠在走道裡。
〔……〕
你呢？當你的快速火車
如微弱的連禱文開動，你
是不是也以卡瑞歐卡
無時或已的可怕節奏跟隨？

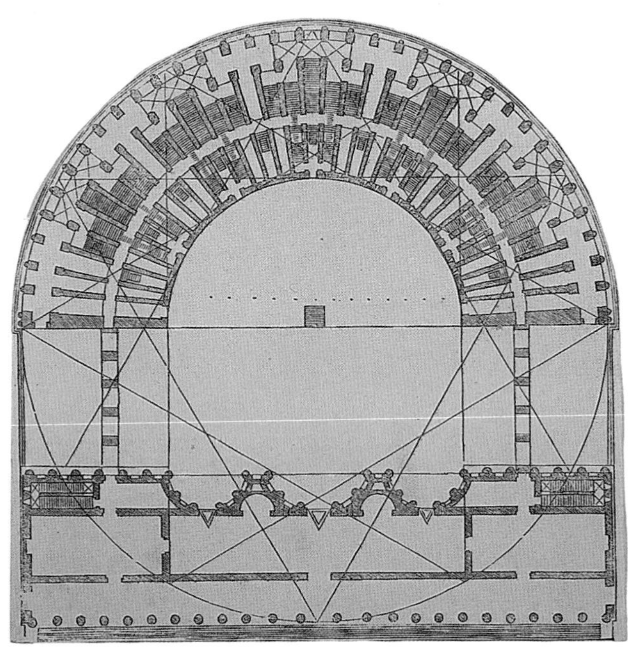

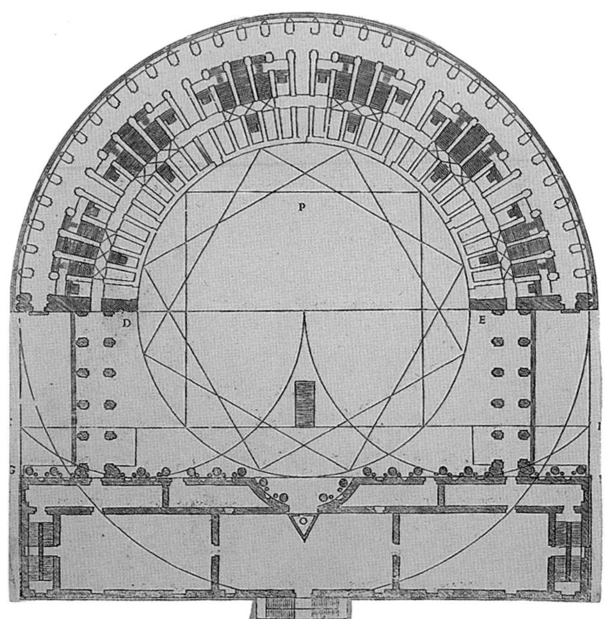

庫里昂之旋轉劇場圖解，
取自巴巴洛，《維特魯維斯建築十書》，1556

2. 從古代到中世紀

希臘化時代，希臘人談到一些神奇的自動裝置：第一篇討論此事之作，是公元一世紀的亞歷山卓的赫倫(Heron of Alexandria)所著《氣動控制》(*Spiritalia*)。赫倫談的可能是數世紀前亞歷山卓的塞特西波斯(Ctesibius)的發明，書中描述的機關預示將近兩千年後的發明，諸如球體裝滿水，加熱，兩個噴嘴射出蒸汽，推球滾動。不過，赫倫視這些為玩具，或如神廟中製造玄虛的巧幻設計，決非藝術之作。

此一態度實際上歷世不變(羅馬人注意到營造問題，或為例外，見前文所提維特魯維斯)，直至中世紀，聖維克多的修伊(Hugh of Saint Victor)在其《學問指南》(*Didascalicon*)裡說，"mechanicus"(機器)一詞源自"moechari"(通姦)或"moechus"(通姦者)。希臘人沒有機械圖存

亞歷山卓的赫倫的自動裝置，重建圖解，取自1589

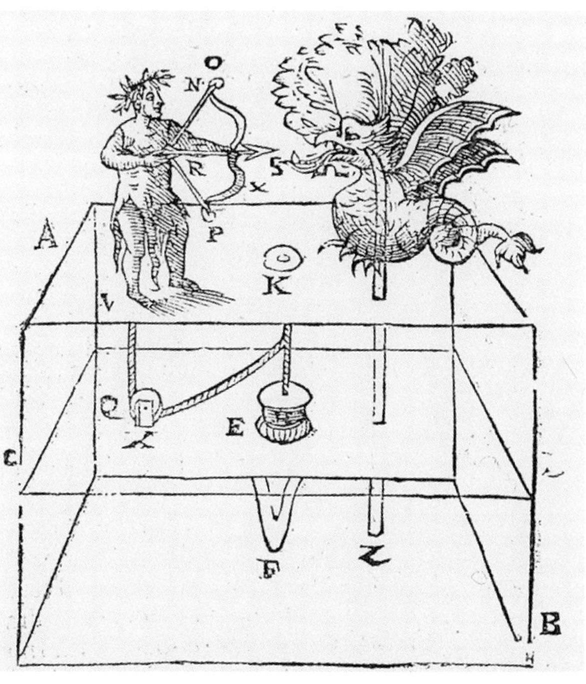

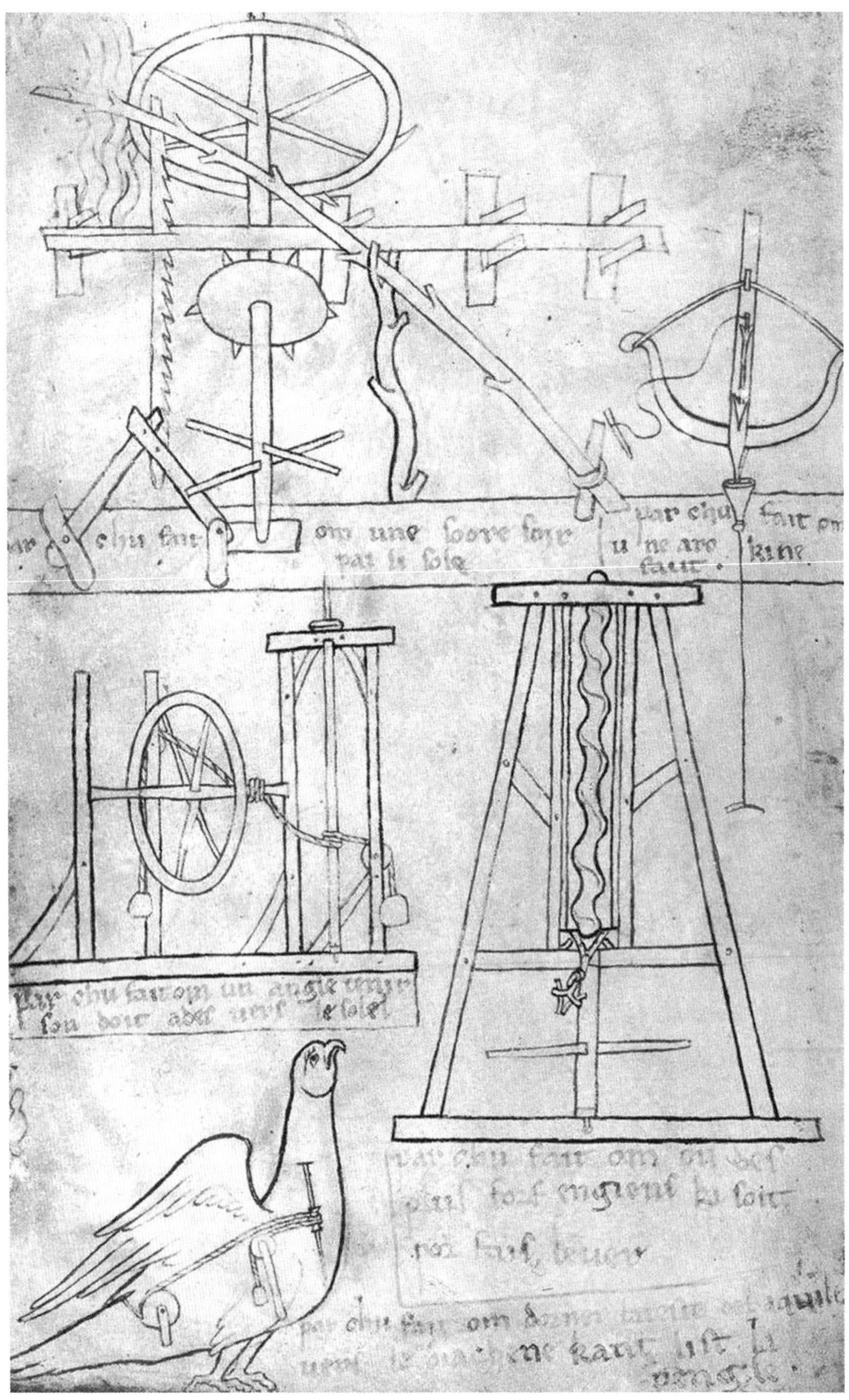

世，中世紀則留下營造圖示，但這些圖示往往是紀念某種創建而作，例如教堂落成，只談教堂是否美觀，不及於營造方法。

公元一千年至十三世紀之間，馬頸圈、風車、馬鐙、尾舵及眼鏡相繼發明，使工作出現革命性的變化。這些發明在視覺藝術裡留下紀錄，但也只因為它們是風景的一部分，而非因為它們是值得嚴肅思考之物。

的確，思想開明如羅傑・培根(Roger Bacon)，夢想機器改變人類生活，見其《工藝與自然的奧秘》(*Epistola de secretis operibus artis et naturae*)，但他並不認為這類機器會是美的。石匠行會使用機械，維拉・德・霍能寇特(Villard de Honnecourt)的《畫集》(*Portfolio*)有名至今。霍能冠特畫出恆動機關，甚至設計飛鷹。但這是工匠所繪之圖，用意在示人以製作機器之法，不在表現機器之美。

中世紀作家經常談到機器猴子或機器鳥，拉希德(Harun al Rashid)送給查里曼大帝(Charlemagne)的自動水鐘，或克雷莫納的流普蘭德(Liutprand of Cremona)在拜占庭宮廷裡看見的自動裝置，談來頗以為奇，但他們說的神奇是自動裝置的外表，是其逼真如實物的印象，而不是使那些機關彷彿有生命的內在機制。

左頁：霍能寇特，**自動鋸木機、機弩、起重機、活動鷹形講台等機器圖解**，取自《畫集》B.N.Ms.fr.19093，13世紀，巴黎，法蘭西國家圖書館

魔術王座

流普蘭德(10世紀)

《出使君士坦丁堡報告》

王座前面，立著一株鍍金的青銅樹，樹枝上滿是各種青銅鳥，鳴聲各有不同。皇帝寶座的式樣，初看似低，再看變高些許，終而高高在上。而且極為巨大。我不知道那是木製的，還是青銅製。兩隻鍍金獅子，似是護駕之用，以尾擊地，張喉而吼，舌頭搖動。兩個太監以肩扛我入宮，來至皇帝面前。我一到場，二獅吼叫，銅鳥鳴唱，我並無懼意，亦未驚異，因為事先已有知情者告訴我。我鞠躬三次，抬頭，忽見我方才看見的那個人高高坐在天花板下，而且衣著已變。寶座升上去了。我不解怎麼升的，也許是以絞盤拉上去，像榨葡萄機之類裝置。

3. 從十五世紀到巴洛克

十五世紀費奇諾(Marsilio Ficino)之作，可以說是較早認識機械**奇物**的象徵價值之例，而且我們必須承認，達文西設計其機關，他畫那些機關，付出的愛心一如他畫人體。他以自豪之筆揭示那些機器的關節，彷彿筆下主題是動物。

不過，達文西亦非揭示機器內部結構的第一人。這方面，方塔納(Giovanni Fontana)比他先行將近一個世紀。方塔納設計以水、風、火、土推動的鐘，這些材料因其自身重量而流過更漏；一張活動的魔鬼面具，魔術燈投影、噴泉、風箏、樂器、鑰匙、撬鎖具、戰爭引擎、船、暗門、開合吊橋、幫浦、磨坊及活動樓梯。文藝復興與巴洛克時期的**機械**，標準特色是游移於技術與藝術之間，方塔納當然即是一例。這時候，我們瞥見一些跡象，製作者逐漸重新露面，技師獲得一種新的尊重。華麗的插畫書描述他們的活動。這時，機器明確與審美效果的產生相連，並且用來產生絕美、奇絕的建築，例如有神奇噴泉而生氣盎然的花園。赫倫的發現經過複製，現在藏在岩穴裡，置於植物之間，或隱身塔中，外在可見之物只有潺潺噴泉交響，加上彷如生人之物。設計這些奇作的人，經常拿不定應該洩露箇中機關之秘，還是表現其自然效果即可，並且每每折衷於兩者之間。同時，人開始

考斯，**山林女神奏管風琴，回聲與她應和**，見《動力原理》，1615

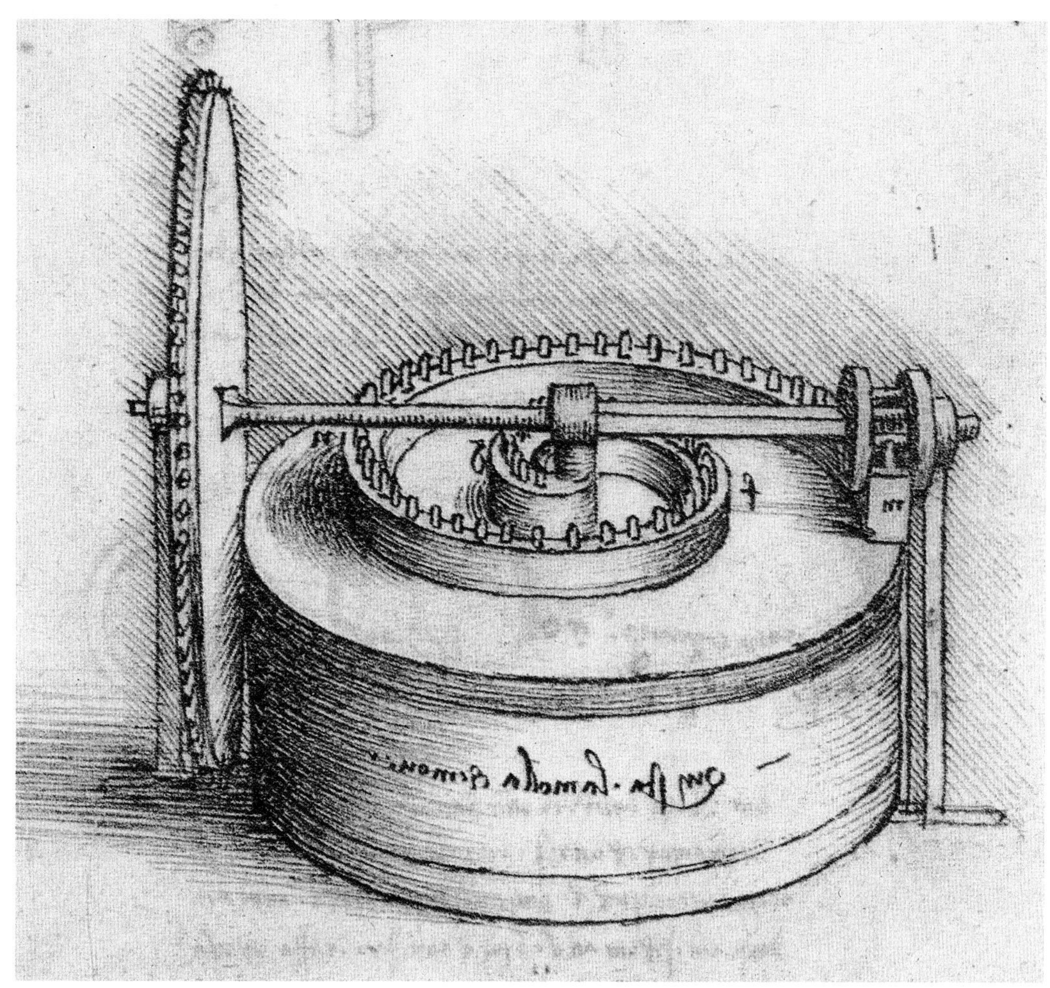

達文西，**彈簧鐘**，Ms. I, BMN, c. 4r. 馬德里，國家圖書館

神奇裝置

費奇諾

《柏拉圖主義的靈魂不朽神學》，II, 13, 1482

一些動物以一套槓桿連接於一隻中央球體，在球上以不同方向移動：有的向左，有的往右、往上或朝下；有的上升，有的下降，有的包圍敵人，有的撲擊敵人，還傳出小號與號角、鳥鳴等等聲音，為數甚夥，全由那隻圓球轉動產生。〔……〕上帝即是如此。上帝是一個無限簡單的中心，萬物來自這個中心，他最輕微的一動，一切振動。

機器

森普洛尼歐(17世紀)

《鐘、沙漏與日晷》

他背叛並偷走人的生命，
像被貶到那個輪子上
在一百只輪子上旋轉，
他習慣將人化為塵土
現在被人以一把沙衡量。
他以陰影遮暗我們的白天，
現在自己也在太陽的光裡
變成影子；
啊，凡人，知道了吧，
時間與自然
消解一切

欣賞機器本身，欣賞機器之別出心裁。這類機器博得「人造」、「智巧」等形容詞，我們也別忘了，在巴洛克感性之下，令人稱奇的人造之物與巧妙的發明成為美的判準。機器似乎有了*gratia sui*的生命，亦即只為誇示其神奇的內在結構而存在；人欣見其形式，不論其功用；現在，機器與傳統上視為美的創造(天然或藝術的創造)已有許多共通之處。文藝復興與巴洛克時期的機器，由鈍齒輪、機架、連桿、螺栓擅場。機械得勢，見者眩惑，於是只見其實際作用，不暇重視其產生

右：基爾克，**魔術燈**，取自《偉大的光影術》，1645

右頁：拉美里，**機器**，取自《各種巧妙的機器》，1588

效果的內在機制。這些機器所生效果之單純，與產生效果所需機制之精密，也每每不成比例。

經由巴洛克時期耶穌會士基爾克的奇想，機器的奇絕之美與內在機制的智巧之美結合為一。有個例子是(以鏡子變幻為基礎)的反射劇場，從基爾克在《偉大的光影術》(*Ars magna lucis et umbrae*)裡的描述看來，堪稱一些現代電影攝影技術的先聲。

T
V
R
S
X
Z
P
N
L
M

4. 十八與十九世紀

機器成為審美對象的過程並非盡屬直線前進。瓦特(James Watt)在第一次工業革命之初建造他第一部機器，為圖世人原諒其功能，將功能隱藏於形如古典神殿的外表之下。過一世紀，社會已經有點喜歡新的金屬結構，「工業」之美已開始出現，艾菲爾鐵塔為求視覺上獲得大眾接受，仍得古典模樣的拱狀裝飾，純屬裝飾，因為並無承重功能。

在法國《百科全書》(*Encyclopédie*)裡，機器以其理性效率而受頌揚。理性效率也是新古典主義使用的一項審美判準。《百科全書》的機器

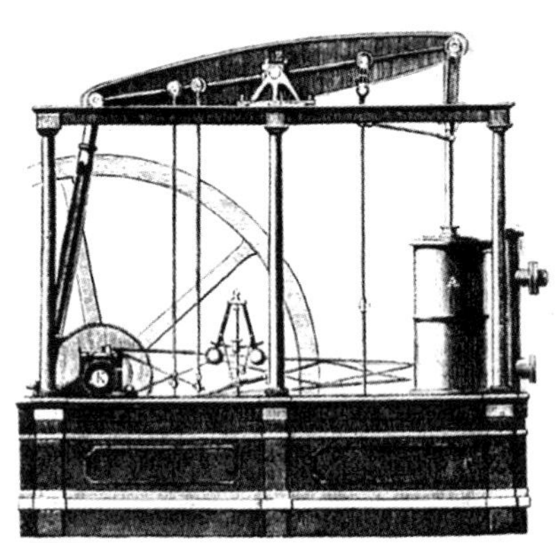

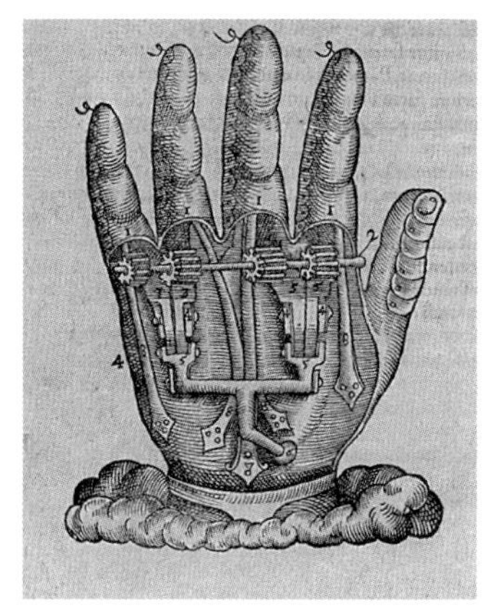

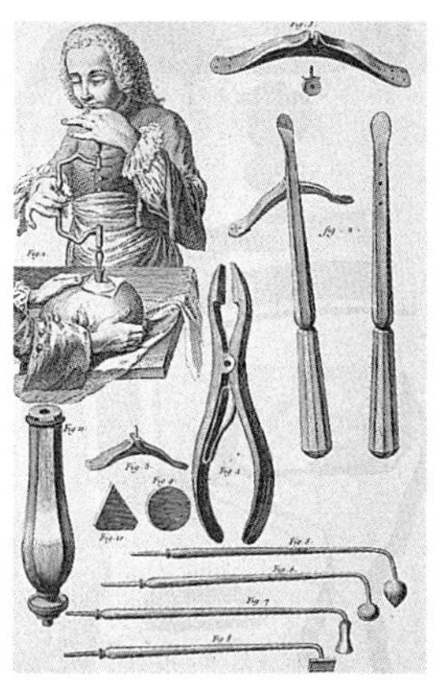

瓦特引擎圖解，18世紀

人造手，取自巴雷，《外科手術工具與解剖圖》，1564

外科手術工具，見狄德羅與達冷柏，《百科全書》，1751

尼提斯，**火車馳過**，1879，巴雷塔，市立博物館

描述十分周全，不帶任何如詩如畫的、戲劇性的成分，也不談機器與人有任何相似。取《百科全書》所畫手術工具，與十六世紀醫師巴雷(Ambroise Paré)所畫手術工具相較，可見文藝復興時代所製工具仍然有意狀似下巴、牙齒、掠食猛禽之喙，工具與其所要對治的病痛，以及其所使用的暴力(救人用的暴力)，都還有形態學上的關聯。十八世紀的工具，其呈現方式則如同我們今天呈現之桌燈、割紙刀或任何工業設計產品。(請與第九章比較。)

蒸汽引擎之發明，是對機器的審美熱情明確降臨的標誌。即詩人亦如此熱情：卡杜奇(Giosué Carducci)的詩〈撒旦頌〉(Hymn to Satan)足為明證。詩中寫火車頭是「美麗」又恐怖的怪物，是理性戰勝過去蒙昧主義的象徵。

撒旦火車

卡杜奇

《撒旦頌》，1863

一隻美得可畏的怪物
被放開鎖鏈了，
它疾馳大地
疾馳四海：
閃爍又冒煙
如一座火山，
征服高山，
吞噬平原。
它躍過崖谷；
深深鑽入
隱藏的洞窟，
沿著深邃莫測的路徑；
然後重新冒出，
勢不可遏，
從此岸到彼岸
如龍捲風
狂嘯怒吼，
如龍捲風
噴吐氣息：
那是撒旦，啊萬民，
撒旦呼嘯過去了。

5. 二十世紀

右頁：羅雷，**阿迪塔車廣告**，1933，杜林，飛雅特檔案

二十世紀初，時代成熟，未來主義遂能推崇速度，馬利內提(Marinetti)先則倡言月光徒供詩興，乃無用之垃圾，殺之可也，繼而聲言賽車較勝利女神奈姬(Nike)更美。此即工業美學全盛期之始：機器不必再如瓦特那般以古典主義的裝飾來掩藏其功能，因為形式跟隨功能的概念已經確立，一部機器愈明白表現其功能，愈美。

不過，就是在這個新的審美氣候裡，基本設計的理想仍與風格理想交互出現，亦即機器的形式有時並不根據其功能，而是為了在審美上更悅目，以便更吸引可能的使用者。羅蘭巴特(Roland Barthes)分析第一款法國汽車Citroen DS，於其設計與風格之爭有精當之論(DS兩個字母，技術氣派十足，若正確發音，念成"*deésse*"，卻是法文的「女神」)。

是知故事仍然並非直線前進。過去數世紀以來，機器雖然本身即變得美麗迷人，但還是繼續引起新的焦慮，這焦慮並非機器的神秘所引起，卻是來自機器赤裸裸的吸引力。鐘在一些巴洛克詩人心中引起時間與死亡的反思，足為例子。他們寫道，那些鈍齒輪切割日子，割裂時辰，細沙流過更漏則如人不斷失血，我們的生命如同沙粒般，涓涓滴滴流逝。

將近三百年後，我們看到卡夫卡在《流刑營》(*In the Penal Colony*)裡描寫的機器。書中，機制與酷刑工具一而二，二而一，太迷人了，連劊子手也願意為了榮頌其發明而犧牲自己。

與卡夫卡筆下那些發明同其荒謬的機器，後來不再是致命工具，而是「守貞機器」(celibate machine)，也就是沒有功能、或功能荒謬但美麗的機器，亦即純屬浪費的機器。易言之，即沒有用的機器。「守貞機器」一詞，來自杜象作品《大玻璃》(*The Large Glass*)，此作又名《新娘被她的單身漢剝光》(*La mariée mise a nu par ses celibataires*)。稍加檢視，即知此作靈感直接來自文藝復興時期的機械設計。

FIAT

速度之美

馬利內提

《人的繁增與機器的主權》，約1909

法國鐵路工人大罷工期間，組織罷工者沒有能夠說服任何火車司機破壞火車頭。我認為這是極為自然的道理。那些人怎麼可能傷害或殺害他專忱、忠實、熱情、任憑他使喚的好朋友，他懷著愛心潤滑呵護的美麗機器？這不是比喻，這幾乎是一個現實，我們短短幾年之內就能夠印證。你一定聽過汽車主人和修車廠經理的說法：「引擎真是神秘的東西！」他們說，「引擎有它們自己的怪癖，難以預料的舉止，彷彿有人格、靈魂，有意志。你得愛撫它們，尊重它們，千萬不能虐待它們，也不可以過度操勞它們。

「你如果好好對待它，那麼，這部用鐵和鋼做成的機器，這具依照精準規則製造的機器，不但會為你拿出它所有性能，而且兩倍、三倍於此，比製造商預設的更多、更好。」真正的機器感性定律即將發現，以上說法就是此一發現的先聲，要重視！

因此，我們一定要準備迎接人與機器之間即將來到的，不可避免的認同，促進直覺、韻律、本能與金屬紀律的不斷互動，這境界，多數人絕對不知，只有神志最清明的人能夠預見。

車道神聖

馬利內提

《新宗教：速度的道德》，1916

如果祈禱意指與神溝通，則高速旅行就是祈禱。輪子與車道神聖。我們要跪在車道上，向神聖的速度禱告。我們要在環動羅盤的旋轉速度面前下跪：每分鐘二萬轉，人達到的最大機器速度。我們一定要從星星偷取它們神奇不可思議的速度的秘密。讓我們加入星際戰爭；讓我們對付那些無形的加農砲射出的星彈；讓我們和顆叫做1830 Groombridge，秒速達到241公里的星星一較高下，和牧夫座裡每秒飛430公里的星星一爭短長。無形的數學砲兵。那些戰爭裡，星星既是砲彈，也是砲手，高速逃離比自己大的星星，又轟擊比自己小的星星。我們的聖徒，是那些以平均每秒4萬2千公尺速度穿透我們的大氣的無數微粒子。我們的聖徒是速度每秒3x10公尺的光波與電磁波。在汽車裡高速飛馳的興奮，就是覺得自己與上帝合一的喜悅。車手就是這個宗教的第一批信徒。（接下來馬上就是）摧毀房屋和城市，改建為汽車和飛機的集合場。〔……〕

電力的手臂

佛戈爾

《電》，1912

電力設備、工具、
由此意志操縱，
沈重的拖車
貪婪地吞噬
空間、時間和速度；
啊電力的手臂
到處伸展，
捕捉生命，改造生命，
以快速的元素
或強大的齒輪
塑造之；
電的超絕子女
粉碎夢與物質，
我聽見你們嘶嘶之聲
在工廠及
建築工地匯集
唱著大車讚美詩
宏聲勇健穿過街道，
歌頌那
不受拘制
而製造一切奇蹟的電的
神聖意志

鐘

森普洛尼歐（17世紀）

《鐘面》

時間是一條盤捲的蛇，
毒化名字，將美消蝕；
然而你，只因它將你的時辰
在滴答之中帶走，
你就把它保存於你心腹，於金盒之中。
啊可憐的人，你多麼盲目又愚蠢！

時間奸險的雙手出賣覷看它的人，
用那雙手標示致命的一小時一小時，
白你的頭髮，犁你的臉龐。

你崇拜你的人生形狀
沒看出那多詐的掠食者
如何使它一天天蒼白暗淡。
像隻慍怒的狗或聰明的賊，
他不吠，只咬；
他有銅的尖牙，鐵的舌頭
默不作聲，偷偷欺近。

珍貴的機器

羅塞爾

《非洲印象》，1910

貝杜按一下框架上的一條彈簧，發動他孜孜不倦以無比毅力創造的珍貴機器。幾條隱藏不見的推送帶，推送帶上端消失於框架之中，在這些帶子推動之下，板子與幾隻梭子槽水平移動。雖然如此移動，而且桿上附著無數條線，但每隻梭子都有個具備抵消作用的特製張力系統，因此一切維持完全穩定。絲軸安梭子的紡錘上，不加干涉的話，那些紡錘自行逐漸倒捲而解開。一條彈簧發揮非常輕微的反制，防止絲線倒捲。其中的機制能使一些紡線變短，一些變長，網孔因此維持本來形狀，不會鬆落，也不會糾纏一團。板子以一枝堅固垂直的柄子支撐，定時做直角彎曲，穿透框架。這裡有一條看不見的長溝槽，供方才開始 的無聲滑行運動之用。

不久，板子停止，然後開始往上移動。現在，那枝支撐柄的垂直部分緩緩開始延伸，透出一系列滑抽而出的節段，很像望遠鏡的伸縮筒。它由一套內部滑輪與纜線控制，要靠一條有力的螺旋彈簧推送，才能產生那徐緩的上升運動。上升運動在片刻之後停止。〔……〕突然，板子裡一條彈簧丟出一個梭子，梭子衝過線絲，落進一個位置經過精心計算來接它的凹處。一條緯線抽出來，打橫延伸，形成一塊布的第一排線。

由一條溝槽底下一根活動棒子推動，蘆桿擊打不斷供應的線，然後反向上射。綜絖再度啟動，完全改變絲線的安排，絲線現在上下遠遠分開。

在左側格子一條彈簧推送之下，梭子射過支柄，回到凹處。第一條緯線從梭子的紡錘抽出，由蘆桿做精巧的敲擊。綜絖開始其怪趣的來回往復之際，板子以其兩個置換機制斜向移動。第二個凹處利用運轉裡一個短暫的停頓，吐出一個梭子，梭子射入一個角落，所有絲線都已傳過來，定著於對凹處。這個凹處自始就是維持不動的。

蘆桿又再度敲打新的緯線，接著，綜絖又為很快被逼回凹處的梭子準備返回的路線。

酷刑儀器

卡夫卡

《流刑營》，1919

「沒錯，耙，」軍官說。「名稱很貼切。這些針就是像耙一樣排列，整個東西也像耙一樣使用，只是使用時維持在原地，而且原理巧妙多了。你等會就會明白。犯人攤在這張床上。〔……〕這麼說，你比較好懂。銘刻儀有個鏈輪也挺老舊了，動起來喀吱喀吱響，說話簡直聽不清楚。可惜這兒很不容易找到替換零件。好吧，我說過了，這是床。整套設備蓋著一層棉花，用處你回頭就知道。犯人肚子朝下，臥在棉花層上，當然嘍，光著身子。這是綁手的皮帶，這是綁腳的，這是綁脖子的，把他穩穩固定。我說，犯人肚子朝下，攤在床上，這兒是床頭，床頭這裡伸出一個毛氈頭，可以靈活調整，很容易塞進犯人嘴巴裡，防他慘叫，也防他把舌頭咬碎。犯人當然一定要把毛氈頭咬在嘴裡，不然脖子上的皮帶會把他的脖子給絞斷。〔……〕

這套設備挺大的。床和銘刻儀同樣大小，看起來就像兩口箱子，銘刻儀離床上方約莫兩公尺，四角用鐵柱子撐起來，你瞧這鐵柱子，太陽照起來發亮。耙掛在兩口箱子之間，在一條鐵帶子上。〔……〕

「好，現在犯人趴在那裡了，」旅行者說。他靠在椅背上，翹起腿來。「沒錯，」軍官說著，一邊把帽子往腦袋上推一點，一隻手抹過熱烘烘的臉。「喏，看清楚。床和銘刻儀有各自的電池，床的電池給自己用，銘刻儀的電池要為耙供電。犯人綁穩之後，床就發動，以又細又小的動作同時上下左右顫動，你在精神病院應該看過和這個類似的裝置，只是我們這張床的運動經過細心計算，必須和耙的動作精確一致。不過，真正執刑的，是耙。〔……〕人俯攤在床上，床開始顫動，耙就插到他身上，自動就位，而且剛好只有針尖輕輕碰到身體。機器開始操作，鋼帶就緊繃成一條棍子。好，表演開始。不明究裡的人，從外表看不出這些處罰有什麼不同之處。耙的動作好像一成不變似的。耙顫動的時候，將針尖插到身體裡，身體也是跟著床在動的。為了讓人看清楚刑罰怎麼執行，耙是玻璃製。用玻璃做耙，要如何固定這些針，在技術上有相當的困難，不過，我們試驗幾次之後，還是辦成了。我們真是不遺餘力。好，在犯人身體上銘刻的時候，透過玻璃，誰都可以看得一清二楚。你要不要靠近一點，看看這些針？」旅行者慢慢站起來，走近，俯身看耙。「你瞧，」軍官說，「針有兩種，排列複雜。每根長針隔壁都是一根小針，長針刻字，短針噴出水來，把血沖開，保持字跡清晰。血水導進這裡的小溝溝，最後流入這些主槽，再從一條出水管匯到坑裡。」

女神

羅蘭巴特

《神話》，1957

我相信，今天，汽車的確相當於偉大的歌德教堂：都一個時代的偉大創造，由不知名的藝術家以澎湃的熱情構思出來，其形象(如果不說其用途)被一大群人消費，他們透過它而擁有一件神奇之至的物品。新款Citroen分明就是天上下凡，意思是，它自始就是超絕之物。不要忘了，此物是超自然的最佳載具，輕易自成完美，沒有起源，自成一體而燦爛，是生命轉化為物質(特質遠較生命神奇)，最後，它有屬於神奇之物的那種沈默，神物不言。這位女神具備來自另一宇宙事物的所有特徵(至少大眾已開始異口同聲說它有這些特徵)，那些事物滿足十八世紀對新奇的狂熱，以及現代科幻小說表現的類似狂熱：這款車的第一要義是，它是新的鸚鵡螺號。

卓別林，**摩登時代**，默片，1936

羅塞爾(Raymond Roussel)在《非洲印象》(*Impressions of Africa*)裡發明的機器就是「守貞機器」。不過，羅塞爾描述的機器產生我們可以辨認的效果，例如奇妙的編織，丁格里(Jean Tinguely)等藝術家現實上建造的機器雕塑則只產生沒有知覺的運動，唯一功能是喀喀而動，並無目的。它們不生產功能，合乎「守貞機器」的定義——它們令我們發笑，使我們生出好玩的心情，因為我們這就能夠控制我們要是瞥見某種隱藏的目的，就會產生的恐怖之感。它們的目的如果不能見人，就只可能是偏邪的目的。因此，丁格里的機器，功能如同許多藝術之作，能以美來驅除痛苦、恐懼、不安和未知。

丁格里，**恐怖戰車，法拉利萬歲**，1985，巴塞爾，丁格里博物館

第 16 章

從抽象形式到物質的深度

1.「到石頭堆裡尋找他的雕像」

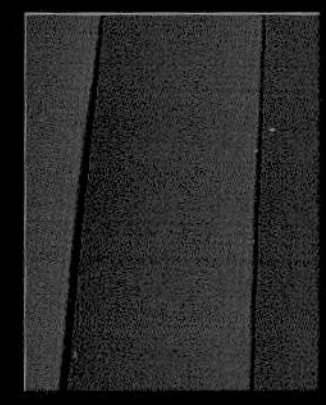

米開朗基羅，《甦醒的奴隸》，1516，佛羅倫斯，學院畫廊

當代藝術發現物質的價值及其豐富潛力。這不是說過去藝術家不曉得自己是用某種物質工作，也不是說他們不明白物質材料有其局限，有其創造的契機、桎梏和自由。

米開朗基羅說，他的雕刻作品彷彿現成於大理石塊之內，藝術家之事，不過削除多餘之石，露出材料中含藏之形而已。為他作傳的人說，他常「遣人到石頭堆中尋找他的雕像」。不過，藝術家雖然素知他們必須與材料對話，也知道他們必須在材料中尋找靈感，但他們覺得材料本身沒有形式，將一個理念或形式印上去，才產生美。

依照克羅齊(Benedetto Croce)的美學，真正的藝術創造是直覺／表現那一刻，直覺／表現在創造精神內部已經整個完成，技術上的表現，也就是詩思迻譯為音聲、色彩、文字、石頭，純屬外在附帶，於作品之完足與確定都無所增益。

形式與材料

米開朗基羅，

《詩》157，約。1538-1541

優秀藝術家的觀念
無一而不在富孕的
大理石塊之中，他所有的
不過是那隻應心而運的手。

2. 當代對物質材料的重估

當代美學對克羅齊的主張產生反動，重新評估物質的價值。發生於精神深處，與具體物質毫無關係的創造，的確只是個蒼白的影子。美、真理、創造和發明不只存在於精神之中，它們必須進入我們能觸摸、嗅聞的事物世界，倒地時發出聲響，受地心引力拉扯，會磨損老舊，會變化，會衰敗或發展。

美學體系重新重視物質，二十世紀藝術家則每每獨重物質，從新方向探索可能的形式。於是，對當代大多數藝術家，物質不再只是作品的身體，也是作品的目的。以「非正式」(informal)知名的畫風，標誌了潑灑、龜裂、堆塊、縫隙、滴漏等特色的盛行。

有時候，藝術家聽任材料自由發展，聽任潑上畫布的顏色、粗麻布或

波洛克，**整整五噚**，(Full Fathom Five)，局部，1947，紐約，現代藝術館

物質材料

帕雷森

《美學》，1954

藝術家懷著愛心研究他的物質材料，他深度檢視，他觀察其行為與反應；他質疑它以便控馭它，他詮釋它以期馴服它，他服從它以便使它屈服於他的意志；他深度研究它，以便發現它可能適合他目的的潛能；他挖掘它，引它自己暗示新的，原創的可能性；他依循它，以便它的自然發展能符合他要創造的作品的需要；他研究悠久的傳統教他的處理它的方式，以便產生運用它的新途徑，或延伸處理它的舊有方式；如果那個材料的傳統可能危及它的可塑性，使之沈重、過時又乏味，他就設法恢復它的原始清新，以便它愈是未經探索的層面，愈是成果豐富；如果材料是新的，他不會被一些似乎從它裡面自發浮現的線索驚嚇，他不會缺乏做某些實驗的勇氣，也不會規避困難，他會穿透它，尋找它的可能性。〔……〕

這並不是說藝術家的人性與精神性表現於一種物質材料之中，變複雜、被塑造，無論材料是聲音、色彩或文字，因為藝術並非一個人的生命的再現和塑形。藝術只是一種材料的再現與塑形，不過，這材料是依照一種不可重複的塑形方式而被塑造的，這方式就是藝術家完全化成風格的精神性。

左頁：布爾利，**粗布袋**，局部，1953，卡斯泰洛市，阿爾比齊尼宮

右：方塔納，**空間觀念：等待**，1964，私人收藏

金屬自由發揮，直接由一個隨機或出乎意料的裂口代言。藝術品每每彷彿不求任何形式，讓畫布或雕塑幾乎成為自然物件，是機緣巧成之作，如海水之畫沙，雨滴之鈐泥。

有些畫家以畫題喚起藝術意圖生出之前的素材：瀝青、柏油、碎石、黴、軌、塵泥、布、洪水、礦渣、銹、廢料刮屑，等等。但我們不可忽略一個事實，亦即藝術家並非單純在邀請我們(就說透過書面信息吧)去觀察鋪路石、銹、瀝青或擱棄於閣樓中的粗麻布袋。他們是在利用這些材料做藝術品，他們在挑選、突顯，從而給沒有形式的東西形式，將他們的風格如蓋印般打上去。我們看過一件非正式藝術的作品後，才覺得受到鼓勵，以更敏銳的眼睛探索巧妙隨機潑出的色彩，碎石的天然形成，或襤襤褸褸的、蟲蛀布料上的縐紋。如此探索那些材料，我們發現它們內裡隱藏的美。

3. 現成藝術

Objet trouvé(現成)藝術，亦應作如是觀。*Objet trouvé*(譯按，「撿來的東西」)在二十世紀初葉已由杜象等藝術家發明。對象自己存在，但藝術家猶如人閒行海灘，發現一個貝殼或小圓石，撿回家擺在桌上，彷彿那是令人驚奇之美的藝術品。藝術家就這樣「挑選」瓶架、腳踏車輪、鉍晶體、一個本來供教學用的幾何固體、受熱變形的眼鏡、服裝店的人像模型，甚至尿壺，以之為雕塑作品。

這類挑選，底下當然有其挑激的意圖，但其中也有個信念，說一切物件(甚至最低下之物)都有我們難得留意的形式層面。這些物件一旦被挑出，被「聚焦」，呈現於我們注意力之前，就有了美學意義，彷彿受過一位作者之手操縱。

杜象，**噴泉**(複製品)，1917，巴黎，國家現代博物館，龐畢度中心

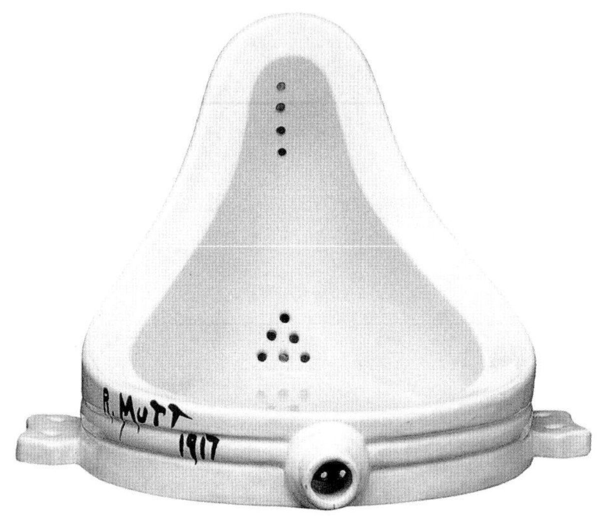

4. 從複製到工業材料到物質的深度

有時候，藝術家不是找到，而是以自己的手「複製」一段路或牆上的塗鴉，如杜布菲(Dubuffet)的路面，或湯布里(Cy Twombly)滿是童稚亂塗的畫布。這裡，藝術運作明顯可見。藝術家心知肚明自己正在使用精煉的技術重做東西，使東西望之如隨機自成之作，如未經處理的素材。有時候，材料不是自然材料，而是工業廢料，或已經無用，從垃圾桶撿回的商品。

湯布里，**無題**，1970，休士頓，孟尼爾收藏

素材狀態的材料

曼迪亞格斯

《杜布菲，或極點》，1956

更簡單而言，我們可以點出，他特別喜歡泥土的一點，是泥土比世界上任何東西都更常見，分布更廣。也由於它平常，只對它匆匆一瞥的人往往裹足不前。這與理想的泥土觀念無關，與土地的溫情精神無關，談起這精神，智者愚夫都靈感大發。這與泥土對人類的關係也扯不上。〔……〕這是個平凡的材料，就在我們腳下，有時黏在我們鞋子上，這是水平面的牆，我們站在其上的平面，太平凡了，我們視而不見，除了多花時間下工夫。沒有比它更具體的東西了，要不是人為建築，我們永遠都踩在上面。

RD

上左：安迪．沃荷，**康寶湯罐頭1**，1960，阿亨，新藝廊，路德維希收藏

上右：利希登斯坦，**喀喇！**，1963-1964，利希登斯坦遺產管理委員會

塞沙爾(César)將舊車引擎冷卻器的扭曲金屬壓縮、變形、展覽。阿爾曼(Arman)將透明的展示櫃塞滿舊眼鏡，利希登斯坦根據老漫畫做成巨大而忠於原作的拷貝。華荷給我們可樂罐、湯罐頭，等等。

這些例子裡，藝術家針對我們周遭的工業化世界，展開充滿嘲諷的辯難，將一天天消耗的世界像考古出土物般展出，讓我們每天看見的東西在他的反諷博物館裡日益變僵，有如變成化石。我們每天看那些東西，不自知是戀物拜物。不過，藝術家的辯難無論多凌厲、多嘲諷，他也是在教我們要愛這些物事，提醒我們，就是工業世界，也有能傳達審美情感的一定「形式」。

這些物件走完其作為消費品之路，完全無用，現在則反諷地不復無用、貧乏、狼狽無狀，而是得救而流露一種無人想到的美。今天，精密的電子技術使我們在物質深處發現出乎意料的形式層面，一如我們從前在顯微鏡下欣賞雪花結晶之美。

一種新的現成形式於焉產生，不是工業物品，而是自然的一個深刻特徵，肉眼不見的結構。我們不妨稱之為新的「碎形美學」(aesthetics of fractals)。

左頁：塞沙爾，**壓縮**，1962，巴黎，國家現代藝術館，龐畢度中心

次頁：**碎形合成圖**，取自，培特根與李希特著，碎形之美，1986

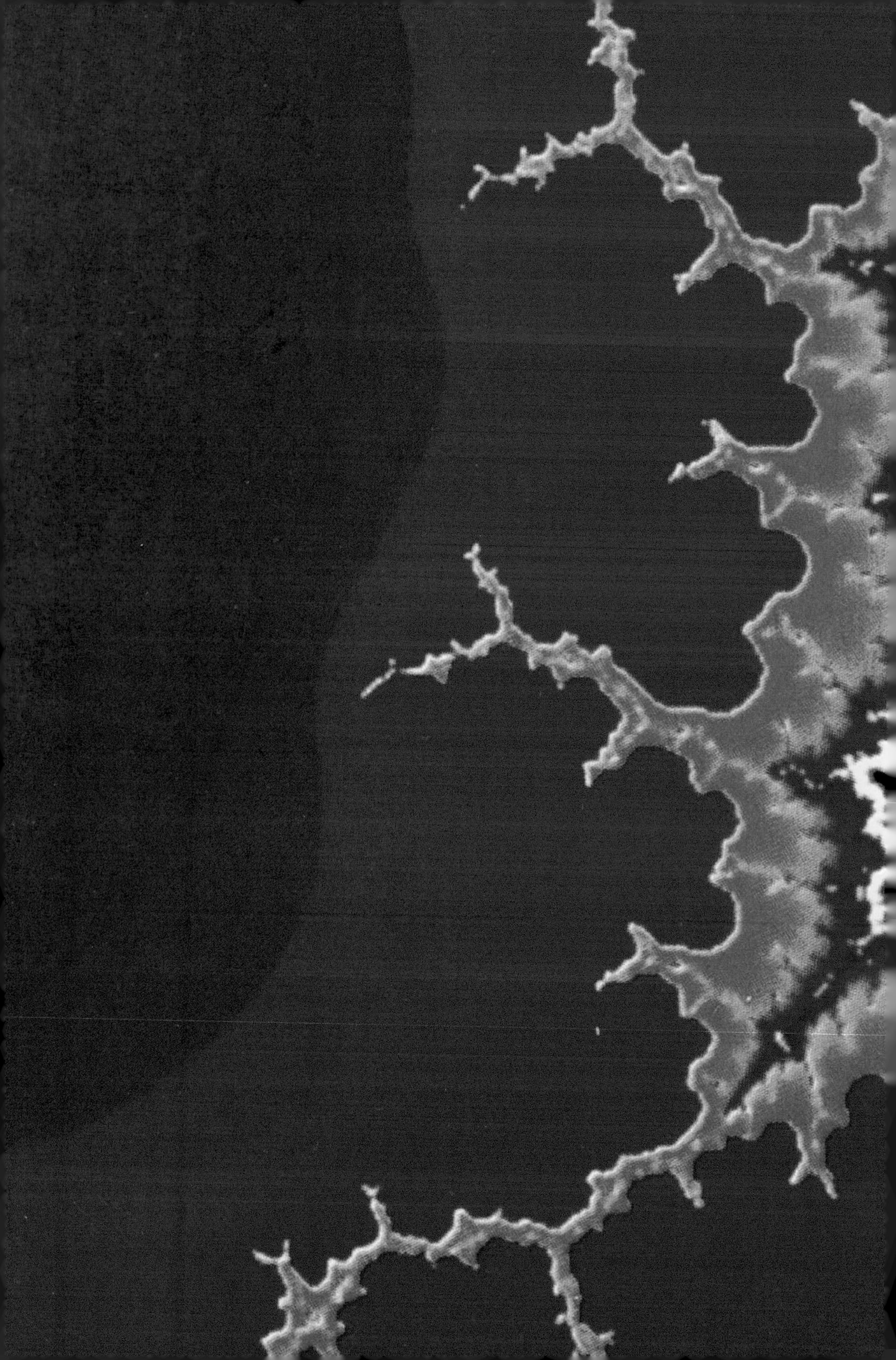

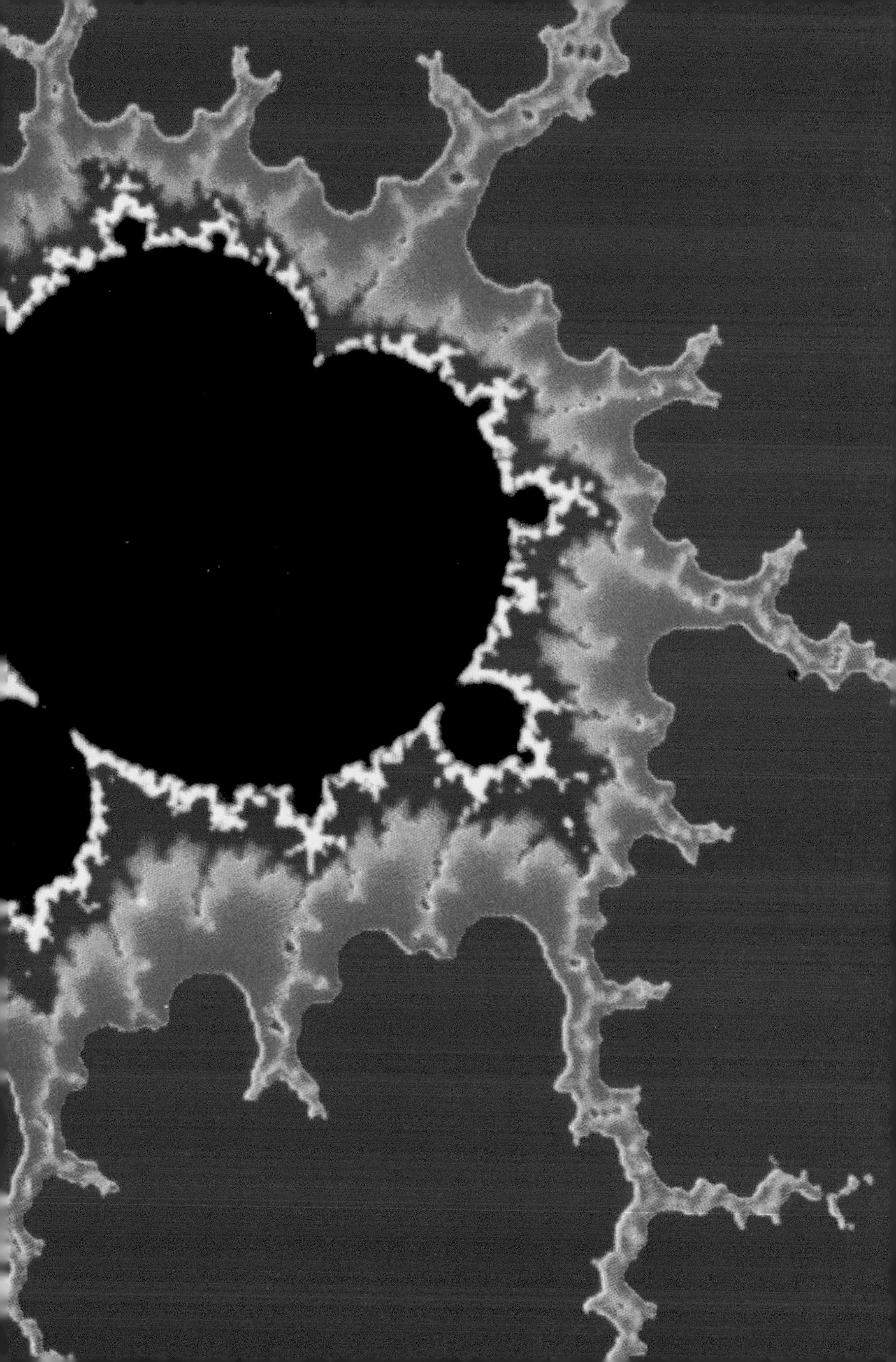

第 17 章

媒體之美

1. 挑激之美？消費之美？

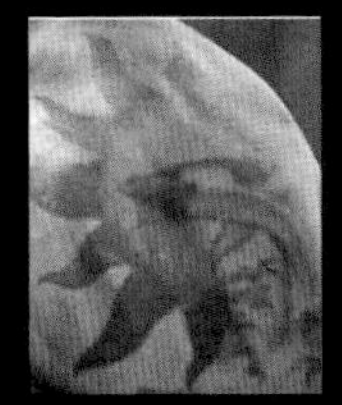

假想一位未來的藝術史家，或一位外太空來的探險者，兩人都問：主導二十世紀的「美」觀是什麼？根本的說，美的歷史一路走來，我們只是就古希臘、文藝復興及十九世紀初期或晚期提出一些類似的問題。我們辨認各個時期裡引起波動的相反藝風，以及——例如——新古典主義品味與崇高美學同時並存的時代。但基本上，我們「從一段距離」看事情，每覺各世紀有其一貫的特徵，或者，至少有一個根本的不連貫。

輪到未來的詮釋者「從一段距離」看事情，他們找他們認為真正的二十世紀特徵，可能拈出馬利內提，說《勝利女神》在二十世紀的

瑪麗蓮夢露，**瑪麗蓮月曆**，1952

梅耶，**尼金斯基與山林女神**，牧師之午後，1912

對等之作的確是一輛美麗的賽車，而無視於畢卡索或蒙德里安(Piet Mondrian)。我們無法從如此距離看今天，我們只能說，二十世紀上半葉，最多到(包括)1960年代，有一場挑激之美與消費之美激烈相爭。

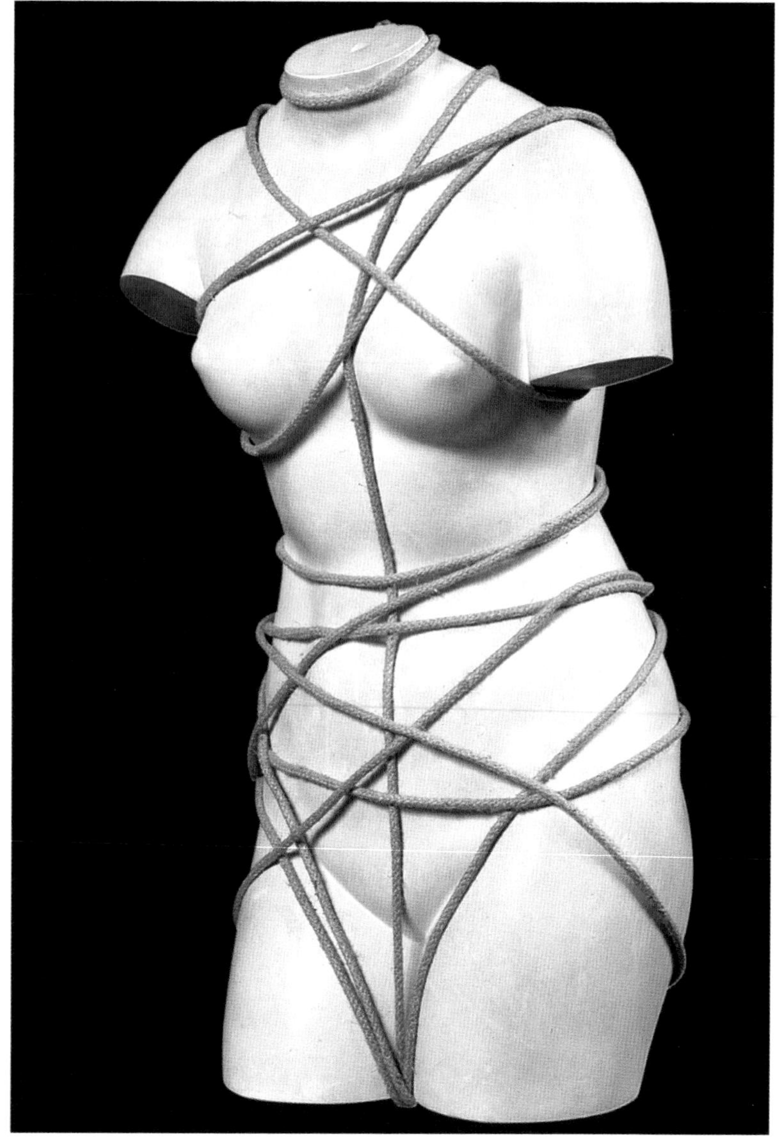

曼雷，**維納斯復原**，1936，米蘭，史瓦茲收藏

2. 前衛，或挑激之美

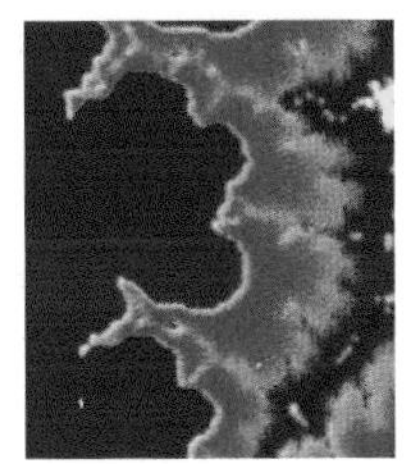

挑激之美，其理念出於各種前衛運動與藝術實驗主義：從未來主義到主體主義，從表現主義到超現實主義，從畢卡索到非正式藝術以降。

前衛藝術不拿美的問題自擾。新的意象在藝術上是「美」的，它們給我們的快感，猶如喬托的壁畫或拉斐爾的繪畫給他們當代人的快感，這都不待贅言，但我們必須明白，其所以不待贅言，全因前衛藝術以充滿挑激的做法背棄了所有至今仍受尊重的審美正典。藝術不再有興趣提供自然之美，也不提供由靜觀和諧形式而來的樂趣。相反地，藝術現在的目標是教我們透過各種不同的眼光詮釋世界，教我們樂於回歸古老或玄奧的模型，夢的宇宙，精神病患的幻想，藥物激起的視境，重新發現物質，以驚世駭俗的手法在不可能的背景中呈現的日常

塞維里尼，**糾纏的舞者**，1911，杜林，安尼里藝廊

畢卡索，**亞維農姑娘**，1907，紐約，現代藝術博物館

左頁：馬爾維奇，**黑色方形與紅色方形**，1915，紐約，現代藝術博物館

物品(如現成藝術、達達，等等)，以及下意識衝動。

當代藝術只有一派恢復幾何和諧的理念，令人想起比例美學，此即抽象藝術。抽象藝術反對遷就自然與日常生活，走純粹形式之路，自蒙德里安的幾何構圖，以至克萊恩(Yves Klein)、羅斯柯(Mark Rothko)或曼佐尼(Piero Manzoni)，皆是。不過，數十年來參觀展覽或美術館者，誰不曾聽人對著一件抽象作品問：「這到底什麼意思？」誰不曾聽見看完展覽出來的人說：「這也叫藝術？」所以，即使是這個重返比例與數學美學的「新畢達哥拉斯主義」，也衝逆當代感性，衝逆一般人對美的觀念。

最後，許多當代藝術流派，諸如偶發(happenings)、藝術家自殘、聲光秀、音響現象——以藝術之名，演出類似古代神秘儀式的場面，其目的不在於沈思美麗事物，而在宗教體驗，而且是慾情、原始一路，諸神已經不在。與此類似，有raves之類事件，即大群人齊集狄斯可舞場或搖滾演唱會，燈光閃爍，音樂震天，儼然大同世界(每每由化學藥物刺激助興)，局外人見之，謂之「美」(古羅馬競技場那種萬眾鼓噪的美)，實際置身其中者，體驗又自不同。參與者可能大談「美麗的經驗」，猶如我們說某次游泳真「美」，某次機車出遊好「美」，或某次性邂逅之「美」暢。

3. 消費之美

但我們的未來訪客不會不發現另一件怪事。參觀前衛藝術展覽的人買他們無法理解的雕塑，參加「偶發」藝術活動者，依照時尚的正典穿著化妝。他們穿牛仔褲或名牌衣服，髮型與化妝來自華麗雜誌、電影、電視標榜的模型，也就是媒體提倡的模型。他們追隨的美的理想，是商業消費世界提供的，而那是前衛藝術對抗逾五十年的世界。

這矛盾如何解釋？此處不擬妄揣，不妨稱之為二十世紀的典型矛盾。那位未來客人必定要問，大眾傳播媒體的美的模型到底是什麼。他會注意到這個世紀的一些對比。

第一個對比是，同一個十年裡有兩種相反的模型。茲舉一例：電影出現葛麗泰嘉寶(Greta Garbo)與麗塔海華絲(Rita Hayworth)代表的「致

右：崔姬

右頁：葛麗泰嘉寶

次頁：麗塔海華絲

頁421，順時鐘方向：葛麗絲凱莉、碧姬芭杜、瑪蓮黛德莉、奧黛麗赫本

頁422-423：安妮塔艾柏格

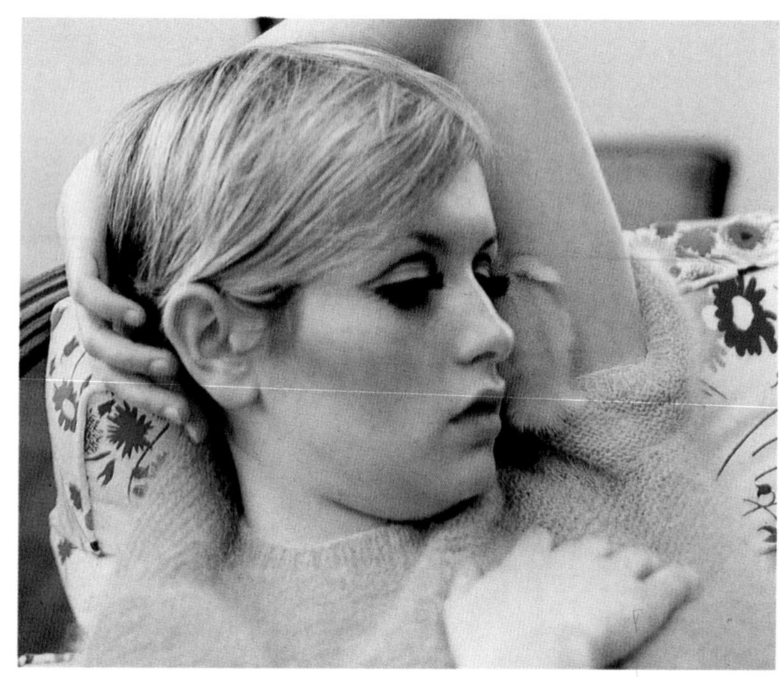

左頁：順時鐘方向：卡萊葛倫、馬龍白蘭度、馬斯楚安尼、狄恩馬丁

上左：約翰韋恩，1967

上右：佛雷亞斯坦與金哲羅格絲，1936

命女人」，同時有克勞黛考白(Claudette Colbert)與桃樂絲黛(Doris Day)代表的「鄰家女孩」。高大而雄糾糾的西部英雄約翰韋恩，與溫良而略帶陰柔的達斯汀霍夫曼並存。賈利古柏與佛雷亞斯坦(Fred Astaire)同時。身材輕瘦的佛雷亞斯坦與魁梧的金凱利共舞。時裝界推出電影《羅珀塔》(*Roberta*)裡的華麗女裝，同時有可可香奈兒(Coco Chanel)那些男女融合的設計。大眾媒體徹底民主，為天生貴族風致者提供美的模型，也為肉感的勞動階級少女提供美的模型。無法與胸脯豐滿的安妮塔艾柏(Anita Ekberg)爭鋒的女性，可以纖細的奧黛麗赫本為法。沒有理察吉爾那種文雅型陽剛之美的男人，則以艾爾帕西諾的善感與勞勃狄尼洛的藍領階級魅力為式。最後，買不起瑪莎拉蒂(Maserati)之美的人，選擇迷你車(Mini)之美，亦甚方便。

第二種對比將二十世紀一分為二。大眾媒體在二十世紀前60年呈現的那些美的理想，源出主流藝術(major arts)。1920年代與1930年代廣告裡的慵懶女人，令人想起「新藝術」與裝飾藝術運動的苗條之美。各種產品的廣告素材透露了未來主義、主體主義、超現實主義運動的影響。漫畫「小尼莫」(Little Nemo)的靈感來自新藝術，「飛俠戈頓」(Flash Gordon)裡其他世界的都市情節，則令人聯想桑提利亞(Sant'Elia)等現代主義建築師的烏托邦，此作甚至預啟現代飛彈的形狀。狄克崔西(Dick Tracy)漫畫出現愈來愈眼熟的前衛繪畫。最後，追蹤1930年代到1950年代的米奇和米妮老鼠(Mickey and Minnie Mouse)，可以看出

雷蒙德，**閃電俠之五頭怪物**，漫畫書局部，1974

右頁：艾德曼，披頭四合唱團在**黃色潛水艇**中的插畫像

那些畫法如何步趨當時管領風騷的審美感性。

不過，普普藝術繼起，開始根據取自商業、工業及大眾傳播媒體的意象，以挑激手法推出實驗性作品，以及披頭四合唱團巧妙改寫一些傳統音樂形式，挑激的藝術與消費的藝術之間的隔閡即日益縮小。此外，有文化的藝術與通俗流行的藝術之間似乎仍有間隔，但是，在所謂後現代的氣候裡，傳統不斷被重估之際，有文化的藝術也推出超越視覺藝術的實驗新作。

另一方面，大眾傳播媒體不再呈現任何統一的模型，任何單一的理想美。即使是注定只維持一星期的廣告攻勢，傳媒也可以徵用一切前衛實驗之作，同時推出取自1920、1930、1940及1950年代的模型，甚至呈現世紀中期的過氣汽車款式。大眾傳媒至今不斷端出回鍋的十九世紀畫像學意象，梅惠絲(Mae West)的豐滿與當紅時裝模特兒厭食症造成的魅力並見；納歐蜜康貝兒(Naomi Campbell)的熱騷美，與克勞蒂亞雪佛(Claudia Schiffer)的北歐美；《歌舞線上》(*A Chorus Line*)傳統踢躂舞的優雅，與《銀翼殺手》(*Blade Runner*)的冷冽建築；電視影片或廣告裡的致命女人，與茱莉亞蘿勃茲(Julia Roberts)或卡麥蓉狄亞茲(Cameron Diaz)代表的冰清鄰家女；短髮的喬治克魯尼(George

達莉漢娜與羅格豪爾，
銀翼殺手，1982

右頁：順時鐘方向：林格，艾維登攝(畢雷里月曆，1997)，納歐蜜康貝兒，多諾文攝(畢雷里月曆，1987)，凱特摩絲，里茲攝(畢雷里月曆，1994)，丹尼斯羅德曼

Clooney)，與花樣翻新，臉上畫成金屬色彩，頭髮直豎如五彩森林或完全剃光的機器人塞柏格(Cyborg)，眾型兼陳並列。

我們的未來訪客勢將無從辨認大眾媒體在二十世紀與二十世紀以降傳播的審美理想是哪個理想。面對這全然的異同寬容，徹底的混合主義，絕對而莫之可遏的美的多神教，他也束手。

參考書目

英文版譯者小註

附有說明之處除外，本書引文都由筆者從義大利文版譯成英文。原作以英文撰寫之作當然不在此例。本書所引詩作，筆者盡力以精確且可喜面貌呈現，但筆者宗旨在於使讀者就其內容得一概念，而非再現原詩。再者，許多詩作是筆者從義大利譯本譯來，因此，能以原文讀這些作品的讀者勢將發現，筆者譯文與原作頗有差異。艾柯大度且耐煩，許多朋友與同行協助我處理一些極為棘手的段落，謹此誌謝：Luciana Bettucchi, Vincenzo Mantovani, Leonardo Mazzoni, Winofred , McEwen, Anna Mioni, Sergio Musitelli, Valentina Pisanty, Mirella Soffio, 及Simon Turner。任何訛誤，責任當然筆者自負。

Alighieri, Dante 但丁

Purgatorio, VII, vv. 70-78 109
Paradiso, XIV, vv. 67-75 114
Purgatorio, I, vv. 13-24 114
Paradiso, XXX, vv. 97-120 129
La vita nuova , Indiana University Press, Bloomington 1962 171, 174
Paradiso, XXIII, vv. 1-34 174
Henry Wadsworth Longfellow譯(e-text courtesy ILT's Digital Dante Project)

Alberti, Leon Battista 亞伯提

On Painting; and On *Sculpture*, Cecil Grayson,編、譯、導論、注解。Phaidon Press, London 1972 180

Boccaccio, Giovanni 薄伽丘

The Decameron, Third day, First Novella, 160, J. M. Rigg譯, London, 1921

Burnet, Thomas 柏尼特

The Sacred Theory of the Earth , London, Fontwell, Centaur Press, 1965 284

Castiglione, Baldassare 卡斯提里歐尼

The Book of the Courtier, Penguin books, Harmondsworth 1967 212, 217

Cervantes, Miguel de 塞萬提斯

Don Quixote, Book I, Chapter XIII, 1605-1615 212, from *The Classical Authors* Library John Ormsby譯

St. Hildegard of Bingen 賓根的希德嘉德

Scivias/Hildegard of Bingen, Columba Hart and Jane Bishop譯; Paulist Press, New York 1990 114

Kafka, Franz 卡夫卡

In the Penal Colony, 1919 397, Ian Johnston譯, Malaspina University-College, Nanaimo, British Columbia, Canada.

Leonardo da Vinci 達文西

Leonardo on Painting: an Anthology of Writings by Leonardo da Vinci with a Selection of Documents Relating to His Career as an Artist, Martin Kemp 編, Martin Kemp and Margaret Walke 選譯, Yale University Press, New Heaven-London 1989 178

Marco Polo 馬可波羅

The Travels of Marco Polo, Introduction by John Mansfield, London-New York 1939 108, 142

Nietzsche, Friedrich Wilhelm 尼采

The Birth of Tragedy, I, 1872, 55
The Birth of Tragedy, I, 1872 56
The Birth of Tragedy, III, 1872 55, 56, 58
in G. Allen and H. Clark, *Literary Criticism*: *Pope to Croce*, Wayne State University Press, Detroit 1962;
The Birth of Tragedy, XVI, 1872 58
Francis Golffing and Walter Kaufmann英譯， *Nietzsche Channel*

Novalis 諾瓦里斯

Hymns to the Night, Phoenix Press, London 1948 312

Plato 柏拉圖

The Republic, X 38
Symposium 41
Phaedrus, XXX
Timaeus, V
Timaeus, 55e-56c 51
Timaeus, XX 67
Benjamin Jowett譯，
The Gutemberg Project

Plotinus 普洛泰納

Enneads, in Plotinus, .H.Armstrong 譯, Harvard University Press, Cambridge, Mass., 1988-89 103, 180

Plutarch 普魯塔克

The Obsolescence of Oracles, in Selected *Essays and Dialogues*, Oxford University Press, Oxford-New York 1993 82

Pseudo-Longinus 郎吉納斯

Longinus on the Sublime, D. A. Russell編、譯、注疏, Clarendon Press, Oxford 1982 278, 279

Rimbaud, Arthur 藍波

Complete Works, *Selected Letters*, Wallace Fowlie譯注. University of Chicago Press, Chicago-London 1966 336, 350

Tasso, Torquato 塔索

Jerusalem Delivered, XII, 1593 288
Jerusalem Delivered, IV vv. 56-64, 1575 324, translated by Edward Fairfax (1560-1635); translation first published in London, 1600. The text of this edition is based on that edited by Henry Morley, LL.D. (New York, 1901). Public domain

參考書目作者索引

Achim von Arnim, Ludwig 阿蜜姆 297
Addison, Joseph 艾迪遜 255
Al-Kindi 金帝 104
Alberti, Leon Battista 亞伯提 180
Alexander of Hales 哈爾斯的亞歷山大 149
Alighieri, Dante 但丁 109, 114, 129, 171, 174
Aquinas, Thomas 阿奎那 88, 89, 100
Aristotle 亞里斯多德 281
Barbey d'Aurevilly, Jules-Amédée 道瑞維里 331
Barthes, Roland 羅蘭巴特 398
Baudelaire, Charles 波特萊爾 301, 331, 334, 336, 345, 347, 348
Bembo, Pietro 班姆波 216
Blake, William 布雷克 382
Boccaccio, Giovanni 薄伽丘 108, 160
Boethius 波修斯 62, 77
Bonaparte, Napoleon 拿破崙 306
Bonaventure of Bagnoregio 波納文圖 62, 82, 129, 132
Brentano, Clemens (Maria) 布倫塔諾 297
Buonarroti, Michelangelo 米開朗基羅 401
Burke, Edmund 柏克 97, 257, 292, 293
Burnet, Thomas 柏尼特 284
Cammarano, Salvatore 卡馬蘭諾 325
Carducci, Giosuè 卡杜奇170, 393
Castiglione, Baldassare 卡斯提里歐尼 212, 217
Cavalcanti, Guido 卡瓦坎提 166
Cervantes, Miguel de 塞萬提斯 212
Chrétien de Troyes 特洛伊的克雷提安 106
Coleridge, Samuel Taylor 柯律治 295
Colonna, Francesco 科隆納 187
D'Annunzio, Gabriele 達能奇歐 302, 332, 340
Da Lentini, Giacomo 倫提尼 108
Da Ponte, Lorenzo 達朋提 257
De Lorris, Guillaume 洛里斯 106, 126
De Meung, Jean 米雍 106, 126
Defoe, Daniel 狄福 261
Delacroix, Eugène 德拉克魯瓦 324
Della Valle, Federico 德拉瓦爾 232
Dickens, Charles 狄更斯 329
Diderot, Denis 狄德羅 255
Dionysius the Pseudo-Areopagite 戴奧尼修斯 103, 104
Euripides 尤里皮底斯 39
Ficino, Marsilio 費奇諾 184, 389
Firenzuola, Agnolo 菲倫左拉 217
Folgore, Luciano 佛戈爾 396
Foscolo, Ugo 佛斯科洛 284, 293, 301, 304, 314, 318
Friedrich, Caspar David 富利德利赫 293
Galen 75
Gautier, Théophile 高迪耶 343
Gianni, Lapo 吉亞尼 170
Goethe, Johann Wolfgang von 歌德 308, 319
Gracián, Baltasar 葛雷西安 229
Grosseteste, Robert 葛洛塞塞特斯特 126
Hegel, Georg Wilhelm Friedrich 黑格爾 135, 315, 318
Heine, Heinrich 海涅 169
Hobsbawm, Eric (John Ernest) 霍布斯邦 362
Hogarth, William 荷加斯 257
Homer 荷馬 38
Hugh of Saint Victor 修伊 125, 143
Hugo, Victor 雨果 302
Hume, David 休謨 245, 247, 276
Hutcheson, Francis 哈契遜 267
Huysmans, Joris-Karl 于斯曼 340, 343, 345
Isidore of Seville 塞維爾的伊西多爾 82, 111
Joyce, James 喬埃斯 354
Kafka, Franz 卡夫卡 397
Kant, Immanuel 康德 133, 240, 264, 295, 312
Keats, John 濟慈 315
La Fayette, Madame de 拉法葉夫人 222
Laclos, Pierre-Ambroise-François Choderlos de 拉克洛 272, 304
Leonardo da Vinci 達文西 178
Leopardi, Giacomo 拉克洛 267
Liutprand of Cremona 流普蘭德 387
Lorrain, Jean 羅倫 343
Mallarmé, Stéphane 馬拉美 348
Manzoni, Alessandro 曼佐尼 306
Marco Polo 馬可波羅 108, 142
Marinetti, Filippo Tommaso 馬利內提 396
Marino, Giambattista 馬利諾 232, 324
Milton, John 米爾頓 324
Montale, Eugenio 蒙泰爾 383
Nietzsche, Friedrich Wilhelm 尼采 55, 56, 58
Novalis 諾瓦里斯 312
Pareyson, Luigi 帕雷森 402
Pater, Walter 佩特 353
Péladan, Joseph 培拉丹 345
Petrarch, Francesco 佩脫拉克 109
Philolaos 波修斯 62, 72
Pieyre de Mandiargues, André 曼迪亞格斯 407
Plato 柏拉圖 38, 41, 51, 67, 75, 132
Pliny the Elder 老普里尼 75
Plotinus 普洛泰納 103, 184
Plutarch 普魯塔克 82

Poe, Edgar Allan 愛倫坡 284
Pseudo-Longinus 郎吉納斯 278, 279
Pucci, Giambattista 普奇 232
Pythagoras 畢達哥拉斯 62
Richardson, A. E. 里察遜 365
Rimbaud, Arthur 藍波 336, 350
Rosenkranz, Karl 黑格爾 135
Rossetti, Dante Gabriel 羅塞蒂 175
Rostand, Edmond 羅斯坦德 170
Rousseau, Jean-Jacques 盧梭 237
Roussel, Raymond 羅塞爾 397
Rudel, Jaufré 拉德爾 161, 168
St. Bernard 聖伯納 149
St. Hildegard of Bingen 但丁 114
Sade, Donatien-Alphonse-François de 薩德侯爵 240
Sappho 莎佛 47
Schiller, (Johann Christoph) Friedrich von 席勒 289, 297
Schlegel, Friedrich 施列格 304, 317
Scotus Eriugena, John 伊魯格納 85, 104
Scudéry, Madame de 史古德里夫人 261
Sempronio, Giovan Leone 森普洛尼歐 389, 396
Shakespeare, William 莎士比亞 233, 301
Shelley, Mary Wollstonecraft 瑪麗雪萊 272
Shelley, Percy Bysshe 雪萊 285, 288, 312, 324
Solomon 所羅門 156
Sternberger, Dolf 史登柏格 369
Swinburne, Algernon Charles 史溫朋 343
Tasso, Torquato 塔索 288, 324
Tesauro, Emanuele 德紹洛 229
Theognis 提奧格尼斯 39
Theon of Smyrna 斯麥瑪的提昂 62
Valéry, Paul 梵樂希 345
Ventadorn, Bernard de 凡塔多恩 163
Verlaine, Paul 331, 348
Vitruvius 維特魯維斯 75
Vivien, Renée 維維安 331
Wilde, Oscar 王爾德 335, 336, 340, 345, 347
William of Auvergne 奧維尼的威廉 132
William of Conches 康克斯的威廉 82
William of Auvergne 奧維尼的威廉 132
Winckelmann, Johann Joachim 文克曼 38, 47, 251
Xenophon 贊諾芬 48
Zola, Émile 左拉 345

藝術家索引

Abbott, Berenice 艾柏特
James Joyce 喬埃斯1928 354

Aghion, Janine 阿吉雍
The Essence of the Mode of the Day, 1920 373

Aldrovandi, Ulisse 阿多洛凡迪
Animal africanum deforme, 1642 152

Anjou Court(Illuminator of)安如王朝泥金抄本作者
Music and Its Connoisseurs, fourteenth century 113

Arcimboldo, Giuseppe 阿奇姆波爾多
Summer, 1573 221

Baldung Grien, Hans 葛里恩
The Three Ages of Woman and Death, c. 1510 194

Beardsley, Aubrey 畢爾茲利
John and Salomé, 1907 344

Fra Angelico 富拉安吉利科
The Coronation of the Virgin, c. 1435 127

Burgo de Osma 歐斯瑪
Mappa Mundi, eleventh century 138

Beatus of Liébana(eleventh century)聖黎巴納
Opening of the Well in the Abyss and Ascent of the Locusts 98
Angel of the Fifth Trumpet 101
Struggle among the Dragon, the Woman, Her Son, the Archangel Michael, and His Angels 132
The Leaders of the Twelve Tribes of Israel 78
Angel Chaining the Devil in the Abyss 148

Bellini, Giovanni 貝里尼
Young Woman at Her Toilette, 1515 188

Bernini, Gianlorenzo 貝爾尼尼
Ecstasy of St. Theresa, 1652 235
Apollo and Daphne, 1622-1624 279

Blanche, Jacques-Émile 布朗希
Marcel Proust, c. 1892 355

Boldini, Giovanni 波迪尼
Count Robert de Montesquiou-Fézensac 1897 335

Borromini, Francesco波洛里尼
Interior of the dome of the Church of Sant'Ivo della Sapienza, Rome, 1642-1662 228

Bosch, Hieronymus 波希
The Garden of Earthly Delights, c. 1506
Earthly Paradise 150
Hell 130, 151

Botticelli, Sandro 波提切里
The Birth of Venus, c. 1482 91
Madonna of the Magnificat, c. 1482 176
Allegory of Spring, c. 1478 185

Boucher, François 波徹
The Breakfast, 1739 253

Boucicaut Master
Livre des merveilles, 1410 142

Boullée, étienne-Louis 波雷伊
Cenotaph of Isaac Newton, 1784 266

Bradford, William 布拉福
The View of the Sermitsialik Glacier, 1873 295

Bronzino, Agnolo 布隆奇諾
An Allegory with Venus and Cupid, 1540-1550 10
(Follower of)*Lorenzo de' Medici* 200
Portrait of Lucrezia Panciatichi, c. 1540 215

Brueghel the Elder, Pieter 老布魯蓋爾
The Fall of the Rebel Angels, 1562 149

Brueghel the Younger, Pieter小布魯蓋爾
Wedding Feast, 1568 204

Buonarroti, Michelangelo 米開朗基羅
Study for the Rare Book Room in the Laurentian Library, c. 1516 65
The Awakening Slave, 1516 400

Lord Burlington 柏林頓爵士
Chiswick House, 1729 242

Burne-Jones, Edward 柏恩瓊斯
The Princess Chained to the Tree, 1866 352

Burri, Alberto 布爾利
Sacco P5, 1953 404

Canova, Antonio 卡諾瓦
The Three Graces, 1812-1816 246

Caravaggio 卡拉瓦喬
The Conversion of St. Paul, 1601 205
Magdalen in Ecstacy, 1606 213
Head of Medusa, c. 1597 214

Caus, Salomon de 考斯
Drawing of a Nymph Playing an Organ, to Whom an Echo Replies, 1615 388

Cellarius, Andrea 塞拉流斯
Harmonia macrocosmica, 1660 96, 97, 225

César 塞沙爾
Compression, 1962 408

Cesariano, Cesare 塞沙里亞諾
Vitruvian Figure, 1521 81
Corporal Humors and Elementary Qualities of Man in Relation to the Zodiac, eleventh century 81

Cézanne, Paul 塞尚
Apples and Biscuits, c. 1880 359

Chardin 夏丹 Jean-Baptiste-Siméon
Boy with a Top, 1738 240

Soap Bubbles, c. 1734 276

Chassérieau, Théodore 夏瑟里歐

The Two Sisters, 1843 316

Clouet, Jean 克洛埃

Francis I, 1525-1530 202

Corot, Jean-Baptiste-Camille 柯洛

Reading Woman Crowned with Flowers, 1845 310

Correggio 柯雷吉歐

Danaë, 1530-1531 196
Jupiter and Io, c. 1530 223

Courbet, Gustave 柯爾貝

The Young Ladies on the Banks of the Seine,1857 332

Couture, Thomas 庫徹

The Romans of the Decadence, 1847 331

Cranach, Lucas 卡拉納

Venus with Cupid Stealing Honey, c. 1531 93

Crivelli, Carlo 克里維利

The Archangel Michael, 1476 146

David, Jacques-Louis 大衛

The Death of Marat, 1793 248
Antoine-Laurent Lavoisier and His Wife, 1788 254
Madame Juliette Récamier, 1800 262-263

De' Barbari, Jacopo 狄巴巴里

Portrait of Fra Luca Pacioli and a Young Unknown, c. 1495 66

De Nittis, Giuseppe 尼提斯

The Train Passing, 1879 393

Degas, Edgar 竇嘉

The Absinthe Drinker, 1875-1876 341

Del Cossa, Francesco 柯薩

Allegory of April, Hall of the Months, 1469 186

Delacroix, Eugene 德拉克魯瓦

The Death of Sardanapalus, 1827 302
Women of Algiers in Their Apartment, 1834 308
Liberty Leading the People, 1830 314
The Death of Lara, 1820 320

Delville, Jean 德維爾

Plato's Academy, 1898 322-323

Domenichino 多米尼奇諾

Diana, 1616-1617 196

Doré, Gustave 多雷

A London Slum, 1872 330

Duchamp, Marcel 杜象

Bicycle Wheel(replica), 1913 377
Bottle Dryer(replica), 1914 377
Fountain(replica), 1917 406

Dudovich, Marcello 杜多維奇

Sketch for a Poster for the Balilla Automobile, 1934 372

Dürer, Albrecht 杜勒

Anthropometric Figures, 1528 81
Portula optica, 1525 87
Self-Portrait in Fur, 1500 219
Melencolia I, 1514 227

Edelmann, Heinz 艾德曼

The Beatles in *Yellow Submarine*, 1968 426

Fabre, François Xavier 法柏

Portrait of Ugo Foscolo 300

Fantin-Latour, Henri 方丹拉圖

The Corner of the Table, 1872 348

Flemish School 法蘭德斯畫派

Head of Medusa, sixteenth century 301

Fontana, Lucio 方塔諾

Spatial Concept—Wait, 1964 405

Fragonard, Jean-Honoré 弗拉戈納德

The Removed Shirt, 1760 198
The Swing, 1767 238
Coresus and Calliroe, 1760 241
A Young Girl Reading, 1776 277

Friedrich, Caspar David 富利法利赫

Chalk Cliffs at Rügen, 1818 274
Arctic Shipwreck, 1823 282
Wanderer Above the Sea of Fog, 1818 283
Abbey in an Oak Wood, 1809-1810 286-287
The Moon Rising over the Sea, 1822 296

Füssli, Johann Heinrich Friedrich 福斯里

The Artist in Despair over the Magnitude of Antique Fragments, 1778-1780 250
The Nightmare, 1781 289
Titania, Bottom, and the Fairies, 1793-1794 319

Gaffurio, Franchino 賈富里歐

Diagram from Theorica musicae, 1492 62
Pythagoras' Experimentations with the Relationships between Sounds, 1492 63

Gaudí Cornet, Antoni 高迪

Casa Milà, 1906-1910 374

Gauguin, Paul 高更

Aha oe feii?, 1892 12

Gentile da Fabriano 法布里亞諾

The Adoration of the Magi, 1423 112

Géricault, Théodore 格里科特

The Raft of the Medusa, 1819 321

Ghirlandaio, Domenico 吉爾蘭達格

Young Woman, c. 1485 181

Ghyka, Matila 齊卡

Relationship between the Pythagorean Range and the Intervals

Separating Columns in the Greek Temples(Parthenon), 1931 65

Giorgione 吉歐吉歐尼
Sleeping Venus, 1509 189
The Tempest, 1507 197
Double Portrait, 1508 218

Giovanni da Modena 達摩迪納
Inferno, c. 1410 134

Giraud, Charles 吉勞德
Feverish Man in the Roman Countryside, c. 1815 313

Goya y Lucientes, Francisco de 哥雅
The Sleep of Reason Produces Monsters, 1799 268
Saturn Devouring His Children, 1821-1823 273

Grise, Jehan de(atelier of)葛里斯
The Offer of the Heart and A Lover Offering Silver to His Lady, 1338-1344 164-165

Guariento di Arpo 阿爾波
Ranks of Armed Angels, c. 1360 124

Guarini, Guarino 瓜里尼
Interior of the dome of the Chapel of the Holy Shroud, Turin, 1666-1681 228

Guimard, Hector 吉馬爾德
Places des Abbesses Metro Station, Paris, 1912 360

Hackert, Jakob Philipp 哈克特
Goethe in Rome Visiting the Colosseum, 1786 249

Hayez, Francesco 海耶茲
The Repentent Magdalen, 1833 303
The Kiss, 1859 305
Self-Portrait with Tiger and Lions, 1831 318
The Last Kiss of Romeo and Juliet, 1833 327

Heron of Alexandria 赫倫
Diagram reconstructing an automaton of Heron of Alexandria, 1589 385

Hine, Lewis 杭恩
Powerhouse Mechanic, 1920 383

Hogarth, William 荷加斯
Heads of Six of Hogarth's Servants, c. 1750-1755 256

Holbein the Younger, Hans 小霍爾班
Henry VIII, 1540 200
Portrait of Jane Seymour, 1536 207
The Ambassadors, 1533 216

Ingres, Jean-Auguste-Dominique 安格爾
The Countess Haussonville, 1845 309
Jones, Allen, with Philip Castle Pirelli Calendar, c. 1973 14

Kauffmann, Angelica 考夫曼
Self-Portrait, c. 1778 258

Kircher, Athanasius 基爾克
Dragon, 1665 152
Magic Lantern, 1645 390

Kleophrades Painter 克萊奧弗拉德斯
Dionysus among Satyrs and Maenads, 500-495 BC 55

Klimt, Gustav 克林姆特
Salomé, 1909 347

Labrouste, Henri 拉布洛斯特
Bibliothèque Nationale de France, 1854-1875 364, 365

La Tour, Georges de 喬治・德・拉・突爾
Repenting Magdalen, 1630-1635 100

La Tour, Maurice Quentin de 拉圖
Portrait of Madame de Pompadour Consulting the Encyclopédie, 1755 239

Leonardo da Vinci 達文西
Ycocedron abscisus solidus, 1509 50
Septuaginta duarum basium vacum, 1509 50
Vigintisex basium elevatus vacuum, 1509 67
Study of the Proportion of the Human Body, 1485-1490 81
The Virgin of the Rocks, c. 1482 179
Lady with an Ermine, 1485-1490 192
La belle Ferronière, 1490-1495 203
Study for a Spring-Operated Clock 389

Lichtenstein, Roy 利希登斯坦
Crak!, 1963-1964 409

Ligozzi, Jacopo 里格奇
Horned Viper and Avicenna Viper, 1590 153

Limbourg Brothers 林柏格兄弟
from the Très riches heures du Duc de Berry, 1411-1416:
The Visitation 100
May 105
September 107
January 118
April 119
The Baptism of Christ 128
Hell 137

Liotard, Jean-Étienne 里歐塔德
The Chocolate Girl, 1745 252
Marie Adelaide of France in Turkish Dress, 1753 259

Lombard Illuminator 倫巴德泥金抄本作者
Historia plantarium, fourteenth century 121

Longhi, Pietro 隆吉
The Foyer, 1750 270-271

Lysippus 利西波斯
Alexander as Hunter, 300-250 BC 54

Malevicch, Kazimir 馬爾維奇
Black Square and Red Square, 1915 416

Man Ray 曼雷
Venus Restored, 1936 414

Manet, Édouard 馬內
Le déjeuner sur l'herbe, 1863 199
Olympia, 1863 339
Portrait of Stéphane Mallarmé, 1876 349

Master of St. Martin (attributed to) 哥雅
Venus Worshipped by Six Legendary Lovers, c. 1360 162

Meidias Painter 美迪亞斯畫家
Hydra depicting Phaon and the Women of Lesbos c. 410 BC 57-

Melzi, Francesco 梅爾奇
Flora, 1493-1570 178

Memling, Hans 梅姆林
King David and Bathsheba, c. 1485-1490 155

Mengin, Charles-Auguste 曼金
Sappho, 1877 298

Meyer, Adolphe de 梅耶
Vaslav Nijinsky and the Nymphs, 1912 413

Millais, John Everett 米雷斯
Ophelia, 1851-1852 307
The Blind Girl, 1856 351

Millet, Jean-François 米雷
The Angelus, 1857-1859 338

Myron 蒙德里安
Discobolus, 460-450 BC 44

Mondrian, Piet 蒙德里安
Composition with Yellow, Red, Black, Blue, and Gray, 1920 90

Monet, Claude 莫內
Three versions of *Rouen*, 1892-1894 356

Morandi, Giorgio 莫蘭迪
Still Life, 1948 378

Moreau, Gustave 莫洛
The Apparition, 1874-1876 337

Oldenburg, Claes 歐登柏格
Spoonbridge and Cherry, 1988 379

Palladio, Andrea 帕拉底歐
Villa Rotonda, c. 1550 69
Church of Il Redentore, 1577-1592 95

Palma, Jacopo Vecchio 帕爾馬
Nymph in a Landscape, 1518-1520 92

Pannini, Giovanni Paolo 帕尼尼
Gallery of Views of Ancient Rome, 1758 247

Paolo Uccello 烏奇洛
St. George and the Dragon, 1470 153

Paré, Ambroise 巴雷
Artificial Hand, 1564 392

Parmigianino 帕米吉亞尼諾
Self-Portrait in a Convex, c. 1522 220

Paxton, Joseph 派克斯頓
Design for the Crystal Palace, 1851 366

Peitgen, Heinz-Otto, and Peter H. Richter 培特根與李希特
Mandelbrot Set, 1986 410-411

Petrus Christus 克里斯特斯
Portrait of a Young Woman, 1460-1470 187

Phidias 菲底亞斯
Reliefs from the Parthenon, 447-432 BC. 45

Picasso, Pablo 畢卡索
Les demoiselles d'Avignon, 1907 415

Piero della Francesca 富蘭契斯卡
Montefeltro Altarpiece, 1472-1474 68
Portrait of Federico da Montefeltro, 1465 201

Pietro da Cortona 科特納
Triumph of Divine Providence, 1633-1639 230-231

Piranesi, Giovanni Battista 皮拉尼西
Prisoners on a Suspended Platform, 1749-1750 291

Pollock, Jackson 波洛克
Full Fathom Five, 1947 403

Polyclitus 波里克利特斯
Doryphorus, 450-440 BC 74
Diadumenus, 430 BC 74

Pugin, Augustus Welby 普京
Gothic Sofa, c. 1845 361
Neo-Gothic Interior 367

Praxiteles 普拉克西提勒斯
Aphrodite Cnidia, 375-330 BC 45
Hermes with Young Dionysus, 375-330 BC 47

Rabanus Maurus 毛魯斯
Four Elements, Four Seasons, Four Regions of the World, Four Quarters of the World..., ninth century 60
De laudibus sanctae crucis, ninth century 79, 80

Raimondi, Marcantonio 雷蒙迪
The Sorcerer, 1518-1520 222

Ramelli, Agostino 拉美里
Machines, 1588 391

Raphael 拉斐爾
(with Giulio Romano) *La Fornarina*, 1518-1519 209
The School of Athens, 1510 226

Raymond, Alex 雷蒙德
Flash Gordon, The Five-Headed Monster, 1974 426

Renoir, Pierre-Auguste 雷諾瓦
The Blonde Bather, 1882 357

Romney, George 洛姆尼
Lady Hamilton as Circe, c. 1782 265

Roré, Caffaro 羅雷
Advertisement for the Ardita, 1933 395

Rossetti, Dante Gabriel 羅塞蒂
Dante's Dream, 1871 172-173
Beata Beatrix, 1864-1870 328
Lady Lilith, 1867 343

Rubens, Peter Paul 魯本斯
The Fur(Helena Fourment as Venus), 1630-1640 210
Self-Portrait with Isabella Brant, 1609-1610 211

Russel, John 羅素
Moon, c. 1795 266

St. Hildegard of Bingen 希德嘉德
The Creation with the Universe and the Cosmic Man, c. 1230 115

Sanmartino, Giuseppe 桑馬提諾
Veiled Christ, 1753 233

Sargent, John Singer 沙堅特
Ellen Terry as Lady Macbeth, 1899 326

Schawinsky, Xanti 夏文斯基
Photomontage for an Olivetti Calendar, 1934 376

Schinkel, Karl Friedrich 辛克爾
Medieval Town by the River, 1815 285
The Passage through the Rocks, 1818 311

School of Fontainbleau 楓丹白露畫派
Gabrielle d'Estrèes with One of Her Sisters, 1595 175

Severini, Gino 塞納里尼
La danseuse obsédante, 1911 415

Steen, Jan 史丁
As the Old Sing, So Pipe the Young(*The Christening*), c. 1660 208

Tinguely, Jean 丁格里
Horror Chariot, Viva Ferrari, 1985 399

Tischbein, Johan Heinrich Wilhelm 提希班
Goethe in the Roman Campagna, 1787 245

Titian 提香
Venus of Urbino, 1538 189
Sacred and Profane Love, 1514 190-191
Flora, 1515-1517 195

Tura, Cosmè 圖拉
Spring, 1463 183

Twombly, Cy 湯布里
Untitled, 1970 407

Van de Velde, Henry 凡法維德
Habana Department Store 371

Van Eyck, Jan 凡艾克
The Virgin and Chancellor Rollin, c. 1435 182

Van Gogh, Vincent 梵谷
The Starry Night, 1889 358

Velásquez, Diego 維拉斯奎茲
The Toilet of Venus, 1647-1651 198

Veneto, Bartolomeo 維尼托
Flora, c. 1507-1510 177

Vermeer, Johannes 維梅爾
Woman Pouring Milk, 1658-1660 206

Verrocchio, Andrea 維羅奇歐
Monument to Bartolomeo Colleoni, 1479-1488 205

Villard de Honnecourt 霍能寇特
Study of Heads, Men, Horses..., thirteenth century 86
Diagram of an automatic sawmill, mechanical crossbow, a hoist, a movable eagle lectern, and other machines 386

Vitruvius 維特魯維斯
Diagrams of Curion's revolving theaters, 1556 384

Warhol, Andy 沃荷
Turquoise Marilyn, 1962 379
Mao, 1973 379
Campbell's Soup Can I, 1960 409

Watteau, Jean-Antoine 瓦托
Pilgrimage to Cythera, 1718 234

Wolf, Caspar 沃爾夫
The Devil's Bridge, 1777 280

Wolfers, Philippe 沃爾佛斯
Electric Lamp, c. 1901 368

Wright, Frank Lloyd 萊特
Fallingwater, 1936 375

Zoffany, Johann 佐法尼
Charles Townley and His Friends in the Park Street Gallery, 1781-1783 236

Photo Credits

Publifoto
Greta Garbo *p. 419*; Rita Hayworth *p. 420*; Grace Kelly *p. 421*; Marcello Mastroianni *p. 424*

Olympia
Twiggy *p. 418*; Audrey Hepburn *p. 421;* Anita Ekberg *pp. 422-423*; Cary Grant *p. 424*; Marlon Brando *p. 424*; James Dean *p. 424*; John Wayne *p. 425*

Rex Features
Brigitte Bardot *p. 421*; Marlene Dietrich *p. 421*

Contrasto
Fred Astaire and Ginger Rogers *p. 425*; *Blade Runner* *p. 428*; Dennis Rodman *p. 429*